사업하기 전에
회계부터
공부해라

개정판

사업하기 전에 회계부터 공부해라 개정판
ⓒ김민철 2022

초판 1쇄 발행 : 2015년 2월 11일
초판 2쇄 발행 : 2016년 7월 27일
개정판 1쇄 발행 : 2019년 3월 8일
개정판 2쇄 발행 : 2022년 3월 23일

지은이 : 김민철
펴낸이 : 유혜규
디자인 : 최명규

펴낸곳 : 지와수
주소 : 서울 서초구 잠원동 신반포로 47길 33-2 대광빌딩 302호
전화 : 02-584-8489 팩스 : 0505-115-8489
전자우편 : nasanaha@naver.com
출판등록 : 2002-383호
지와수 블로그 : http://jiandsoobook.co.kr

ISBN : 978-89-97947-11-9 13320

* 책 값은 뒤표지에 있습니다.
* 잘못된 책은 바꿔드립니다.
* 이 책의 전부 또는 일부 내용을 재사용하려면 반드시 사전에
  저작권자와 지와수 양측의 서면 동의를 받아야 합니다.

사업하기 전에 회계부터 공부해라

김민철 지음

프 롤 로 그

비즈니스 언어,
회계가 사업의 승패를 좌우한다

　직장생활의 수명이 점점 짧아지고 있다. 특히 최근 들어서는 그 속도가 점점 가속화되어 사오정, 오륙도와 같은 신조어들이 직장인들을 압박하는 추세다. 20대 젊은 층도 사정은 별 반 다를 바 없다. 20대 태반이 백수라는 이태백이 어제 오늘 등장한 말이 아니다. 취업을 하지 못해 희망을 잃고 방황하는 젊은이들이 너무 많다. 그러다 보니 나이가 많고 적음을 떠나서 아주 많은 사람이 자의든 타의든 자영업에 뛰어들 수밖에 없는 현실이다.
　하지만 자영업 역시 녹녹치 않다. 인기리에 방영했던 TV 드라마, 미생에서 '직장은 전쟁터, 밖은 지옥'이란 말이 나온다. 백 번 공감이 가는 말이다. 직장에서 생존하기도 어렵지만 밖으로 나오는 순간 생존경쟁은 더욱 치열해진다. 사업을 해서 성공할 확률도 희박할뿐더러 유지하는 것도 보통 힘든 일이 아니다. 아차 하는 순간에 소중한 내 자산을 송두리째 잃어버리는 일도 허다하다.

지옥에서 살아남으려면 사업의 확실한 미래를 볼 수 있어야 한다. 확실한 미래란 숫자로 확인할 수 있는 미래를 의미한다. 단지 희망하거나 예상하는 미래가 아니라 숫자로 정확하게 결과가 나오는 그런 미래다. 따라서 확실한 미래를 확인하려면 비즈니스 언어인 회계를 알아야 하는데, 문제는 많은 사람이 회계에 거리감을 느낀다는 것이다. 평소 많이 접하는 분야가 아니다 보니 나와 전혀 맞지 않고, 노력해도 할 수 없는 분야라고 생각한다.

결국 대다수의 초보사장들이 회계적인 검증을 통해 미래를 확인하는 과정 없이 사업을 시작한다. 사업을 하는 동안에도 사업의 실적 또한 검증하지 못한다. 사업이 생각처럼 원활하게 진행되지 못하고 향후 사업의 방향을 정확하게 예측하지도 못한다. 참으로 위험천만한 일이다.

사업을 시작하거나 현재 사업을 하는 사람이라면 서툴더라도 꼭 회계를 알아야 한다. 그리고 직접 회계를 현장에서 활용해야 한다. 그래야 사업 성공률을 높이고, 사업을 더욱 크게 성장시킬 수 있다.

독자들은 회계학을 공부하는 학생이 아니다. 또한 공인회계사가 되려는 것도 아니다. 단지 내 사업의 현실을 바로 보고 미래를 예측하고자 하는 것뿐이다. 그렇기 때문에 독자들은 회계 전문지식이 필요 없다. 사업을 하는데 필요한 회계만 알면 된다.

기업 회계는 크게 재무회계와 관리회계가 있다. 재무회계는 사업자가 공부해야 할 분야가 아니다. 기업의 회계실무자들이 알아야 할 회계이다. 사업을 하는 초보사장들이 터득해야 하는 회계는 관리회계이다. 관리회계란 내 사업장의 예산을 수립하고 통제하며, 사업의 실적을 분석하고, 그것을 토대로 사업의 미래를 전망하는 회계를 말한다. 외부 관계자들을 위한 정형적인 재무회계와는 다르다. 즉 정형화된 보고 형태가 없고 자신의 사업장에 맞도록 운영하면 된다.

하지만 그렇더라도 회계의 아주 기본적인 사항을 모르면 자신의 사업에 맞추어 활용할 수가 없다. 최소한 자동차의 기어를 넣고 액셀을 밟고 앞으로 갈 수는 있어야 한다. 또한 장애물이 나타나면 브레이크도 밟을 줄 알아야 한다. 이것만 할 수 있으면 좌충우돌하고 시행착오를 겪더라도 시간이 지나면 능숙해질 수 있다.

이 책은 총 5개의 파트로 나뉘어져 있다. Part1~4는 자동차의 계기판과 각종 구조물을 확인하고, 작동법을 습득하는데 필요한 내용을 담았다. 마지막 Part5는 앞에서 익힌 내용을 토대로 직접 차를 몰고 나갈 수 있도록 돕고 있다. 당연히 처음에는 서툴고 식은땀이 나겠지만 조금만 하다보면 베스트 드라이버가 될 수 있을 것이다. 또한 회계에 대한 부담감을 전혀 가지지 않아도 된다. 처음 회계를 접해본 사람이라도 숙달이 되면 쉽게 따라할 수 있도록 가능한 한 쉽게 설명했다.

회계라는 것은 조금만 터득해 놓으면 누구보다 든든한 사업 지원군이 될 수 있다. 반대로 회계를 모르면 항상 오리무중 속에 사업을 해야 한다. 절대로 누가 대신해 주지 않는다. 숫자를 항상 눈앞에 보고 있지 않으면 사업은 언제든 쉽게 망할 수 있다. 반면 숫자를 직접 보고 있으면 항상 위기감과 긴장감이 감돌기 때문에 나태해지지 않는다. 또한 변화해야 할 때를

즉각 알려주기 때문에 변화에 능동적으로 대처할 수 있다.

주위에서 사업을 하다가 실패한 사람들을 많이 봐왔을 것이다. 그들이 실패한 이유는 여러 가지가 있겠지만 대부분 회계를 사업에 적용하지 않았기 때문이기도 하다. 장사만 하고 있었지 경영을 하지 않았기 때문에 실패한 것이다. 경영과 회계는 정말 밀접한 관계가 있다. 회계는 경영의 근간이기 때문이다. 사업은 무조건 많이 판다고 되는 것도 아니고, 무조건 아낀다고 되는 것도 아니며, 공격적인 마케팅이 전부인 것도 아니다. 잘 팔고 잘 써야 한다. 수익성을 판단해서 사업해야 비로소 성공의 여신이 미소를 보낼 가능성이 커진다.

이 책을 통해 회계를 이해하고 실전에 활용한다면 충분히 사업을 경영할 수 있다. 현실을 잘 판단할 수 있고 정확한 예측도 가능할 것이다. 회계를 통해 사업의 비전을 확신했으면 사업을 시작해도 된다. 하지만 그렇지 못하다면 다시 재고할 것을 권한다. 사업을 시작한 후에도 항상 회계를 가까이 할 필요가 있다. 그렇게 하면 꼭 큰 성공을 이루지는 못할 수 있어도 작은 성공은 할 수 있고, 최악의 상황에서도 치명적인 실패는 없을 것이다.

오늘도 전국의 많은 사업을 꿈꾸는 예비 창업자들과 열악한 환경에서 고군분투하는 사업자들에게 이 책을 바친다. 이 책이 조금이라도 사업을 성공적으로 이끄는 데 도움이 될 수 있으면 그보다 기쁜 일은 없을 것이다. 꼭 성공하기를 바란다.

2022년 3월

김 민 철

개정판을 출간하며

사업적 결단의 근거는
직관과 추정이 아니라 회계여야 한다

「사업하기 전에 회계부터 시작하라」를 출간한지 벌써 4년이 지났다. 회계는 사업가들이 꼭 알아야 할 언어다. 단기적인 안목에서 보면 사업 아이템을 찾거나 자금과 인력을 준비하는 것이 더 급해 보이겠지만 최소한 회계의 기본은 알고 사업을 시작해야 성공 가능성을 높일 수 있다. 그래서 이제 막 사업을 시작했거나 창업한지 얼마 안되는 초보사장들에게 조금이라도 도움이 되었으면 하는 마음에 책을 준비했다.

다행히 기대했던 것보다 더 많은 독자들의 사랑을 받았다. 초보 사장뿐만 아니라 기업에서 관리회계 업무를 담당하고 있는 독자들도 이 책을 사랑해주어서 필자로서는 너무나 기쁜 일이었고 무척 보람된 삶의 한 부분이었다.

이 책은 관리회계를 중점적으로 다루었지만 회계부서나 회계와 관련된 기획, 예산, 경영관리, 총무부서 등에서 꼭 알아야 할 재무회계에 대한 내용도 상당부분 포함되어 있다.

회계도 조금씩 변한다. 물론 그 변화가 기본을 흔들 정도로 크지는 않지만 언어가 시대에 따라 조금씩 변하듯이 회계 역시 최신 흐름을 반영한다. 사업은 흐름을 읽지 못하면 지속하기 어렵다. 그래서 이번 개정판에는 초판이 발간된 이후에 바뀐 내용을 반영하는데 주력했다.

기업의 재무제표를 좀 더 쉽게 이해하는 데 도움을 줄 수 있도록 회계 용어도 더 많이 설명했다. 또한 사업을 처음 시작하는 초보 사장이나 가까운 미래에 사업을 시작하려고 마음먹은 독자들을 위해 좀 더 쉽게 사업의 미래와 현재를 분석할 수 있도록 회계적인 관리기법도 추가했다.

세상의 모든 일이 그렇겠지만 특히 사업은 항상 현재와 미래에 일어날 사건들에 대해서 끊임없이 판단하고, 어려운 결단을 내려야 한다. 물론 사업을 하면서 100% 올바른 판단을 할 수는 없지만 노력해야 한다.

판단의 기준은 언제나 '회계'여야 한다. 바쁘다는 핑계 아닌 핑계를 대면서 직감이나 어설픈 추정치에 의존해서는 안 된다. 자칫 내 모든 것을 다 투자한 사업이 실패할 위험이 너무나도 크다.

이 책은 사업적인 결단을 할 때 직감에서 탈피해 충분한 근거를 두고 판단하는 데 도움을 줄 것이다. 꼭 가까이 두고 습득하기 바란다. 재무적인 판단이나 관리를 못해서 사업이 망하는 일은 없을 것이다.

2022년 3월

목 차

초보사장이 꼭 알아야 할 관리회계
사업하기 전에 회계부터 공부해라

프롤로그 _ 비즈니스 언어, 회계가 사업의 승패를 좌우한다 ·················· 6
개정판을 출간하며 _ 사업적 결단의 근거는
　　　　　　　　　직관과 추정이 아니라 회계여야 한다 ················· 10

Part1. 기업은 회계로 말한다

01. 회계는 비즈니스 필수 언어다 ······················· 20
　　- 왜 회계라는 언어를 배워야 할까? ················· 22
　　- 우리는 이미 회계를 충분히 알고 있다 ············· 24
02. 회계를 모르면 정확한 손익계산이 불가능하다 ······ 26
　　- 기업의 손익계산은 현금의 입출로 계산하지 않는다 ··· 27
　　- 미수금은 수금이 되어도 매출이 아니다 ············· 29
　　- 정확한 손익계산이 비즈니스의 경쟁력이다 ·········· 31
03. 사업자가 실전에서 사용할 수 있는 회계는 따로 있다 ······ 33
　　- 재무회계 vs 관리회계 ··························· 34
　　- 회계 전체 구성도부터 아는 것이 중요하다 ········· 35
　　- 실전 회계는 산수에 불과하고, 틀려도 괜찮다 ······· 37
04. 사업의 시작, 성장, 중단, 회계가 결정한다 ·········· 40
　　- 사업의 미래 확인 없이 시작하는 것은 미친 짓이다 ··· 41
　　- 장밋빛 미래는 과거의 분석에서 출발한다 ·········· 42
　　- 마케팅의 효과도 회계로 측정해야 한다 ············ 44

- 사업을 더 할 것인가? 접을 것인가? 회계로 판단한다 ···················· 45
05. 진실이 아닌 회계는 위험하다 ·· 49
- 이익을 부풀리는 것은 분식회계이다. ····································· 50
- 기업의 비용은 사실대로 처리해야 한다 ································ 53

Part2. 이것만 알아도 흑자경영이 가능하다

01. 못 받은 외상매출금도 자산이라고? ·· 56
- 눈에 보이는 것만이 자산이 아니다 ·· 57
- 외상매출금을 현재가치로 측정해야 한다 ······························ 59
- 영업사원에게도 자산관리 책임이 있다 ·································· 61
02. 좋은 자산과 나쁜 자산 ·· 65
- 재고자산은 나쁜 자산이 아니다 ·· 66
- 무형자산은 두 얼굴을 갖고 있다 ·· 68
- 나쁜 자산은 손실로 손익계산서에 반영하라 ························ 70
03. 설비투자를 할까? 사람을 고용할까? ·· 73
- 설비도 비용이다 ··· 74
- 생산성이 우선이다 ··· 76
- 설비의 내용연수는 꼭 지켜야 하는 것이 아니다 ················ 78
04. 재고결산은 수익의 근원이다 ·· 80
- 재고결산 없이 수익도 없다 ··· 81
- 재고조사 방법은 사업장에 적합한 방법을 선택하라 ·········· 83
- 재고 결산은 냉철해야 한다 ··· 86
05. 성장이냐? 안정이냐? ·· 88
- 손익전망을 할 수 없다면 시작하지 마라 ······························ 89

목 차

- 성장하려면 생산 CAPA(Capability) 측정은 필수! ·········· 90
- 안정을 위해 영업외적인 수익에 너무 의존하지 마라 ·········· 92

06. 부채는 약일까? 독일까? ·········· 95
- 부채는 자본을 증식시키는 필수조건이다 ·········· 96
- 부채라도 다 약은 아니다 ·········· 98
- 부채를 소멸시키는 데도 순서가 있다 ·········· 100

07. 고정비용과 변동비용을 구분하라 ·········· 102
- 판매관리비라고 다 줄일 수 있는 것이 아니다 ·········· 104
- 변동비용을 통제하는 데도 기준이 필요하다 ·········· 106
- 고정비용을 줄이려면 무분별한 투자는 금물 ·········· 108

08. 인력은 자산일까? 비용일까? ·········· 112
- 인건비는 의미 없이 사라지지 않는다 ·········· 114
- 인력은 무형 재고자산이다 ·········· 115
- 인력은 항상 신기술로 무장시켜라 ·········· 117

09. R&D 지출은 비용일까? 자산일까? ·········· 120
- R&D는 제조업의 필수항목이다 ·········· 121
- R&D는 원가경쟁력의 시발점이 되는 중요한 무형자산이다 ·········· 123
- 때론 개발을 중도 포기해야 할 경우도 있다 ·········· 126

Part3. 정확한 원가 계산이 수익의 출발점이다

01. 원가에도 종류가 있다 ·········· 130
- 상품원가 ·········· 131

- 제품원가 ·· 132
- 용역원가 ·· 134
- 제품제조원가, 매출원가, 표준원가 ·· 134

02. 변동원가 vs 고정원가 ··· 136
- 변동원가와 고정원가를 구분해야 하는 이유 ····························· 137
- 고정원가도 영원하지 않다 ·· 139
- 원가는 매일 변한다 ··· 140

03. 원가와 비용의 차이는? ·· 142
- 원가와 비용을 구분하는 기준은 '사용목적' ······························· 143
- 원가와 비용의 경비 계정과목은 동일하다 ································ 145

04. 정확한 원가는 정확한 원가배부에서 나온다 ······························ 147
- 제조부문과 판매부문을 명확히 구분하라 ································· 148
- 직접비와 공통경비를 구분하라 ·· 149
- 공통경비를 각 부문에 배부하라 ··· 150
- 제조부문에 배부된 공통경비를 제품군으로 배부하라 ················· 153
- 제품군으로 배부된 공통경비를 각 제품에 배부하라 ··················· 154

05. 아메리카노 1잔의 표준원가는 얼마? ······································· 156
- 표준원가는 예상원가다 ·· 157
- 표준원가 산출은 어떻게? ·· 158

06. 아메리카노 1잔의 제품제조원가와 매출원가는 얼마? ················ 162
- 제품제조원가는 재고를 포함해 계산해야 한다 ·························· 163
- 제품제조원가 산출하기 ·· 165
- 매출원가 계산하기 ··· 171

07. 얼마를 팔아야 손익분기점을 넘을까? ····································· 173

목 차

- 고정비와 변동비부터 구분해야 한다 ······················· 174
- 현재의 기준으로 손익분기점을 추정해서는 안 된다 ············· 177

08. 아웃소싱, 원가절감의 지름길일까? ·························· 179
- 아웃소싱은 규모에 따라 판단하라 ························· 180
- 인력 아웃소싱은 신중히 결정해야 한다 ····················· 182
- 프로젝트 전부를 아웃소싱 하는 것은 위험하다 ················ 184

09. ERP만 도입하면 원가의 고민은 해결되는가? ···················· 186
- ERP는 우리 회사만을 위해서 만들어진 시스템이 아니다 ·········· 187
- 대기업의 방식을 따르는 것이 표준이 아니다 ·················· 189

Part4. 재무제표 속에 답이 있다

01. 이익의 개념을 알고 있어야 한다 ···························· 192
- 이익을 구분하는 데는 이유가 있다 ························· 193
- 매출총이익(매출액-매출원가) ···························· 194
- 영업이익(매출총이익-판매관리비) ·························· 196
- 세전이익(영업이익+영업외수익-영업외비용) ··················· 198
- 당기순이익(세전이익-법인세비용) ·························· 198

02. 재무상태표, 최소한 읽을 줄은 알아야 한다 ····················· 200
- 왜 재무상태표를 작성하는지를 알면 읽기가 쉽다 ··············· 201
- 꼭 알아두어야 할 용어①_자산 ···························· 203
- 꼭 알아두어야 할 용어②_부채 ···························· 208

－꼭 알아두어야 할 용어③_자본 ·· 210
03. 재무비율을 분석하면 기업의 상황이 한 눈에 보인다 ················ 214
　　　－ 단기채무 지불능력을 보여주는 유동성비율 ···························· 215
　　　－ 타인자본 의존도를 측정한 안정성비율 ···································· 217
　　　－ 수익창출 능력을 나타내는 수익성비율 ···································· 219
　　　－ 자산 운영의 효율성을 평가하는 활동성비율 ·························· 221
04. 분명 흑자인데 왜 현금은 늘 부족할까? ······································ 224
　　　－ 현금흐름표에 답이 있다 ·· 225
　　　－ 현금흐름표 작성, 어렵지 않다 ·· 227
05. 재무비율, 맹신은 금물이다 ·· 232
　　　－ 재무비율은 반드시 분해해서 분석해야 한다 ···································· 233
　　　－ 재무제표는 비교해서 분석하라 ·· 235

Part5. 초보사장들을 위한 회계 실전

01. 기업 예산 수립하기 ·· 241
02. 매월 사업장의 손익 계산하기 ·· 252
03. 사업의 손익 전망하기 ·· 265

　　색인 ·· 276

Part 1.
기업은 회계로 말한다

01
회계는 비즈니스 필수 언어다

• • •

프랜차이즈 음식점을 운영하는 김수완 씨. 오늘로 정확히 사업을 시작한 지 1년이 되었다. 그동안 시행착오도 많았지만 1년이 지난 지금은 어느 정도 안정권에 진입한 상태다. 처음 시작할 때 7명이었던 직원은 15명으로 늘었고, 매출 또한 2배 가까이 성장했다. 스스로도 대견한 마음이 들어 자랑도 할 겸, 비슷한 시기에 완구점 사업을 시작한 절친 길동이에게 전화를 걸었다.

"어이~~~ 장길동! 요즘 사업 잘 돼? 오랜만에 소주나 한 잔 할까?"

"그래, 그러자고! 푸른 바다 횟집에서 8시에 보자."

"좋았어. 오늘은 간만에 코가 돌아가기 직전까지 한번 마셔보자고."

오랜만에 길동이를 만나니 할 얘기가 너무 많았다. 와이프, 아이들 얘기부터 고생했던 초창기 시절 이야기까지 시간 가는 줄 모르고 이야기 꽃을 피웠다. 그렇게 술기운이 얼굴까지 달아올랐을 즈음 길동이가 대뜸 물었다.

"야! 너 같은 프랜차이즈는 원가가 몇 %나 되냐?"

"원가? 뭐 본사에서 매달 구입하는 음식 재료랑 주방장하고 종업원들 월급, 임대료, 공과금 이런 거 모조리 다 합치면 거의 오천만 원 되지! 한 달 매출의 80% 정도 되는 것 같아."

"아니! 그거 말고 순수 원가가 몇 %냐고?"

"순수 원가? 그래 그 정도 된다니깨!"

"어이구 이 친구! 사업한다는 사람이 원가가 뭔지도 모르고! 그럼 작년에 당기순이익이 얼마나 됐어? 법인세는 몇 %로 납부했어?"

길동이가 질문을 할수록 김수완 씨는 당황했다. 당기순이익이 뭐고, 법인세가 얼마인지는 알겠는데 법인세율을 몇 %로 냈는지는 모른다. 세금 관련한 문제는 모두 세무사에게 맡기고 세무사가 계산해서 알려준 법인세를 납부했을 뿐이다. 당황한 속마음을 감추고 "바쁜데 언제 일일이 그런 계산을 하고 있냐? 손님 많고 바쁘면 돈은 당연히 벌리는 거 아냐? 오랜만에 만나서 골치 아픈 얘기 하지 말고 술이나 마시자고."라며 너스레를 떨었다. 하지만 영 개운치가 않다. 뭔가 잘못하고 있다는 느낌이 들면서 술이 확 깼다.

왜 회계라는 언어를 배워야 할까?

김수완 씨처럼 회계는 총무부나 재무부처럼 숫자를 다루는 부서만 알면 된다고 생각하는 사람들이 많다. 하물며 사업을 하는 사업자들도 복잡한 회계는 회계사에게 맡기고, 사업자 자신은 그저 열심히 일만 하면 된다고 생각한다.

과연 그럴까? 회계는 단순한 숫자가 아니다. 사업을 할 때 회계는 꼭 알아야 할 비즈니스 언어와도 같다. 한국에서는 한국어를 모르면 살기가 힘들다. 만국 공통어인 바디 랭귀지로 아주 기초적인 의사소통은 가능할지 몰라도 정확한 의사표현을 하기란 불가능하다. 예를 들어 '배가 고프다'를 바디 랭귀지로 표현할 수 있을지 몰라도, 여기서 조금 더 나아가 '배가 고프니 따뜻한 밥과 국을 먹고 싶다.'는 의사를 전달하기란 쉬운 일이 아니다.

비즈니스는 그 어떤 분야보다도 정확한 의사소통을 해야 하는 분야다. 비즈니스는 절대 혼자서는 할 수 없다. 생산자가 있으면 판매자가 있어야 하고, 제품을 구매하는 고객이 있어야 비로소 비즈니스가 성립된다. 생산자, 판매자, 고객은 서로 이해관계가 다르다. 생산자는 제품을 생산하는데 투자한 금액보다 비싼 값으로 팔아 이윤을 극대화시키고 싶어 하고, 고객은 가능한 한 좋은 물건을 싸게 구입하고 싶어 한다. 이렇게 이해관계가 다른 사람들이 모두 원활하게 소통하고 기분 좋게 합의점을 도출할 수 있도록 도와주는 것이 바로 '회계'다.

예를 들어 고객이 제품을 싸게 달란다고 무조건 싸게 팔면 어떻게 될까? 어떻게든 팔고 싶다고 원가가 1,000원인데, 900원에 팔면 많이 팔아도 남는 게 없다. 아니 오히려 팔면 팔수록 마이너스가 되는 기현상이 벌어진다. 이윤을 많이 창출하고 싶은 마음에 원가보다 수십 배 높은 가격에 팔아도 결과는 비슷하다. 전략적으로 제품 가격을 비싸게 책정하는 경우도 많지만 그 전략이 통하려면 오랜 시간, 더 신중하게 공을 들여야 한다. 즉 제품의 원가보다 수십 배 비싸게 가격을 책정하려면 명품 브랜드처럼 브랜드에 대한 고급 이미지가 소비자들에게 각인되어 있어야 한다. 그러려면 꽤 오랜 시간 공을 들여야 하는데, 이런 노력 없이 고가 판매 전략이 성공할 가능성은 희박하다.

결국 비즈니스를 통해 수익을 극대화시키려면 원가, 매출총이익, 매출액과 같은 회계언어를 알아야 한다. 원가가 얼마인지를 알아야 고객에게 얼마를 받고 팔아야 할지를 정할 수 있고, 판매가격을 낮춰 경쟁력을 높이려면 생산단가를 얼마나 낮춰야 하는지 판단할 수 있다.

이처럼 회계는 비즈니스를 하는 데 꼭 필요한 언어이기 때문에 회계를 모르고 성공적인 비즈니스를 하기란 불가능하다. 꼭 사업자나 기업에서 수익과 직결된 부서에서 일을 하는 직장인이 아니더라도 회계를 모르면 일을 하기 힘든 시대가 됐다.

사실 언어를 몰라도 바디 랭귀지로 기초적인 의사소통을 할 수 있듯이 비즈니스를 할 때 회계를 몰라도 비즈니스가 완전히 불가능한 것은 아니다. 하지만 그런 비즈니스로 좋은 결과를 기대하기는 어렵다. 회계를 모른 채 비즈니스를 한다는 것은 가야할 방향만 보고 최종 목적지도 모른 채 열심히 질주만 하는 것과 같다.

최종 목적지에 잘 도착하려면 내 체력으로 하루에 어느 정도 거리를 갈 수 있는지, 물과 음식은 얼마나 준비해야 하는지 충분히 측정할 수 있어야 한다. 그래야 단기적인 목표를 세우고 1년간의 목표를 세워 지치지 않고 최종 목적지에 다다를 수 있다. 비즈니스에서 이러한 측정과 목표를 세울 수 있게 하는 것이 바로 회계이다.

우리는 이미 회계를 충분히 알고 있다

회계를 알아야 비즈니스를 할 수 있다고 말하면 대부분의 사람들은 겁부터 먹는다. 그도 그럴 것이 '회계'라는 언어는 마치 외계어처럼 생소한 것이 사실이다. 일단 용어를 이해하는 것부터 만만치 않다. 겨우 회계 용어를 익혀도 막상 실전에 들어가면 어디서 어떻게 사용해야 하는지 도통 알 수가 없어 더욱 막막하다.

하지만 걱정하지 않아도 된다. 수많은 회계 언어를 완벽히 통달해야만 비즈니스를 할 수 있는 것은 아니다. 수많은 회계 언어 중 비즈니스를 위해 꼭 알아야 할 언어는 생각보다 많지 않다. 아주 기본적인 회계 용어만 알고 있어도 비즈니스를 하는 데 큰 불편이 없다.

무엇보다 우리는 이미 회계를 알고 있다. 우리가 의식하지 못할 뿐, 우리는 일상생활 속에서 끊임없이 회계를 접하고 응용하며 산다. 사례의 주인공인 김수완 씨의 경우만 해도 그렇다. 김수완 씨는 원가를 판매관리비를 포함한 모든 사업장의 비용이라 알고 있다. 친구인 길동이는 매출액에서 원가를 뺀 매출총이익을 묻고 있는데 김수완 씨는 한 단계 더 나아가서 매출총이익에서 판매관리비까지 뺀 영업이익을 설명해버렸다. 물론 회계를 모르는 그는 자기가 뭘 설명했는지 모른다.

이처럼 많은 사람이 자기도 모르는 사이에 일상생활에서 무의식적으로 원가, 비용, 이익, 영업이익 등과 같은 회계 용어를 사용하고 있다. 다만 정확한 회계 용어와 개념을 알지 못할 뿐이다. 따라서 기본적인 회계 용어나 개념을 조금만 더 구체적으로 이해하면 실전에서 사용할 수 있는 회계를 그리 어렵지 않게 터득할 수 있을 것이다.

사실 회계는 굉장히 복잡해 보이지만 사칙연산만 할 줄 알면 누구나 할 수 있다. 지나친 두려움이나 거부감을 갖지 말고 편하게 시작해도 괜찮다.

02
회계를 모르면 정확한 손익계산이 불가능하다

• • •

아침 일찍 출근한 김수완 씨는 머리가 복잡하다. 어젯밤 길동이와 술자리에서 나눈 대화가 계속 마음에 걸린다. 길동이 말대로 사업을 한다는 사람이 정확히 한 달에 얼마나 이익을 내고 있는지 모른다는 건 문제다. 부랴부랴 통장, 매입계산서, 카드 매출전표를 꺼내 계산해 보았다. 대충 얼마를 벌고, 얼마를 썼는지는 파악이 된다. 그런데 살펴보다 보니 의문이 가는 부분이 한두 군데가 아니었다.

"가만, 지난달 카드 매출이 이번 달에 돈이 들어온 게 있네. 이건 지난달 매출로 잡아야 하나? 아니면 이 달 매출로 잡아야 해?"

"이번 달 말일쯤에 끊은 카드전표는 돈이 아직 안 들어 왔는데 어디에 넣고 계산해야 되지?"

"그나저나 옆집 미장원 아가씨들은 왜 외상값을 안 주는 거야? 잠깬! 외상값은 또 어느 달에 넣지?"

가뜩이나 혼란스러운데 냉장고나 식품창고를 떠올리니 혼란은 걷잡을 수 없이 커졌다.

"저 안에 있는 것들은 도대체 언제 산거지? 조미료들은? 냅킨은? 주방세제는? 아아 저것들은 다 어느 달 비용으로 넣어야 하는 거지?"

한참 고민하고 있는데 스파게티를 먹고 있는 손님이 눈에 들어왔다. 손님을 보자 갑자기 스파게티 한 접시의 원가가 정확히 얼마인지 궁금해졌다. 지금까지는 면, 해물, 소스 가격을 감안해 대충 계산했는데, 그렇게 해서는 정확한 원가를 산출할 수 없다는 생각이 들었다. 스파게티 한 접시를 만드는 데 들어간 면, 해물, 소스 등의 정확한 양과 단가는 물론 스파게티를 만들 때 사용한 가스료, 주방장 인건비, 설거지할 때 사용한 수도료, 주방세제까지 포함시켜야 마땅했다. 하지만 대체 어떻게 계산해야 할지 난감하다. 생각할수록 머리만 아파 그냥 지금껏 하던 대로 하고 싶은 마음이다.

기업의 손익계산은 현금의 입출로 계산하지 않는다

안타깝게도 김수완 씨는 지금 상태로는 절대로 손익계산을 할 수 없다. 왜냐하면 손익을 계산하는 기준점도 모르고, 현금이 들고 나가는 시점을 기준으로 계산하려고 하기 때문이다.

기업의 손익계산은 발생주의를 원칙으로 계산한다. 발생주의란 말 그대로 거래가 발생한 시점을 기준으로 수입과 지출을 기록하고 계산하는 것을 말한다. 회계를 잘 모르는 사람들은 대부분 현금이 통장에 들어와야 매출이라 생각한다. 하지만 기업에서 매출이 발생된 후, 실제로 돈이 들어온 다음에 손익을 계산하는 것은 현실적으로 거의 불가능하다.

현금만으로 거래하는 규모가 작은 소기업은 가능할 수도 있겠지만 대부분의 기업은 그렇지 않다.

보통 매출이 발생하고 바로 돈이 들어오는 경우는 극히 드물다. 매출이 발생하고 다음 달에 들어올 수도 있고 그 다음 달에 들어올 수도 있고, 길면 1년 뒤에 들어올 수도 있다. 또한 한 개의 매출 건에 대해서 여러 번에 걸쳐 돈이 들어오기도 한다. 매출이 발생했지만 돈을 받지 못하고 떼일 수도 있고, 어음으로 받을 수도 있다. 어음으로 받은 것은 현금이 아니므로 또다시 몇 개월이 지난 후에 손익을 계산해야 한다. 회계연도가 무의미해지는 것이다. 또한 돈이 들어오고 매출원가를 계산하려고 하면 또 몇 개월을 거슬러 올라가 매입채무를 찾아야 한다. 이렇게 되면 한 개의 매출 건에 대해 정부가 세금을 언제 부과할 것인가도 복잡해진다.

이처럼 돈이 들어오는 시점에서 손익을 계산하는 것은 너무나 어렵기 때문에 회계에서는 채권/채무가 발생한 시점부터 손익계산을 한다. 현금이 통장에 들어오지 않았어도 세금계산서나 계산서를 발행한 시점을 기준으로 수입과 지출을 계산한다는 얘기다. 예를 들어 매출이 발생해 세금계산서를 3월 20일자로 끊고, 결제를 한 달 뒤인 4월 20일에 받았다면 4월 20일이 아닌 세금계산서를 끊은 3월 20일이 매출이 발생한 시점이 된다.

매입채무도 마찬가지이다. 기업이 제품을 만들기 위해서 외상으로 재료를 매입했으면 그 매입일자를 기점으로 매입채무가 발생한다. 단, 매입채무는 바로 매출원가로 대체되는 것이 아니다. 일단 재고자산으로 저장되어 있다가 제품을 만드는데 투입되어 그 제품이 완성된 후 매출(판매)이

되어야 비로소 매출원가로 인식된다.

예를 들어보자. 스파게티를 만들기 위해 매입한 스파게티 면, 양파, 브로콜리, 해물 등의 재료는 매입세금계산서를 받는다고 바로 매출원가가 되지 않는다. 일단 재료들은 냉장고나 식품창고로 옮겨져 먼저 재고자산이 된다. 이 재료들로 쉐프가 요리를 해서 손님 테이블에 내고, 손님이 다 먹고 계산해야만 비로소 매출원가가 될 수 있다.

판매관리비는 다르다. 매입채무와는 달리 판매관리비는 당월에 발생하면 바로 당월 손익계산에 반영된다. 판매관리비란 제품 생산과는 전혀 무관한 영업사원과 지원부서의 인건비와 광고비용 등을 말한다. 김수완 씨의 사업장이라면 서빙을 담당하는 직원들과 본인 인건비 등이 판매관리비에 해당한다.

이처럼 손익계산을 제대로 하려면 현금의 입출금이 아닌, 매출과 매입이 발생한 시점을 기준으로 계산해야 한다. 그렇다고 현금 흐름을 무시해서는 안 된다. 손익계산과 더불어 현금의 흐름을 반드시 알고 있어야 현금이 부족해 자금난에 처할 염려가 없다. 기업의 재무제표를 볼 때 손익계산서, 재무상태표, 현금흐름표 등을 같이 보는 것도 다 이 때문이다.

미수금은 수금이 되어도 매출이 아니다

미수금이란 아직 받지 못한 돈이다. 하지만 회계를 많이 접해보지 않은 사람은 흔히 미수금을 '수금하지 못한 외상매출금' 정도로 이해하는 경우가 많다. 즉 외상으로 팔고 못 받은 돈을 전부 미수금이라 생각한다.

하지만 외상매출금과 미수금은 엄연히 다르다. 외상매출금이란 기업이 상품이나 제품, 용역을 판매하고 취득한 매출채권이다. 즉 회사의 주된 사업목적에 부합하는 영업활동으로 발생된 채권인 것이다. 반면 미수금은 기업이 주된 사업목적과 관련이 없는 다른 행위에 의해서 발생한 미수채권이다. 회사에서 쓰던 설비를 중고업자에게 팔고 발생한 자산매각 대금 등이 이에 해당한다고 할 수 있다. 즉 미수금은 영업이익 항목이라 할 수 없다.

이처럼 못 받은 돈이 다 미수금이 아니다. 회계 언어를 모르면 미수금과 외상매출금의 차이를 모르는 것이 당연하지만 정확한 손익계산을 하려면 이 두 용어의 차이를 정확히 인지해야 한다.

앞에서도 설명했지만 외상매출금은 영업활동으로 발생한 매출채권이므로 당연히 매출액이 된다. 하지만 미수금은 영업이익에 해당하지 않으므로 영업외수익으로 잡아야 한다. 이는 외상매출금은 영업이익을 증가시키지만 미수금은 영업이익에는 영향을 미치지 않는다는 것을 의미한다. 대신 미수금은 당기순이익을 증가시킨다. 이처럼 외상매출금과 미수금은 손익계산서에서 서로 다른 이익에 반영된다.

재무상태표(대차대조표)의 표기도 마찬가지이다. 같은 당좌자산이라도 계정과목이 매출채권과 미수금으로 엄연히 구분되어 있다. 정확한 의미를 알아두면 앞으로 회계를 이해하는 데 큰 도움이 될 것이다.

정확한 손익계산이 비즈니스의 경쟁력이다

비즈니스를 하는 궁극적인 목적은 두말할 것도 없이 이익 창출이다. 이익을 극대화하려면 정확한 손익계산을 할 수 있어야 한다.

김수완 씨의 경우를 보자. 도대체 한 달에 얼마의 수익을 내는지, 제품의 원가가 얼마인지도 모른다. 그런 상태로 과연 자기만의 경쟁력을 갖춰 정글과도 같은 비즈니스 세계에서 살아남을 수 있을까?

요즘은 어떤 사업이든지 좀 잘된다 싶으면 순식간에 비슷한 사업체가 우후죽순으로 생겨난다. 멀리 갈 것도 없이 주변에서 번화했다 싶은 대로변을 보면 비슷한 업종들이 옹기종기 모여 있는 모습을 볼 수 있다. 특히 좀 잘된다 싶은 업종이라면 더 심하다.

이러한 무한경쟁 체계에서 살아남으려면 무엇보다도 손익을 정확하게 계산할 수 있어야 한다. 예를 들어 스파게티를 1만 원에 파는 이탈리안 식당이 있다고 가정하자. 처음에는 주변에 다른 이탈리안 식당이 없어 큰 어려움 없이 사업을 했지만 언제부터인가 비슷한 식당이 하나 둘씩 늘어 10개가 된 후에는 예전만큼 손님이 많지 않다. 맛은 그 어떤 식당과 비교해도 손색이 없지만 가격이 문제다. 새로 오픈한 식당들이 가격을 7천 원 이하로 책정하면서 손님이 눈에 띄게 줄었다.

이런 경우 맛을 고수하며 고가격 정책을 계속할 수도 있지만 한시적으로 가격을 내려 공격적으로 마케팅을 해 손님을 늘리는 방법을 고민해볼 수 있다. 전략적으로 가격을 내려 경쟁력을 높이려면 한 달 손익이 얼마나 되는지 알아야 한다. 그래야 적정한 판매가격 인하폭을 정할 수 있다.

한 걸음 더 나아가 판매되는 제품에 대한 개당 정확한 원가를 알아두는 것도 중요하다. 스파게티 1접시를 만드는 데 소요되는 원가가 얼마인지 정확히 측정해 놓아야 경쟁력을 높일 수 있다. 가령, 맛을 훼손하지 않으면서도 원가를 줄여 가격을 낮추면 경쟁력은 자연히 높아진다.

스파게티 한 접시의 원가를 정확히 측정했더라도 계속 그걸 믿고 있으면 안 된다. 원가는 계속 변한다. 재료비나 인건비 등 원가에 영향을 미치는 요인들의 변화를 반영하지 못하고, 처음에 산정한 원가를 맹신하다가는 낭패를 보기 쉽다.

03
사업자가 실전에서
사용할 수 있는 회계는 따로 있다

●●●

　절친 길동 씨와의 만남을 통해 회계의 필요성을 절감한 김수완 씨는 서둘러 서점으로 가 중급 재무회계 책을 샀다. 그리고 비장한 마음으로 회계를 공부하기 시작했다. 하지만 불과 일주일도 채 안 돼 두 손, 두 발을 들었다.
　"난 안 돼. 어쩌다 내가 이렇게 머리가 나빠졌을까?"
　김수완 씨는 한탄하며 길동 씨에 전화를 걸어 하소연했다.
　"야, 회계의 회자도 모르면서 중급 재무회계가 웬 말이니? 걷지도 못하는 아이가 뛰려고 하는 것과 똑같아."
　길동이의 핀잔을 들으니 더 부아가 치밀었다.
　"그럼 어떻게 하니? 어쨌든 난 시도는 해봤어. 안 되는 거에 매달리느니 차라리 하던 일이나 열심히 하는 게 좋겠어."
　"기분 나빴다면 미안. 내 얘기는 처음부터 너무 어렵게 접근했다는 거야. 사업자는 그렇게 어렵게 회계를 공부하지 않아도 돼."
　"그래?"

"그럼. 사업자에게 필요한 회계는 따로 있어. 실전에서 바로 써 먹을 수 있는 회계만 공부하면 돼."

재무회계 vs 관리회계

김수완 씨와 비슷한 경험을 한 사업자들이 많을 것이다. 호기롭게 회계 공부를 시작했다가 얼마 지나지 않아 포기하면서 자신의 나쁜 머리를 한탄했겠지만 머리가 문제가 아니다. 접근 자체가 잘못되었다. 우리가 알아야 할 회계는 학문으로서의 회계가 아니다. 학문으로서의 회계는 사업을 하는 데 별로 도움이 안 된다. 설령 사법고시를 공부하듯 열심히 공부해 생소한 회계 용어를 줄줄 꿰뚫고 복잡하고 어려운 회계 원리를 다 이해했다고 해도 실전에 사용하기에는 어려움이 있다. 마치 책으로만 운전을 공부하고 바로 도로로 차를 몰고 나가는 것과 같다.

사업자에게 필요한 회계는 실전에서 쓸 수 있는 실용적인 회계이다. 회계도 크게 두 종류가 있다. 바로 재무회계와 관리회계이다. 재무회계란 주주나 외부 이해관계자를 위한 회계이다. 그들이 알아볼 수 있도록 기업회계 원칙에 정확히 맞추어서 결과물을 만들어야 한다. 그만큼 재무회계는 만만치 않다. 고시공부를 하듯 머리를 싸매고 열심히 공부하지 않으면 안 된다.

다행히 사업자가 알아야 할 회계는 재무회계가 아니다. 재무회계는 회계를 전문으로 하는 사람에게 맡기면 된다. 직접 재무회계를 할 필요는 없다. 다만 다른 사람이 만들어놓은 재무회계 결과물을 읽고 이해할 수는 있어야 한다. 그래야 사업을 좀 더 효율적으로, 실수 없이 할 수 있다.

사업자가 꼭 알아야 할 회계는 '관리회계'이다. 관리회계는 내부 사용자를 위한 회계이다. 회사의 대표나 경영층이 의사결정을 하기 위해 어떠한 목적에 부합할 수 있도록 회계를 운영하는 것이다. 아주 유연한 회계라 할 수 있다.

관리회계에서 가장 큰 부분을 차지하는 것이 바로 재무적인 목표의 수립 즉, 기업 예산을 수립하고 그에 따른 통제를 하며 향후 재무적인 전망을 하는 것이다. 또한 실적에 대한 원인분석을 해서 잘못된 부분은 바로 잡고 잘하는 부분은 더욱 집중해서 올바른 경영 상태를 항상 유지하는 것이 주된 역할이다. 그러므로 관리회계는 일정한 보고 양식을 가지지 않는다. 원인분석을 하기 위해 여러 각도로 다양한 양식으로 구성되므로 기업의 비즈니스 상황에 맞추어서 기준을 정하여 사용하면 된다.

회계 전체 구성도부터 아는 것이 중요하다

실전에서 회계를 사용하려면 회계가 전체적으로 어떻게 구성되어 있는지를 알아야 한다. 깊이 들어갈 필요는 없다. 지금은 깊이 들어가 봐도 모른다. 서두르지 말고, 일단 구성도를 대충 보고 전체적인 흐름만 이해하고 넘어가면 된다.

그림1은 기본적인 회계의 구성도이다. 매출액에서 시작하여 순차적으로 계속 연관된 항목들을 차감하거나 더해주면 당기순이익이 된다.

그림에서 표현하지 못한 항목들도 많지만 지금은 전체적인 구도를 이해하는 것이 중요하므로 큰 흐름만 알고 넘어가자.

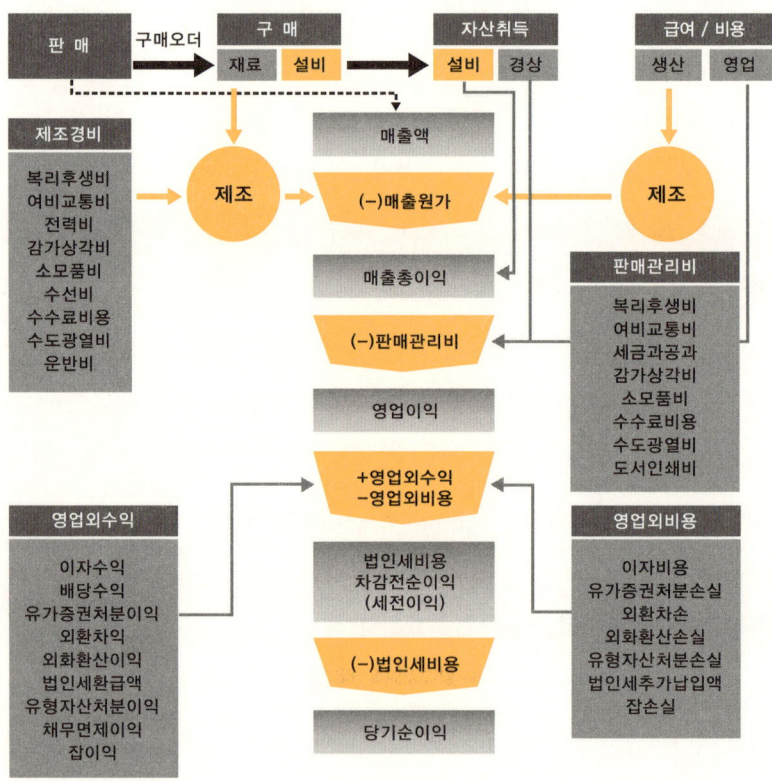

(그림1) 회계의 구성도

그림1에서 보는 것처럼 회계는 판매, 구매, 제조, 자산, 인사의 5가지 항목이 서로 톱니바퀴처럼 물려서 돌아간다. 제조업을 기준으로 한 회계 구성도이기 때문에 제조업이 아닌 도소매, 서비스업의 경우 일치하지 않는 항목이 있을 수 있다. 그렇지만 큰 틀은 업종과 상관없이 다 비슷하니 전체적인 회계의 구성을 이해하는 데는 무리가 없다.

실전 회계는 산수에 불과하고, 틀려도 괜찮다

대부분의 사람들은 회계를 두려워한다. 생소한 용어도 용어지만 회계 자체가 하나부터 열까지 숫자로 시작해 숫자로 끝나니 복잡하고 두려운 존재로 느낀다. 하지만 회계는 겉으로는 복잡해 보여도 가만히 들여다보면 사칙연산의 결과에 불과하다. 일정한 규칙에 따라 요리조리 흘러가는 것일 뿐, 그 안에 대단한 수학은 없다. 특히 사업자가 알아야 할 관리회계는 더더욱 산수가 전부다. 재무회계나 전문적인 원가회계의 경우 때로는 산수 이상의 수학적 개념이 필요할 수도 있지만 관리회계는 사칙연산만 할 줄 알면 아무 문제가 없다.

또한 사업을 하기 위해 꼭 알아야 할 회계는 생각보다 많지 않다. 그 많은 숫자를 일일이 숙지하고 다 볼 필요가 없다. 꼭 봐야하는 포인트가 있다. 그것들만 중점적으로 보면 된다. 다만 꼭 필요한 것들을 산출하려면 어떤 규칙을 심어 놓아야 한다. 그러면 모든 것이 그 규칙을 적용받아 자동으로 계산되도록 할 수 있다. 어떻게 규칙을 세우고 적용하는지는 이 책을 보면 자연스럽게 알게 된다. 예를들어, 사업장의 공통경비와 면적은 매장과 주방으로 어떻게 분리할 것인가? 또한 각 제품과 거래처에 어떻게 비용을 배부할 것인가? 판매하는 상품이 너무 많다면 상품들마다 원가를 계산할 수 있는 계산 원칙이 있는가? 월말에 재고액은 어떻게 계산할 것인가? 등과 같은 규칙을 세워야 한다. 이렇게 중요한 몇 가지만 터득하면 전문적인 회계지식이 없어도 자신의 사업장을 운영하는 데 큰 지장이 없을 정도로 회계를 사용할 수 있다.

무엇보다 관리를 위한 회계라면 소소한 부분은 틀려도 상관없다. 사업자라면 대부분 매년 연말에 내년도 사업계획서를 작성한다. 정확한 손익계산서와 재무제표가 있으면 사업계획서를 좀 더 쉽게 작성할 수 있겠지만 세무사 사무실에 기장대행을 맡긴 경우에는 회계연도가 바뀌고 완전히 결산이 끝나야 손익계산서와 재무제표를 보내준다. 그때까지 기다렸다 사업계획서를 작성하면 너무 늦다.

그렇다면 어떻게 해야 할까? 세무사 사무실에서 손익계산서를 보내주기 전에 스스로 최소한의 손익계산은 하고 있어야 한다. 그런 다음 최종적으로 세무사 사무실에서 받은 것과 대조해보면 된다. 그러니 사업예산이나 경비 계정과목을 조금 헷갈려도 상관없다. 누군가가 숙제 검사를 하는 것이 아니니 필요 이상으로 부담을 가질 필요도 없다. 설령 연도 예산이 처음에 틀렸더라도 중간에 다시 바로 잡고 정확한 목표를 수립하면 된다.

판매관리비 계정과목의 오류는 조금 틀려도 손익계산을 하는데 큰 지장은 없다. 예를 들어 복리후생비를 실수로 수수료비용으로 처리했어도 둘 다 같은 판매관리비에 속하므로 손익에 영향을 미치지 않는다. 물론 그대로 최대한 맞게 적용하려는 노력은 해야 한다.

반면 상품이나 제품, 용역원가 등 원가와 판매관리비는 명확히 구분해야 한다. 원가와 판매관리비를 헷갈리면 손익계산을 정확하게 할 수가 없기 때문이다. 처음부터 원가와 판매관리비를 구별하기는 쉽지 않다. 하지만 시행착오를 되풀이하면서 연습하다 보면 자연스럽게 원가와 판매관리비를 구분할 수 있으니 지레 걱정하지 않아도 된다.

04
사업의 시작, 성장, 중단, 회계가 결정한다

• • •

장선달 씨는 오늘도 어김없이 6시 30분에 일어나서 출근 준비를 하고 집을 나선다. 15년 동안 변함없는 일상이다. 지하철역에는 어김없이 사람이 붐빈다. 하지만 지하철역을 지나쳐 그냥 걷는다. 이미 석 달 전에 회사를 그만두었기 때문이다. 아내는 아직 모른다. 직장을 구한 후 아내에게 알릴 생각이었지만 재취업이 정말 쉽지 않다.

석 달 동안 지원서를 내면서 상처도 많이 받았다. 고작 한 명을 뽑는 데 수백 명이 몰리는 현실에 부딪히면서 재취업을 하기 어렵겠다는 불안감에 시달리는 것도 사실이다. 그렇다고 가장이 놀 수는 없는 노릇이어서 언제부터인가 창업을 생각 중이다. 창업설명회를 하는 곳이라면 어디든지 쫓아가 정보도 듣고, 자문도 구하지만 도통 확신이 서지 않는다. 하루에도 수십 번 씩 생각이 바뀐다.

"내 나이에 더 이상 직장생활은 무리야. 작게라도 사업을 해야 해."
"아니야. 잘못 시작했다가는 패가망신 하는 수가 있어. 어렵더라도 취업을 해야 해."

그렇게 갈팡질팡하던 중 귀가 솔깃한 제안을 받았다. 우연히 한 창업설명회를 들었는데, 상당히 비전이 있어 보였다. 5,000만 원을 투자하면 한 달에 500만 원은 어렵지 않게 벌 수 있다고 한다. 수익률이 너무 높아 사기가 아닐까 의심스럽기도 했지만 사기라고 생각하기에는 제시하는 수치와 근거가 상당히 설득력이 있다. 그럼에도 여전히 결심이 서지 않는다. 취미 삼아 사업을 하는 것이 아니다. 가족을 먹여 살리기 위해 사업을 하는 것이니만큼 꼭 성공해야 한다. 과연 창업설명회에서 제시한 비전을 믿고 사업을 시작해도 좋을지 고민이다.

사업의 미래 확인 없이 시작하는 것은 미친 짓이다

장선달 씨 현재 상황이 남일 같이 느껴지지 않는 독자들이 많을 것이다. 점점 직장생활의 수명이 짧아지면서 내 의지와는 상관없이 사업을 해야 하는 경우가 늘고 있다.

사업을 해서 확실히 수익을 창출할 수 있다면 망설일 이유가 없다. 문제는 많은 사람이 미래의 결과를 예상하고 눈으로 확인하고 싶어 하지만 방법을 모른다는 것이다. 그렇다고 무작정 사업을 시작했다가는 십중팔구 실패하기 쉽다. 아무리 어려워도 사업의 미래를 확인해야 하는데, 그러려면 아주 기초적인 수준이라도 회계를 알아야 한다.

사업을 시작할 때는 대부분 사업계획서를 작성한다. 사업계획서는 말 그대로 어떤 아이템으로 사업을 시작하고, 사업에 필요한 자금을 어떻게 조달하고, 어떤 방법으로 사업을 할 것인지를 계획하는 것이다. 사업을 통해 기대할 수 있는 매출액과 필요 경비 및 수익을 예상하는 것도 사업계획서의 한 부분이지만 대부분은 입지나 아이템 선정, 매출규모에 집중하는 것이 현실이다.

매출이 크다고 이익이 보장되는 것은 아니다. 사업이 성공하려면 매출 규모도 중요하지만 실제 이익이 얼마인지가 중요한데, 창업설명회에서 제시하는 매출 규모와 예상 이익은 빛 좋은 개살구일 위험이 크다. 정확한 근거를 바탕으로 매출 규모와 이익을 산출한 것이 아니라 사업자들을 모집하기 위해 그럴듯하게 수치를 제시한 것이어서 주의가 필요하다.

창업설명회를 듣고 사업을 결정할 때도 혹은 직접 사업 아이템을 구상하고 사업을 하려 할 때도 사업의 미래를 정확하게 확인하는 과정이 필요하다. 직접 현실적인 매출 규모가 어느 정도일지 발품을 팔아가며 확인하고, 원가는 얼마인지, 순이익은 얼마나 될지 계산해보아야 한다. 다른 사람이 제시한 수치만 믿고 사업을 시작하면 안 된다. 회계적으로 사업의 미래를 검증한 후에 사업을 시작해야 성공할 가능성이 커진다.

장밋빛 미래는 과거의 분석에서 출발한다

사업을 시작할 때뿐만 아니라 사업을 성장, 확장시킬 때도 회계는 꼭 필요하다. 크던 작던 사업을 하는 사람들의 관심은 항상 미래의 전망에 있다. 실적이 좋을 때는 "그래! 현재까지 이만큼 실적을 올렸으니 내년에는 목표치를 넘어설 수 있겠지."라고 기대하고, 실적이 좋지 않으면 "그래! 이

부분을 보완하고 저 부분을 개선하면 분명 내년쯤에는 다시 정상궤도로 올라 설 수 있을 거야."라고 생각한다.

서로 다른 상황이지만 공통점이 있다. 두 가지 경우 모두 미래에 대한 장밋빛 전망을 추구한다는 것이다. 현재나 과거가 어떤 상태이든 상관없이 미래만큼은 장밋빛 청사진을 그린다.

미래를 긍정적으로 전망하는 자체가 나쁜 것은 아니다. 하지만 분명하면서도 확실한 근거를 바탕으로 미래를 전망해야 한다. 그러려면 현재와 과거를 과거의 분석에서 출발하는 것이 중요하다. 현재나 과거의 분석이란 재무적인 숫자로 표현해서 눈으로 볼 수 있게 하는 것을 말한다. 제품당 원가, 사업장의 인당 인건비와 손익, 각종 이익률이 얼마인지, 고정비와 변동비는 어떻게 되는지, 매월 손익분기점은 매출액이 얼마일 때인지 등 재무적인 분석을 하지 않고는 미래를 전망할 수 없다.

제품이 1개 팔리면 얼마가 남는지도 모르고, 어떤 부분을 개선하면 1개당 얼마를 더 남길 수 있는지 모르고 그냥 현재의 기준으로 전망한다는 것은 "그냥 많이 팔자!"는 것에 불과하다. 따라서 미래를 전망할 때는 반드시 현재의 상태를 재무적인 분석을 통해서 정확히 경영 상태를 파악한 후에 전망해야 한다. 누계실적을 기반으로 그대로 맹목적으로 사칙연산만 적용해서는 안 된다는 얘기다.

재무적인 분석을 어떻게 해야 하는지는 당장

알 필요가 없다. 일단은 미래를 전망하기 위해서 반드시 해야 한다는 것만 알아두면 된다. 대기업들이 하는 고차원적이면서 복잡한 재무 분석을 하라는 것이 아니다. 반드시 필요한 부분만 하면 된다.

마케팅의 효과도 회계로 측정해야 한다

공미향 씨는 1년 전에 화장품 대리점을 시작했다 생각만큼 잘 안 돼 폐업을 준비하는 중이었다. 화장품을 워낙 좋아하고 화장법도 자신 있어 시작했지만 손님들의 비위를 맞추며 화장품을 파는 게 쉬운 일이 아니었다.

결국 사업을 접기로 마음먹고 문에 '폐업 대폭 세일'이라고 써 붙여놓고 남은 물건들을 싸게 처분하기 시작했다. 그러자 평소에는 눈을 씻고 봐도 없던 손님들이 어디서 나타나는지 벌떼같이 모여 들었다. 거의 원가에 가까운 저렴한 가격에 판매하다 보니 비록 남는 것은 별로 없었지만 매출이 크게 늘어 신이 났다.

"접지 말고 가격을 좀 낮춰서 장사를 계속 해볼까? 나쁘지 않은데! 고민되네."

공미향 씨의 사례는 사업을 접으려다 뜻하지 않게 마케팅을 한 경우다. 하지만 지금과 같은 마케팅을 계속 하며 사업을 할 수는 없다. 남는 게 없으니까 말이다. 마케팅을 하는 목적은 매출을 확대하고 이익을 늘리는 데 있다. 전략적으로 잠시 손해를 보는 마케팅을 할 때도 있지만 어디까지나 일시적이다. 그런 마케팅이 장기적으로 매출이나 이익에 도움이 된다는 확신이 있을 때만 가능한 마케팅이다.

현대는 마케팅의 사회다. 적절한 마케팅 없이는 제품을 알리기도 어렵고, 제품 구매를 유도하기는 더더욱 어렵다. 그렇다고 무조건 마케팅을 할 수는 없다. 분명한 효과도 없는데, 마케팅을 하면 마케팅 비용만 낭비하는 결과를 초래한다.

마케팅의 효과를 측정하려면 역시 회계를 알아야 한다. 마케팅으로 인해 손해를 얼마나 감수했는지, 수익이 얼마나 늘었는지, 마케팅 효과가 지속되는 기간은 언제가 정점이고, 어느 시점부터 하락하는 지를 회계적인 숫자로 측정해 놓아야 다음에 타이밍이 왔을 때 바로 공격적으로 마케팅을 할 수 있다.

무엇보다 마케팅활동에 대한 효과이익을 측정하는 것이 중요하다. 무조건 사업이 안 된다고 마케팅을 하는 것은 초등학생도 생각하고 실행할 수 있는 수준이다. 물론 사업 초기에는 무조건 공격적인 마케팅을 할 수도 있지만 사업을 시작한 지 어느 정도 지난 다음에는 측정된 누계 데이터를 가지고 접근해야 한다.

마케팅 효과를 측정하고 분석하는 일은 어렵지 않다. 회계적으로 기록만 잘하면 된다. 크게는 매출과 원가, 작게는 판매관리비 세부 항목을 조금만 신경 써서 기록하면 충분하다. 이것만으로도 얼마든지 추이 분석을 할 수 있다.

사업을 더 할 것인가? 접을 것인가? 미래가치로 판단한다

자신만의 '촉'에 의지해 사업을 시작하는 사람들이 있다. 촉이란 말 그대로 느낌이다. 잘못하면 전 재산을 날릴 수도 있는데 단지 느낌이 좋다는 이유만으로 사업을 시작하는 것만큼 위험한 일도 없다. 아무리 촉이 좋은 사업 아이템이라 하더라도 반드시 회계적으로 사업성을 검증하고 시작해야 한다.

회계적으로 검증하고 사업을 시작했어도 100% 성공할 수 있는 것은 아니다. 신중하게 사업을 시작했어도 생각만큼 잘 안 되는 경우가 허다하다. 입지나 아이템에 문제가 있을 수도 있고, 영업력이 떨어져 그럴 수도 있고, 제품의 질이 고객의 기대치를 만족시키지 못해 사업이 잘 안 될 수도 있다.

사업이 잘 안 되면 그때부터 초보사장들의 마음은 복잡해진다. "처음부터 사업이 잘 될 수가 있겠어? 이 고비만 넘기면 좋은 결과가 있을 거야. 그러니 조금만 더 참아보자."라고 긍정적으로 생각하다가도 "이렇게 사업이 안 되는데 더 시간 끌다가는 그나마 있던 자본도 다 까먹고 말겠어. 어차피 접을 거라면 하루라도 빨리 접는 게 낫지 않을까?"라는 절망적인 생각에 사로잡히기도 한다.

실제로 대부분의 사업자들이 사업을 계속 할 것인지, 접을 것인지를 선택해야 할 때 쉽게 결정을 못한다. 접으려고 하면 지금까지 투자한 돈을 회수할 길이 없고, 그렇다고 계속 한다고 잘 되리란 보장이 있는 것도 아니어서 고민만 하면서 시간을 보내기 일쑤다.

사업을 시작할 때만큼이나 사업을 접을 때도 신중하고 정확하게 판단해야 한다. 정확한 판단을 하기 위해서는 역시 회계를 알아야 한다. 막연히 잘 안 되니까 사업을 접어야 한다고 생각해서는 안 된다. 지금 상태로 몇 개월 혹은 1년이 지나면 어떻게 될 것인가를 회계적으로 확인해야 한다.

사업의 시작과 중단의 기로에서 결심해야 할 때는 미래의 불확실성 때문에 끝도 없이 고민하는 대신 미래에 실현될 미래가치를 직접 계산해보고 눈으로 확인하는 것이 중요하다. 미래가치란 현재의 화폐가치와 동일한 금액이 되는 미래의 화폐가치로 미래의 시점에 현재의 1백만 원과 동일한 가치를 가지는 금액이 얼마인지를 계산한 것이다.

현재의 1백만 원이 1년이나 2년 뒤에도 현재와 동일한 화폐가치를 가질 수 있을까? 당연히 그렇지 않다. 매년 오르는 물가 때문에 1백만 원보다 가치가 떨어질 수밖에 없다. 그렇기 때문에 현재의 1백만 원과 동일한 미래의 화폐가치를 알려면 미래가치를 계산할 수 있어야 한다.

아래는 이자율이 연 5%라고 가정할 때 현재의 1억 원과 동일한 가치가 되기 위해서 1년과 2년 뒤에 각각 얼마가 되어야 하는지를 복리로 계산하는 계산공식과 예이다.

미래가치(FV) = 현재금액 × $(1+r)^n$
※ r은 금리(이자율), n은 연차를 말한다.

1년 뒤 가치 : 100,000,000원×$(1+0.05)^1$ = 100,000,000원×(1.05) = 105,000,000원
2년 뒤 가치 : 100,000,000원×$(1+0.05)^2$ = 100,000,000원×(1.1025) = 110,250,000원

  * 이자율은 일반적으로 시장이자율을 적용하며 이 시장이자율이 물가상승률과 비슷하다고 간주하고 계산한 것이다.

위의 계산을 예로 들면 1년 뒤와 2년 뒤에 현재의 1억 원과 동일한 가치를 가지는 화폐가치는 각각 105,000,000원과 110,250,000원이다. 즉 1년 뒤에는 현재보다 5백만 원을 더 벌어야 하고, 2년 뒤에는 1,025만 원을 더 벌어야 현재 1억 원을 번 것과 같다.

현재의 내 사업장 규모와 외부 시장상황을 고려했을 때 1년 뒤 혹은 2년 뒤에 추가로 위의 금액만큼 더 벌수 없을 것으로 판단되면 사업 중단을 고려해볼 수 있다. 사업을 시작할 때도 마찬가지다. 매년 예상매출액을 위와 같이 계속 증가시킬 수 없다는 판단이 들면 시작하지 않는 것이 현명할 수도 있다.

하지만 처음부터 성장하지 못할 것이라 지레 짐작하고 포기할 필요는 없다. 충분히 어려운 상황이지만 극복할 수 있는 수준이라고 판단되면 도전해야 하고, 일단 시작했으면 죽기 살기로 매진해야 한다. 다만 미래를 판단할 때는 반드시 회계적인 숫자로 계산한 미래가치를 근거로 삼아야 한다는 것을 잊어서는 안 된다.

05
진실이 아닌 회계는 위험하다

...

이도진 사장은 12월에 접어들면서 부쩍 조바심이 난다. 상반기에 생산한 신제품인 '다말려' 제습기가 전혀 팔리지 않기 때문이다. 너무 의욕이 앞섰던 것일까? 심혈을 기울여 고소득 가정을 겨냥해서 조용하면서도 넓은 반경을 커버할 수 있는 제품을 생산했지만 몇 달째 먼지만 쌓여가고 있다. 여름 장마 때 많이 팔았어야 했는데 지금은 벌써 겨울이다. 본전은 고사하고 이제는 원가 이하라도 팔수만 있다면 다 처분하고 싶다. 하지만 안 팔리는 제품을 50% 할인 판매를 한다고 해도 꼭 팔리리란 보장이 없다. 애초에 소비자 요구를 잘못 판단한 것이다.

다말려가 팔리지 않으니 회사에 현금이 씨가 말랐다. 아무래도 운영자금을 대출받아야 할 것 같다. 더구나 조금 있으면 설 아닌가! 직원들 떡값은 둘째 치고라도 설 이전에 결제해주어야 할 거래처가 많으니 대출을 피할 길이 없다. 그런데 오늘 재무팀에서 올라 온 결산 보고를 보니 자산총액이 엄청나다. 애물단지인 '다말려'가 재고자산에서 금액이 제일 크기 때문이다.

"사장님! 다말려는 아무래도 연말에 재고자산평가를 해서 좀 털어내야 할 것 같습니다."

"아니! 김 팀장 지금 저걸 털어내면 올해 손익이 엄청난 마이너스가 되는 거 몰라? 지금 회사 자금이 말라서 대출을 받아야 할 판인데 무슨 소리를 하는 거야?"

"그래도 연말이라 해야 될 것 같습니다."

"안 돼! 회사 손익이 마이너스를 치고 있는데 어느 은행에서 대출을 해주겠어? 지금 있는 대출도 갚으라고 하지 않겠어? 일단 대출부터 받고 생각해보자고."

이도진 사장은 피가 거꾸로 솟는 기분이다.

이익을 부풀리는 것은 분식회계이다

애써 만든 제품이 팔리지 않고 재고로 쌓여 있는 것처럼 속상한 일도 없다. 악성재고가 많이 쌓이면 사람으로 치면 동맥경화가 온다. 뇌졸중의 위험이 항상 도사리고 있는 것이다. 그래서 악성재고는 어떻게든 빨리 처리해야 하지만 이도진 사장과 같은 상황에서는 고민을 할 수밖에 없다. 악성재고니 빨리 처분하는 것이 좋지만 그러자니 자산과 손익이 줄어 대출을 받기가 어려워지니 진퇴양난이다.

재고도 자산이다. 판매가 되면 바로 현금화할 수 있기 때문에 자산으로 평가받는다. 회계에서는 이 재고자산의 가치를 정확히 평가하는 것이 중요하다. 대출을 좀 더 쉽게 받기 위해 재고자산의 원가를 부풀리는 것은 단순히 비용을 많이 책정해 처리하는 분식회계보다 더 나쁜 분식회계라 할 수 있다.

경제 뉴스에 자주 등장하는 단골 메뉴 중 하나가 재고자산을 악용한 '분식회계'이다. 해외에 생산 공장을 둔 것처럼 위장하고 재고자산의 가액을 몇 십 배로 부풀리고, 판매계약을 허위로 작성하여 은행으로부터 몇 백억 원의 대출을 받아가는 경우가 있다. 은행은 판매계약서와 그에 상응하는 재고자산을 보고 팔리면 바로 현금이 들어올 것이라 판단하고 돈을 빌려준다. 그것도 다 알만한 회사들이 연관되어 있으니 별 의심을 하지 않는 것이다.

하지만 그 결과는 어떨까? 물론 그 돈으로 일부는 원재료 구매나 생산 공장을 확장하는 데 쓰기도 했지만 개인적으로 사용한 액수가 엄청나다. 실로 위험천만한 분식회계이다.

외부 투자자들도 마찬가지이다. 그들이 어떤 기업에 투자하기 위해서 반드시 보는 것이 자산총액이다. 재고자산도 자산이므로 당연히 자산총액에 포함된다. 재무지식이나 그 기업을 잘 모르는 투자자들은 대부분 자산총액을 보고 투자한다. 따라서 재고자산을 부풀려 자산총액을 늘린 것을 모르고 투자했다가는 낭패를 보기 쉽다.

이도진 사장의 경우 악성재고인 다말려를 연말에 재고자산 평가를 해서 시장 판매 가격보다 제품원가가 높으면 그 부분을 올해 손익에서 차감하는 것이 정상이다. 제품이 오랫동안 팔리지 않고 악성재고로 남아 있으면 원가 이하의 가격으로라도 파는 경우가 많다. 예를 들어 제품원가가 1만 원인데 악성재고를 처분하기 위해 6,000원에 파는 것이다. 이렇게 되면 당연히 이익이 마이너스이다.

회계에서는 이런 상황을 방지하고자 재고자산평가를 하도록 하고 있다. 즉 제품의 가치가 이미 원가 이하라고 판단되는 시점에서는 그 시점에 팔아도 원가조차 회복할 수 없는 부분을 손익계산서에 해당 금액만큼 반영하도록 하는 것이다. 그래야 그 시점의 정확한 재무상태를 파악할 수 있기 때문이다.

이도진 사장의 예를 들면 제품의 장부상 원가가 10,000원인데 현재는 팔아도 시장에서 6,000원 밖에 못 받으니 본전에서 4,000원이 마이너스인 셈이다. 따라서 그 4,000원은 판매가 되지 않아도 재고자산가액에서 차감하고 손익계산서의 매출원가에 4,000원을 가산해야 한다. 왜? 현재 시점에서 재고자산의 가치가 6,000원 밖에 안 되기 때문이다. 이 또한 회계의 발생주의 원칙이라고 할 수 있다.

이것이 회계의 기준이자 현재의 정확한 손익계산서이다. 이미 손실이 발생한 것이 확실한데도 불구하고 악성재고를 그대로 두고 회계연도를 넘기면 회사의 재무 상태는 계속 왜곡될 수밖에 없다. 이도진 사장은 사업을 운영하고자 대출을 받기 위해 어쩔 수 없다고 생각하겠지만 정말 위험천만한 발상이다. 그로 인해 당연히 해서는 안 되는 분식회계를 하는 것이니까 말이다.

의류 쇼핑몰을 할 때도 마찬가지다. 오래도록 팔리지 않은 상품들은 처음에 구매한 상품원가에서 그 떨어진 가치의 금액만큼 손익계산에 반영해 주어야 한다. 그렇게 해야 현재 사업장의 정확한 재무 상태를 알 수 있다.

사업을 이제 막 시작하거나 아직 사업규모가 크지 않은 경우 분식회계는 먼 나라 이야기처럼 들릴 수도 있다. 하지만 사업이 어느 정도 성장하면 생각보다 분식회계의 유혹에 빠져들 경우가 많다. 그런 우를 범하지 않기 위해서라도 분식회계가 무엇인지 잘 알아두어야 한다.

기업의 비용은 사실대로 처리해야 한다

요즘 기업인들을 보면 '모럴 헤저드'라는 단어가 절로 떠오른다. 한 마디로 비도덕적이다. 기업 자금을 마치 개인 돈처럼 쓰다 발각되는 경우가 너무나도 많다. 회사 돈으로 개인 별장을 사고, 와이프 명품 가방 사주고, 개인적으로 사용한 비용을 회사의 비용으로 처리하고, 허위 매입계산서를 받는 등 비도덕적으로 불법을 자행하는 양상도 가지가지다.

이처럼 개인적인 비용을 회사 비용으로 처리하는 것도 다 분식회계에 포함된다. 개인적으로 쓴 돈을 회사 비용으로 처리하면 어떻게 될까? 당연히 회사의 손익이 감소되고 이익잉여금이 많이 발생하지 않는다. 또한 주주들에게 배당할 자금도 줄어들뿐더러 투자도 할 수 없고 자본도 증가하지 않는다. 결국 기업이 재무적으로 쇠약해져 조금씩 침몰하는 난파선과 똑같은 입장에 처하게 된다.

처음 사업을 시작해 매출보다 매입이 많은 경우라면 실감이 나지 않을 수도 있다. 또한 자신은 도덕적인 사람이라 비용을 속이는 불법을 절대 저지르지 않을 것이라 호언장담하는 사업자도 있을 것이다. 하지만 사업이 어려워지거나 조금만 비용을 속여 분식회계를 하면 더 큰 이익을 얻을 수 있는 상황에선 마음이 흔들릴 수 있다. 사업이 커져 돈을 많이 벌면 생각보다 이런 유혹이 많다.

하지만 분식회계의 끝은 언제나 좋지 않다. 국세청을 완전히 속이려면 그들보다 더 많이 알고 더 똑똑해야 하는데, 아무리 노력해도 전문적인 지식과 경험을 갖춘 국세청 직원들을 속이기는 불가능하다. 눈앞의 이익에 눈이 멀어 분식회계를 할 경우 세무조사 받고 벌금 폭탄 맞고, 사람까지 망가질 수 있으니 조심해야 한다. 회계라는 언어는 솔직하게 사용하면 사업을 하는데 큰 도움이 되지만 거짓말을 하는데 사용하면 패가망신할 수 있다는 것을 꼭 명심하기 바란다.

Part 2.
이것만 알아도 흑자경영이 가능하다

01
못 받은 외상매출금도 자산이라고?

•••

    김수정 씨는 30대 초반의 젊은 나이에 기능성 화장품을 제조하여 판매하는 사업을 시작하였다. 워낙 성격이 활달한데다 영업력까지 뛰어나 사업을 시작한지 1년여 만에 꽤 가시적인 성과를 낼 수 있었다. 처음에는 거래처를 확보하기 위해 고생도 했지만 지금은 먼저 알고 찾아오는 고객들도 적지 않다.

    "저 김 사장님이시죠? 박 사장님 소개로 전화 드렸어요. 그 '다감춰' 비비크림을 얼마에 납품받을 수 있을까요? 일단 100개 정도요."

    적어도 일주일에 한두 번은 이런 전화가 온다. 그때마다 즐거운 외마디 비명이 목에서 마구 올라온다. 하지만 한 가지 고민이 있다. 화장품을 달라는 거래처들은 많은데, 수금이 잘 안 된다. 큰 거래처보다 작은 거래처가 많아서 그런지 제품만 가져가고 결제를 제때 안 해주는 경우가 많다. 매번 결제 좀 부탁한다고 전화하기도 너무 힘들다. 제품을 가져가고 몇 개월이 지나도 일부만 결제하고 또 외상으로 가져가는 거래처도 몇 군데 된다.

    외상을 밥 먹듯이 하는 거래처들 때문에 골머리를 앓고 있는데 세무사 사무실에서 작년 결산이 끝난 재무제표라며 서류를 한 뭉치 갖고 와서는 한 마디 한다.

"오위! 사장님 사업이 잘 되나 봐요. 자산총액이 다른 사업체에 비해 꽤 높네요. 부럽습니다."

"어머! 무슨 소리 하시는 거예요? 자산이 많이 늘었다니! 가뜩이나 외상매출 때문에 속이 상한데 염장에 불을 지르는 거예요? 게다가 사무실에 에어컨, 책상, 온풍기 외에는 더 산 것도 없다고요."

"재무제표가 거짓말하나요? 분명 자산이 많이 느셨어요."

김수정 씨는 혼란에 빠졌다. 이게 대체 어떻게 된 일이란 말인가.

눈에 보이는 것만이 자산이 아니다

회계를 많이 접해보지 않는 사람들은 자산이란 눈에 보이는 설비나 비품 같은 것으로 생각하는 경우가 많다. 즉 눈으로 식별할 수 있고 만질 수 있어야 자산이라고 생각한다. 그렇다면 돈은 자산일까? 아마 대부분의 독자들은 "그거 당연히 자산이지!"라고 대답할 것이다. 맞다. 돈을 꼭 은행에서 뭉치로 찾아와서 곁에 두고 만져봐야 자산인 것은 아니다. 보지 않아도, 생각만 해도 뿌듯한 것이 돈이고 가장 소중한 자산이다. 기업 회계도 마찬가지이다. 기업 자산 중에는 눈에 보이는 것뿐만 아니라 눈에 보이지 않는 자산들이 많다.

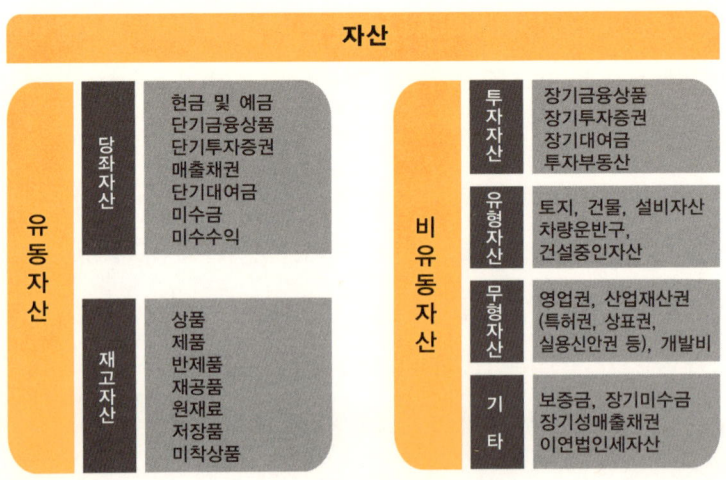

(그림2) 자산의 종류

그림2를 보면 눈에 보이지 않는 자산이 얼마나 많은지 확인할 수 있다. 심지어 영업권도 외부에서 돈을 주고 구매하면 자산이다. 김수정 씨 입장에서는 외상매출이 자산으로 잡히는 게 억울할 수도 있지만 외상매출금도 매출채권의 범주에 속한다. 매출채권은 당당한 당좌자산이다. 그것도 단기간 내에 현금으로 전환할 수 있는 아주 중요한 자산이다.

분명 외상매출금은 자산으로서 중요한 존재이지만 장기간 회수하지 못하면 대손상각을 해야 한다. 회수도 못하면서 천년만년 계속 자산으로 놔둘 수는 없다. 회계의 원칙이다. 대손상각을 한다는 것은 쉽게 말하면 '아무리 기다려도 못 받을 돈이니 그만 포기하고 손익에서 마이너스시키라'는 것이다.

사업자 입장에서는 무척 억울한 일이지만 어쩔 수 없다. 이런 억울한 일이 일어나지 않도록 기업들이 관리직원을 두고 관리하는 것이다. 외상매출이 크지 않을 때는 회수하지 못해도 큰 문제는 없겠지만 몇천만 원, 몇억 원 단위의 큰 외상매출금을 회수하지 못하면 기업 자체가 파산할 수도 있기 때문이다.

기업이 매출을 확대하는 것은 매우 중요하다. 하지만 회수할 수 없는 외상매출은 기업의 발목을 잡을 수 있기 때문에 조심해야 한다. 매출에 눈이 어두워 무조건 팔아서는 큰 낭패를 볼 수 있다. 거래처가 제대로 결제를 할 수 있는지 살펴보고, 불안하면 담보라도 받고 팔아야 외상매출에 발목을 잡힐 위험을 줄일 수 있다.

외상매출금은 현재가치로 측정해야 한다

김수정 씨와 같이 기업을 운영하려면 어쩔 수 없이 외상거래를 해야 한다. 현금을 주지 않는 고객사와는 거래하지 않겠다면 매출 성장은 기대할 수 없으며 장기적으로는 사업이 계속 도태되어 문을 닫아야 할 수도 있다. 그렇기 때문에 외상거래는 피할 수 없다. 대신 건실한 거래처와 거래하고 불안전하다고 판단되면 반드시 담보를 확보한 후 판매해야 한다.

업종에 따라 외상거래의 형태도 천차만별이지만 사업자가 주의해야 하는 외상거래가 있다. 바로 수금기간이 장기간에 걸쳐 이루어지는 외상매출이다. 여기서 장기간이란 현재를 기준으로 수금기한이 1년이 넘는 것을 말한다. 회계에서는 이렇게 수금 기한이 1년이 넘어가는 채권을 장기성매출채권이라고 한다.

사업자가 장기성매출채권에 대해서 주의해야 하는 가장 큰 이유는 상대방이 부도 등으로 회사가 없어져 수금이 안 될 수 있기 때문이다. 소중한 자산인 매출채권이 없어지는 것이다.

또 다른 이유는 화폐가치는 시간이 지날수록 떨어지기 때문이다. 현재 1백만 원의 가치는 1년 뒤에는 1백만 원이 채 안 된다. 그래서 기업들은 1년 이후에 수금해야 할 경우에는 판매금액에 이자를 붙여 판매한다. 그래야 화폐가치가 떨어져 손해를 보는 일을 막을 수 있다.

1년 후에 얼마를 받아야 손해를 보지 않을까? 현재가치를 계산해보면 된다. 미래에 발생하는 가치를 현재의 시점으로 환산해 계산하는 것을 현재가치의 계산이라고 한다.

아래는 현재가치를 예를 들어 계산한 것이다. 20XX년 1월 1일에 어떤 상품을 판매하고, 대금은 20XX년 12월 31일에 1,000,000원, 그 다음해 12월 31일에 1,000,000원을 받기로 하였고 이때 유효이자율은 5%라고 한다면 현재가치는 아래와 같다.

현재가치(PV) 산출공식 = 금액 ÷ $(1+r)^n$ + 금액 ÷ $(1+r)^n$

※ r은 금리(이자율), n은 연차를 말한다.

현재가치(PV) = 1,000,000원 ÷ $(1+0.05)^1$ + 1,00,000원 ÷ $(1+0.05)^2$
= 1,000,000원 ÷ (1.05) + 1,00,000원 ÷ (1.1025) = 1,859,410원

* 이자율은 일반적으로 시장이자율을 적용하며 이 시장이자율이 물가상승률과 비슷하다고 간주하고 계산한 것이다.

위의 계산에서 알 수 있듯이 2년에 걸쳐 수금한 2백만원의 현재가치는 1,859,410원이다. 2년에 걸쳐 현재 판매한 2백만원만 받으면 140,590원의 손해가 발생하는 것이다. 따라서 손해를 보지 않으려면 판매금액에 140,590원을 덧붙여 판매해야 한다.

사업 초기에는 매출을 올리기에 급급해 이런 상황이 발생해도 이자를 붙이지 않고 그냥 판매하는 경우도 많다. 하지만 분명히 손해를 본다는 것은 알아야 한다. 사업초기에는 공격적인 마케팅을 한다고 생각하고 얼마간의 손해를 감수할 수도 있지만 계속 이렇게 할 수는 없다. 장기간 지속되면 수익성이 악화되어 매출이 늘어도 수익이 남지 않을 수 있으니 조심해야 한다.

영업사원에게도 자산관리 책임이 있다

한상태 사장은 가든파이브에서 전동공구 사업을 꽤 크게 하고 있다. 연매출이 30억 원 정도 된다. 영업사원도 4명이나 두었다. 모두 제 몫을 하고 있지만 특히 올 초에 입사한 사원 하나가 그야말로 복덩이다. 이름도 김복동으로 얼마나 영업을 잘하는지 기존 3명의 영업사원들을 합친 것보다 더 많은 실적을 올린다. 그런 김복동 사원을 한 사장이 애지중지하는 것은 너무도 당연한 일이다.

"어이구! 우리 복동이 힘들지? 뭐 먹고 싶은 거 없어? 저녁에 꽃등심이라도 먹을까?"

"애들아 너희들도 좀 열심히 해봐! 어떻게 복동이 반도 못하냐!"

한 사장은 다른 영업사원과 복동이를 노골적으로 비교하며 신뢰했다. 혹시라도 복동이가 다른 곳으로 갈까봐 내년에는 연봉을 파격적으로 올려줄 생각까지 하고 있다. 하지만 그로부터 6개월 뒤, 한 사장은 폐업을 해야 할 위기에 처했다. 그렇게 믿었던 복동이가 화근이었다. 복동이가 주선한 계약 중 2건이나 사고가 터진 것이다. 둘 다 계약금액이 몇억 원 단위였는데, 거래한 회사가 부도가 나서 판매대금을 거의 회수하지 못했다. 그 액수가 무려 10억 원에 달한다.

한 사장은 이해할 수가 없다. 분명 발주처가 대기업이고 원청회사도 들으면 알만한 중견 기업이었는데 왜 이런 일이 생긴 것일까? 사고가 터지고 나서야 한 사장은 복동이가 계약한 서류를 찾아 꺼내 보았다. 그런데 이게 웬일인가. 복동이가 계약한 업체는 한 사장이 아는 중견업체가 아니고 그 밑에 또다시 재하청을 받은 업체였다. 회사의 규모도 알 수 없을뿐더러 들어 보지도 못한 회사였다. 한 사장은 그 중요한 계약을 그저 복동이만 믿고 계약서도 검토하지 않고 덜컥 해버린 것이다. 못 받은 10억 원도 10억 원이지만 창고에 쌓여 있는 엄청난 재고는 어떻게 처리해야 할지 막막하기만 하다. 복동이가 금방 계약될 건이니 납기를 맞추려면 빨리 구매해야 한다고 해서 계약도 안 하고 미리 질러 놓은 재고가 산더미다.

생각보다 많은 사업자가 한 사장과 같은 실수를 한다. 보통 처음 사업을 시작할 때는 사장이 직접 영업을 하지만 어느 정도 사업이 성장했을 때는 영업사원을 채용해 영업을 맡긴다. 자연스러운 수순이다. 하지만 영업사원의 역할을 단지 상품을 잘 파는 것으로만 생각했다가는 한 사장처럼 뒤통수를 맞을 수 있다.

영업사원은 판매만 하는 사람이 아니다. 수금도 영업사원의 책임이다. 흔히 자산관리는 총무부 혹은 관리부에서만 하는 것이라 생각하지만 영업부도 눈에 보이지 않는 자산인 외상매출금을 수금해 자산관리를 해야 할 책임이 있다. 오히려 어떤 면에서는 단기간에 현금화할 수 있는 당좌자산을 관리하는 일이 건물, 토지, 시설 등 눈에 보이는 유형자산을 관리하는 것보다 몇 배 더 중요하다.

흔히 우리는 회사 내에서 판매를 잘하는 영업사원을 최고로 꼽는다. 회사의 이익을 쭉쭉 올려주므로 너무나 소중한 인적자산이다. 하지만 한 사장의 사례에서 알 수 있듯이 건전성이 좋은 업체와 거래를 많이 하는 것이 중요하다. 매출만 많이 올린다고 우수한 영업사원이 아니다. 잘못하면 앞으로 남고 뒤로는 밑지는 전형적인 악순환을 되풀이할 수 있으니 판매실적이 뛰어나지 않아도 악성 매출채권이 없는 영업사원이 훨씬 뛰어난 영업사원이라고 할 수 있다. 이런 영업사원은 절대 회사에게 손해를 입히지 않는다. 모르긴 해도 김복동 영업사원은 실적이 좋아 인센티브도 많이 받았을 것이다. 결국 회사 입장에서는 이중, 삼중으로 손해를 본 셈이다.

영업사원을 평가할 때는 판매 실적과 더불어 반드시 악성 재고, 채권도 같이 평가해야 한다. 또한 영업사원에게 수금과 상품/제품 재고는 반드시 본인의 책임이라는 점을 분명히 주지시켜야 한다. 그래야 불완전한 거래를 어느 정도 막을 수 있다.

계약 규모가 클 때는 영업사원에게만 맡겨서는 안 된다. 반드시 직접 계약서를 검토하고 확인해야 한다. 잘 모른다고 피할 수 있는 문제가 아니다. 공부를 해서라도 알아야 한다. 모든 거래의 기본은 계약서이기 때문에 최소한의 기본적인 사항은 꼭 알아두고 체크해야 피해를 최소화시킬 수 있다.

계약서에 도장을 찍었다고 해도 안심해서는 안 된다. 규모가 큰 계약일 경우 반드시 여러 업체가 연결되어 있기 때문에 계약을 했으면 계속 관심을 가지고 지켜봐야 한다. 돈 들어올 때까지 아무 생각 없이 기다리고만 있으면 안 된다. 만약 우리 회사 위에 있는 업체가 부도가 나거나 금융사고가 터지면 바로 매출채권을 들고 원청이나 발주처로 달려가서 그 업체에 대해서 대금 지급정지를 신청하고 발주처나 원청으로부터 직접 대금을 회수해야 한다. 그래야 최대한 피해를 줄일 수 있다. 계약서에 명시된 일자에 물품 대금이 회수가 안 되면 바로 비상사태에 돌입해야 한다. 우물쭈물 하다가는 소중한 자산을 다 잃게 된다.

02
좋은 자산과 나쁜 자산

● ● ●

박정밀 사장은 청소용품을 도매로 판매하는 사업을 하고 있다. 지금까지는 인건비를 줄이는 것이 남는 것이라 생각하고, 영업사원과 배송에 필요한 인력 외에는 일체 직원을 뽑지 않았다. 사무실에는 경리 직원 한 명만 두고 박 사장이 모든 관리를 해왔다.

하지만 사업이 조금씩 커지다보니 결국 한계가 오고 말았다.

"그래, 이대로는 안 되겠군. 똑똑한 관리직원 한 명 채용해서 재고도 관리하고 구매도 시키고 총무일도 좀 시켜야겠어. 어휘! 도대체 저놈의 창고에 재고가 얼마나 있는지 도통 모르겠어. 판매가 안 되는 것들이 얼마나 있는지 제대로 알 수가 없군! 빨리 직원을 뽑아야겠어."

일주일 후 박 사장은 아주 꼼꼼하게 일을 잘할 것만 같은 직원을 한 명 채용했다. 그 직원에게 앞으로 매달 관리현황을 보고하라고 지시하고 박 사장은 편안한 마음으로 영업에만 전념했다.

그로부터 석 달 뒤, 박 사장은 새로 뽑은 직원인 김 대리로부터 결산보고를 받다 그만 큰소리를 내고 말았다. 지난달에 비해 재고가 또 늘어났기 때문이다.

"아니 김 대리. 자네는 재고 관리하라고 뽑아 놨더니 어째 이놈의 재고는 매달 줄지는 않고 오히려 느는 거야? 제대로 안 할래? 다음 달에도 재고가 또 늘면 사표 쓸 각오해. 알겠어?"

한 바탕 김 대리를 닦달하던 중 전화가 왔다. 그가 얼마 전부터 공을 들여온 중형 마트로부터 납품을 해달라는 전화였다. 덕분에 기분이 한껏 좋아진 박 사장은 한결 누그러진 목소리로 "김 대리! 이번 달에는 확실히 해! 알았지? 수고하고 그만 나가봐."라고 말했다. 그러면서 속으로는 김 대리가 들어오자마자 사업이 잘 된다며 흐뭇해했다.

반면 한마디도 못하고 혼만 난 김 대리는 혼잣말로 이렇게 말한다.

"어이구! 사장이 무식하기는. 얼른 다른 직장 알아 봐야겠어. 사업하는 사람이 기본을 잘 모르는구먼. 여기 있다가는 쪼임을 당하다 심장마비 걸리겠어!"

재고자산은 나쁜 자산이 아니다

아마 김 대리는 다음날 바로 회사를 그만두고 다른 회사에 갔을 지도 모른다. 이유는 박 사장 때문이다. 성격이 다혈질이고 원인분석을 제대로 해보지도 않고 기업 회계의 원리도 잘 모르는 박 사장 밑에서 일하기가 어렵다고 판단했을 것이다.

도대체 박 사장의 문제는 무엇일까? 사장이 재고 많다고 줄이라고 한게 무슨 큰 잘못이냐고 반문하는 독자들이 많을 것이다. 흔히 재고는 아주 나쁜 것이라 생각한다. 팔리지 않고 창고에서 자리만 차지하고 있으니 꽤 씸한 것들이라 생각할 수 있다. 하지만 회계를 알면 재고를 무조건 천덕꾸러기 취급하는 실수를 하지 않는다.

회계에서의 재고는 원재료나 상품을 구매하는 순간 탄생된다. 즉 매입계산서를 받은 날짜가 재고가 생기는 시점이라 할 수 있다. 제품을 생산하기 위해 원재료를 구매하는 순간 이미 원재료는 재고가 된다. 판매를 하기 위해 상품을 매입하는 순간 재고이다. 제조가 완료되어 판매 대기 중인 완제품도 판매가 되기 전까지는 제품재고이다. 즉 판매를 하려면 반드시 재고를 거쳐야만 한다.

재고가 무엇인지를 이해하면 김 대리가 왜 박 사장을 무식하다고 하며 그만둘 생각을 하는지 짐작할 수 있다. 박 사장은 김 대리가 들어오자마자 사업이 아주 잘된다고 했다. 계약 체결 건수가 많다는 뜻이다. 주문받은 수량을 거래처에 납품하려면 어떻게 해야 할까? 당연히 청소용품을 많이 구매해서 상품을 많이 보유하고 있어야 한다. 그러자니 매달 재고자산이 점점 늘어날 수밖에 없다. 그런데 재고가 늘어난다고 김 대리를 야단쳤으니 얼마나 황당했을까?

박 사장은 "김 대리! 재고가 왜 매달 늘어나는 거지? 원인이 뭔가?"라고 물었어야 했다. 그러면 김 대리는 자세히 답변했을 것이다. 그런데 다짜고짜 "이 골치 아픈 재고는 어쩔 거야?"라는 식으로 다그치니까 당황해서 아무 답변도 못했던 것이다.

단, 재고자산을 분석할 때는 판매를 위해 제작 중이거나 판매 예정인 재고와 팔지 못하고 속을 썩이는 악성 재고를 분리해서 분석해야 한다. 이 두 개를 한데 뭉쳐놓고 전체 금액만 놓고 판단하면 안 된다. 판매를 위해 제작 중이거나 곧 판매될 재고는 매출의 출발점이 되는 좋은 자산이지만 악성 재고는 나쁜 자산이기 때문이다.

무형자산은 두 얼굴을 갖고 있다

김영주 씨는 오늘도 '밍키 쥬얼리' 집 건너편에서 3일째 서성이고 있다. 사실 그녀는 밍키 쥬얼리 액세서리 가게를 인수할지 말지 고민 중이다. 직접 얼마나 손님이 드나드는지를 확인하면 마음의 결정을 하기가 쉬울 것 같아 가게 주변에서 몰래 손님을 세고 있다. 역시 대학가 주변이다 보니 젊은 사람들이 많이 찾는다. 손님들도 제법 많다. 저 정도라면 가게는 작아도 망하지는 않을 것이라는 생각도 든다.

하지만 그녀가 결심을 하지 못하는 가장 큰 이유는 바로 권리금이다. 권리금이 무려 3,000만 원이다. 현재 가게를 운영하는 사장이 손님들의 성향과 액세서리를 사오는 거래처 등 사업에 필요한 모든 노하우를 알려준다고는 하나 권리금이 너무 비싸다. 괜히 비싼 권리금을 주고 들어갔다가 가게 주인이 계약기간이 끝난 후 건물을 리모델링할 예정이니 더 이상 임대를 하지 않겠다고 하면 권리금을 날릴 수도 있지 않은가. 또한 사업을 시작했는데 불행하게도 사업이 잘 안 되면 권리금도 뚝 떨어질 것 같은 불안감이 사라지지 않는다.

권리금도 법으로 보호된다고는 하나 법은 멀고 주먹은 가까우니 안심할 수 없다. 더군다나 사업자금이 넉넉지 않아 권리금까지 주고 나면 거의 남는 것이 없다. 그렇다고 권리금이 낮거나 없는 가게들을 둘러보면 너무 마음에 들지 않는다. 하나같이 사람들의 왕래가 없거나 외진 곳들뿐이다.

적은 자본으로 사업을 시작하려는 사람들 중 상당수가 권리금 때문에 고민한다. 권리금이란 사업장의 영업권이나 마찬가지다. 결국 권리금을 준다는 것은 사업장의 영업권을 구매하는 것이고, 영업권을 구매한다는 것은 눈에 보이지 않는 무형자산을 취득하는 것과 같다.

유형자산은 내용연수에 따라 감가상각을 하고, 보존 상태에 따라 처분할 때 회수금액을 가늠할 수 있지만 무형자산은 그렇지 않다. 시간이 지남에 따라 가치가 대폭 올라 대박이 날 수도 있고 거꾸로 쪽박이 될 수도 있다.

그렇다면 권리금과 같은 무형자산은 어떤 기준으로 판단해야 할까? 솔직히 판단하기가 쉽지 않다. 결국 경험에 기초해 판단해야 한다. 사업을 해보지 않은 초보사장이라면 무리하게 권리금을 주는 것은 정말 심사숙고할 필요가 있다. 현재 장사가 잘 되고 사업장(매장) 위치가 좋아서 권리금을 주고 인수했다고 해도 다 잘 되리란 보장이 없기 때문이다.

권리금을 파는 사람들은 권리금이 생기기까지 무한한 노력을 한 사람들이다. 엄청난 시행착오를 겪으면서 이루어낸 결과인 것이다. 바꾸어 말하면 그 사람의 사업하는 방식과 노하우가 권리금에 포함된 것이나 다름없다. 권리금을 주고 당장은 가게에 오는 손님을 살 수 있지만 계속 손님이 오게끔 하는 것은 순전히 새로 인수한 사장의 몫이다. 노하우가 없는 초보 사장이라면 얼마 가지 않아 손님을 놓칠 위험도 배제할 수 없다.

하지만 사업 경험이 많은 사업자들은 일단 사람이 많이 찾아온다는 그 것 하나만 보고 권리금을 투자해도 성공하는 경우가 많다. 노하우가 있기 때문이다. 금방 인수했어도 한 10년은 이미 사업을 한 사람이라고 해도 믿을 만큼 서툴지 않고 사람들을 끌어당기는 힘이 있기 때문이다.

그렇다고 사업을 처음 하는 경우라면 무조건 권리금을 주지 말라는 얘기는 아니다. 회계적으로 판단하고 보수적으로 접근하면 위험을 줄일 수 있다. 권리금을 주기 전에 1년 예산을 미리 수립해보는 것이 중요하다. 예산을 수립할 때는 매출을 아주 보수적으로 잡아야 한다. 예상 가능한 매출의 60~70% 정도만 매출을 잡고 1년 예산을 수립해보면 1년 동안 거둬들일 수 있는 이익의 규모를 정확하게 알 수 있다.

권리금을 투자할 것인지의 여부는 그 다음에 판단해야 한다. 최소한 권리금의 50%를 날린다고 가정했을 때 과연 매출로 손실을 만회할 수 있는지를 알고 시작하는 것이 좋다. 만약 매출이 손실을 만회할 수 없다는 판단이 서면 당연히 권리금에 투자하지 않아야 한다.

나쁜 자산은 손실로 손익계산서에 반영하라

박정밀 사장은 재고자산에 대한 기본적인 지식이 없어서 똑똑한 직원을 내보내기는 했지만 그래도 재고를 효율적으로 관리하고자 항상 고민하는 것은 칭찬할만하다. 박 사장이 염려하는 것은 악성재고자산이 늘어나는 것이다. 악성재고자산은 대표적인 나쁜 자산으로 보통 기업들은 연말에 악성재고자산을 평가해 손실이 발생한 부분은 손익계산서에 손실액으로 반영한다.

손실은 악성재고가 현재 시장에서 얼마에 판매되는가를 조사한 후 재고를 매입한 금액보다 시장에서 판매되는 판매 가격이 낮으면 그 차이액을 손실로 반영한다. 회계에서는 이를 저가법이라고 한다. 이는 회계의 발생주의 원칙을 지키는 것으로 손실이 확실히 발생한 시점에는 손실로 반영해야 한다는 것이다. 예를 들어 재고자산의 매입가격이 1,000원인데 현재 시장에서 판매되는 가격이 800원이라면 차이액인 200원이 손실액이 되는 것이며, 이를 재고자산평가손실이라고 한다.

또 다른 심각한 나쁜 자산은 악성매출채권이다. 이것은 판매하고 세금계산서를 발행해 매출채권이라는 좋은 자산이 발생했지만 불행하게도 장기간 수금하지 못하여 아주 나쁜 자산으로 변해버린 채권이다. 결국 수금이 안 될 가능성이 아주 많은 채권이다. 하지만 악성매출채권은 상거래를 하면서 어쩔 수 없이 일부분 발생하며 기업들은 이것을 대손충당금이라는 항목으로 재무상태표에 반영함과 동시에 손익계산서에는 대손상각비라는 항목으로 반영해 손익을 계산한다.

대손충당금을 설정하는 방법은 두 가지가 있다. 하나는 매출채권잔액비율법으로 회사의 모든 매출채권에 대해서 일정비율의 대손율(예를 들면 매출채권의 1% 적용 등)을 적용해 대손충당금을 설정하는 방법이다. 다른 하나는 연령분석법에 의해 대손충당금을 설정하는 방법으로 매출채권이 발생된 시점부터 회수되지 못한 경과일수를 따져서 회수 경과일이 많이 지난 채권부터 대손충당금 설정 비율을 높이는 방법이다.

예를 들어 미회수기간이 30~60일이 된 매출채권의 미회수율은 통계상 1%이고, 90~120일이 된 매출채권의 미회수율은 5%라고 한다면 30~60일된 매출채권은 1%, 90~120일이 된 매출채권은 5%를 대손충당금으로 설정하는 것이다.

대손충당금을 설정하는 것도 회계의 발생주의 회계처리의 원칙을 지켜야 하기 때문이다. 이미 발생된 매출액에서 항상 어느 정도의 대손이 발생될 것이 확실하다면 회계기간이 끝나는 연말에는 비용으로 반영해야 한다.

초보사장들도 최소한 연말에는 이렇게 대손충당금을 설정하고 손익계산을 해보아야 한다. 그래야 정확한 내 사업장의 손익을 알 수 있다. 기업은 상거래활동을 활발히 해서 매출을 증대시키는 것이 중요하지만 이렇게 못 받는 돈이 많아지면 아무 소용이 없다. 수금의 중요성은 아무리 강조해도 지나치지 않다.

03
설비투자를 할까?
사람을 고용할까?

•••

이철수 사장은 유제품을 가공해 판매하는 사업체를 운영하고 있다. 당연히 공장에는 유제품을 가공하기 위한 생산설비들이 많다. 이 사장은 사람을 많이 쓰는 대신 그 돈으로 차라리 자동화 설비를 구축하는 게 훨씬 이득이라고 생각한다.

이번에도 또 자동화 설비를 확장해야 할 일이 생겼다. 제품을 가공하기 전에 원재료를 설비까지 운반하고, 가공이 완료된 낱개 제품을 번들로 박스 포장을 하는 장소까지 자동으로 운반하기 위한 컨베이어벨트 설비를 구축해야 할 필요성을 느꼈다.

지금은 박스 포장을 하는 아주머니들이 교대로 수작업으로 운반하고 있다. 공장 규모도 크지 않고, 제품 생산량도 수작업으로 운반하지 못할 정도로 많은 것이 아니어서 지금까지는 큰 문제가 없었다. 하지만 얼마 전부터 아주머니들이 불만을 토로한다.

"아이고! 사장님요. 이거 날라주는 사람 하나 쓰소! 나이 많은 우리가 무슨 힘이 있나? 내일 모레면 환갑이구먼. 아이구 허리야, 나 죽네."

아주머니 말도 일리가 있었다. 하지만 아르바이트를 고용해 운반 일을 맡겨도 한 달에 적어도 150만 원은 줘야 한다. 1년이면 1,800만 원, 4년이면 7,200만 원이다. 결코 적은 돈이 아니다. 그 돈이면 차라리 컨베이어벨트를 설치하는 게 낫겠다는 생각도 든다. 견적을 받아보니 시설을 다 갖추는 데 6,000만 원이 든다고 한다.

"그래, 설비는 몇 년이 지나도 계속 쓸 수 있으니 사람 쓰는 것보다 훨씬 낫지 않겠어? 설비는 처음에는 돈이 들어도 두고두고 쓸 수 있지만 사람을 쓰면 고스란히 비용으로 나가잖아?"

설비는 자산, 인건비는 비용이라 판단하고 이철수 사장은 서둘러 컨베이어벨트를 설치했다.

설비도 비용이다

이철수 사장 말대로 설비는 자산이다. 자산 중에서 토지, 건물 등과 더불어 유형자산이라 불리는 자산이다. 그래서 이철수 사장은 컨베이어벨트를 구축할 때 드는 돈을 비용이 아닌, 몇 년 아니 영원히 이철수 사장 옆에 있어 줄 소중한 자산이라 생각한다. 반면 아르바이트를 고용하는 데 드는 돈은 완전히 없어지는 비용이라 믿어 의심치 않는다. 과연 그럴까?

제품을 생산하는 방법은 두 가지가 있다. 하나는 설비를 구축하는 것이고, 다른 하나는 사람을 투입하는 것이다. 흔히 설비는 투자이고 사람은 비용이라고 생각한다. 설비는 수익을 만들지만 사람은 비용을 만든다고 생각하기 때문인데 그렇지 않다. 설비도 비용이다.

앞에서는 설비를 유형자산이라 말하고, 바로 설비도 비용이라 말하니 혼란스러울 것이다. 설비는 자산인 동시에 비용이다. 왜? 설비는 구매하는 순간부터 감가상각을 해야 하기 때문이다. 기계도 영원하지 않다. 시간이 지날수록 낡고 마모된다. 낡고 마모된 만큼 가치가 떨어지기 때문에 회계에서는 마모된 정도를 따져 비용으로 처리하도록 한다. 이때의 비용이 바로 감가상각비이다.

자동차를 예로 들면 감가상각비를 이해하기가 더 쉽다. 보통 새 자동차를 구입해 얼마 동안 타다 중고로 팔면 처음 구입했을 때보다 훨씬 싼 가격에 팔아야 한다. 자동차를 탄 연수가 많으면 많을수록 자동차 값은 더 떨어진다. 당연한 일이다. 자동차는 영원히 새것일 수 없다. 시간이 지날수록 부품도 낡고 성능도 떨어지기 때문에 가치가 떨어진다. 2,000만 원에 구입한 자동차가 5년쯤 타고 난 후 가치가 떨어져 1,000만 원이 되었는데 여전히 자동차의 가치를 2,000만 원이라 평가하고, 이를 기준으로 자동차세나 보험료를 책정한다면 억울할 수 있다. 그래서 가치가 하락하는 부분을 비용으로 인정해주어 그만큼을 보상해주는 것이 '감가상각비'다.

감가상각비를 계산하는 방법은 크게 정액법과 정률법으로 구분된다. 정액법은 설비와 같은 자산을 사용할 수 있는 기간 동안 매년 동일한 금액을 감가상각비로 인식하는 것이고, 정률법은 처음에는 비용을 많이 인식하고 시간이 지날수록 비용을 적게 인식하는 방법이다. 보통 자산을 구입하고 법인세나 종합소득세를 신고할 때 둘 중 어느 방법으로 감가상각비를 계산할 것인지와 내용연수를 신고해야 한다. 내용연수란 자산을 사용하는 연수를 의미하며, 임의로 정할 수 있는 것이 아니다. 자산별로 내용연수가 세법에 정해져 있다.

생산성이 우선이다

　설비도 자산이면서 구매하는 즉시 비용이 된다면 이철수 사장은 컨베이어벨트를 잘 설치한 것일까? 컨베이어벨트를 설치하는 데 6,000만 원이 들었으니 정액법으로 4년 상각을 한다고 가정하면 1년에 1,500만 원을 감가상각비로 인정받을 수 있다. 아르바이트를 한 명 고용했을 때 1년 인건비가 1,800만 원 정도이니 얼핏 보면 300만 원이 이득인 것처럼 보인다.

　하지만 기계는 가만히 놔두면 그냥 돌아가는 것이 아니다. 전기도 먹어야 하고 4년 동안 사용하다 보면 부품이 낡아 새것으로 바꿔야 할 수도 있다. 어디 그뿐인가. 처음에는 괜찮지만 사용한 지 1년만 지나도 매월 설비를 유지하는 데 비용이 들어간다. 이런 비용까지 따져보면 아르바이트 한 명 고용할 때보다 더 많은 돈이 들 수도 있다.

　보통 대부분의 설비시설은 유지보수를 필요로 한다. 크든, 작든 생산공장에 가보면 노후한 설비 때문에 골치를 썩는 경우가 많다. 기계가 작동을 멈추면 생산할 수가 없다. 그래서 공장에는 생산인력뿐만 아니라 설비를 운영하는 관리직원이 꼭 있다. 설비가 멈추면 안 되기 때문에 사람이 꼭 붙어 관리해야 한다. 관리직원이 없다면 매월 유지보수를 전문적으로 하는 업체에 돈을 지불하고 유지보수를 하는 것이 일반적이다.

설비에 투자할 것인지, 사람을 고용할 것인지를 결정할 때 공장의 면적을 고려하는 일도 중요하다. 이철수 사장의 경우는 아주머니들이 수작업으로 제품을 날랐던 것으로 봐서 공장이 넓지 않다. 그런데 컨베이어벨트를 설치하면 여유 공간이 전혀 없을 지도 모른다. 자동화가 나쁘다는 말이 아니다. 빈 공간을 보고 추후에 다른 생산설비를 구축하게 될 여유 공간을 항상 생각하면서 설비를 들여놓아야 공간이 없어 꼭 필요한 설비를 구축하지 못하는 우를 범하지 않는다는 얘기다.

　기존의 생산설비와 완벽하게 자동화가 연계되는지도 살펴봐야 한다. 위 사례를 보면 아마 원재료를 싣고 오는 운반 트럭이 오면 아주머니들이 또 컨베이어벨트까지 날라야 할 가능성이 크다. 기존의 생산 설비와 완전히 자동화로 연계가 안 되면 또다시 사람이 필요하다는 뜻이다. 또한 기계는 한 가지 일밖에 못하지만 사람은 두세 가지 일을 할 수 있다. 아르바이트생이 재료 운반만 하겠는가? 한가할 때는 포장도 하고 자재창고 정리도 할 수 있다.

이처럼 자산과 비용은 제품을 생산하고 수익을 내는데 그 쓰임이 다르지 않다. 자산은 무조건 수익이 되고, 사람은 무조건 비용이 되는 것이 아니라는 뜻이다. 눈에 보이는 돈만 보고 판단해서는 안 된다. 모든 제반비용과 면적, 효율성을 꼼꼼히 체크하고 판단해야 한다. 그래서 규모가 좀 있는 기업들은 이런 자산과 관련된 투자를 결정할 때는 반드시 투자심의를 한 후 투자한다. 그 효율성을 면밀히 따져보기 위해서이다. 사업을 하면서 불필요한 돈이 낭비되면 안 되니까 말이다.

설비의 내용연수는 꼭 지켜야 하는 것이 아니다

이철수 사장을 보면 설비투자를 하는데 굉장히 고심한다는 것을 알 수 있다. 왜냐하면 설비자산은 대개 고가여서 투자비용도 부담스럽고, 또 기껏 투자했는데 효과가 없으면 어쩌나 걱정스럽기도 하기 때문이다.

이처럼 설비투자는 대단히 큰 결심을 필요로 한다. 하지만 일단 투자를 결심하고 실제 설비를 도입했다면 이때부터가 정말 중요하다.

설비자산은 유형자산이기 때문에 내용연수가 있다. 즉 사용가능한 기간이 있다는 뜻이다. 그래서 기업들은 설비구입 비용을 한꺼번에 비용처리하지 않고 내용연수기간 동안 나누어서 감가상각비라는 비용으로 회계처리를 한다.

감가상각비로 회계처리 하는 이유는 회계의 수익과 비용의 대응 원칙을 지켜야 하기 때문이다. 즉 설비는 내용연수 기간 동안 계속 생산해서 매출에 기여하므로 매출을 발생시킬 수 있는 기간 동안 비용도 나누어서 같이 대응시키는 것이다.

 하지만 설비의 내용연수 기간은 범용적인 기준을 적용해 정한 것이어서 반드시 지켜야 하는 것은 아니다. 내용연수 기간이 끝났어도 계속 설비를 사용할 수 있다면 당연히 폐기하지 않고 계속 사용할 수 있다. 또한 이때부터는 감가상각비가 발생하지 않으므로 기업의 이익은 가파르게 증가한다.

 이처럼 설비와 같은 유형자산은 내용연수 기간보다 오래 쓰면 쓸수록 이익이 늘어나므로 철저한 관리가 절대적으로 필요하다. 평소 정기적인 정비를 하고 소소한 이상이 발견되었을 때 즉시 수리하면 내용연수 기간보다 오래 쓸 수 있다.

 가끔 내용연수가 끝나면 본전을 다 뽑았다고 생각하고 설비 관리를 소홀히 하는 경우를 본다. 이것은 돈 관리를 소홀히 하는 것과 같다. 절대 수익성이 증가되지 않는다.

04
재고결산은 수익의 근원이다

•••

    정철순 사장에겐 한 가지 해결되지 않는 미스터리가 있다. 정 사장은 일회용 도시락을 만들어 편의점에 납품하고 있는데, 전체적으로 경기가 좋지 않은 것에 비해서는 제법 매출이 좋다. 열심히 영업하고 있기 때문에 앞으로 더 좋아질 것이라 굳게 믿고 있다.

    그런데 이상하게 재료를 투입한 만큼 제품이 생산되지 않는 것 같다. 그는 도시락을 만들기 위해 식재료를 항상 일주일치를 사서 식품창고에 보관한다. 빨리 상하는 고기나 생선류는 제외하고 야채나 다른 가공식품은 매번 사러 갈 수 없으니 한꺼번에 구매한다.

    문제는 도시락 100개 분량의 재료를 구입해도 항상 100개를 생산하지 못한다는 데 있다. 많이 만들 때는 90개 정도 만들고 보통은 80~88개 정도 밖에 못 만든다. 식재료 보관창고가 좋아 재료가 상하는 일도 없는데 도대체 왜 그런지 모르겠다.

    "요즘 말자 아주머니가 살이 좀 찐 것 같은데 몰래 먹나?"

    "혹시 나 몰래 아주머니들이 재료를 집에 가지고들 가나?"

원인을 모르니 온갖 안 좋은 생각들이 떠올라 괴롭다. 24시간 붙어서 도시락 만드는 모습을 감시할 수도 없고, 대체 어떻게 해야 이 풀리지 않는 미스터리를 해결할 수 있을까?

재고결산 없이 수익도 없다

정철순 사장은 애꿎은 말자 아주머니를 의심하지 말고 먼저 재고결산부터 해야 한다. 재고결산이 뭔지도 모르고, 어떻게 해야 하는지도 몰라 할 수 없다고 하면 계속 하루에 80개만 만들어서 팔아야 한다. 미궁 속에서 말이다.

재고결산이 어렵기는 하다. 하지만 조금만 이해하면 아주 정밀하게는 못하겠지만 미스터리를 풀 수 있을 정도는 할 수 있다. 어떤 제품을 만들던지 원재료의 유실률은 반드시 있다. 반드시 100을 투입한다고 100이 나오는 것은 아니라는 뜻이다. 결국 이 유실률을 줄이는 것이 바로 수익의 근원이 된다.

일단 정 사장은 하루나 이틀 영업을 좀 미루고 생산 공정을 한번 체크할 필요가 있다. 도대체 재료가 어디서 유실되는지를 알아야 한다. 재료를 구매하는 순간부터 꼼꼼히 확인해야 재료를 차에 싣고 오다가, 아니면 손질하다가, 혹은 세척하거나 공장 내에서 운반하다가 유실되었는지를 알 수 있다. 구매할 때 좀 싸다고 덜컥 구매했다가 빨리 썩거나 내부가 썩었을 수도 있고, 운반 차량의 바닥이 울퉁불퉁해 밑에 있던 재료가 망가졌을 수도 있다. 자동 세척기가 낡아 야채들이 거기만 들어가면 1/3이 사망할 가능성도 무시하지 못한다.

어디에 문제가 있는지를 알려면 제일 먼저 식품창고로 들어간 원재료 수량부터 파악해야 한다. 여기서 원재료는 곧 재고이다. 최소한 일주일에 한번은 재고관리부터 해야 한다. 그런 다음 일주일 동안 원재료 창고에서 출고되어 세척이 완료되고 도시락을 만들기 위해 투입되는 재료들의 수량을 확인해야 한다. 어떤 재료가 유실되었는지 살펴보고 그 다음에는 도시락이 만들어진 수량을 체크해야 한다.

도시락을 만드는 과정에서도 재료가 유실될 수 있다. 양념을 잘못하거나 조리를 잘못해 탈락하는 제품들이 있기 때문이다. 이런 것들은 꼼꼼히 따져서 어쩔 수 없는 유실률은 인정해야 한다. 그것도 제품원가의 일부이기 때문이다. 공정을 세분화해서 좀 들여다봐야 하는 것이다.

하지만 운반과정이나 잘못된 구매, 세척기 불량 등에 의한 유실은 작업과정을 수정해줘야 한다. 그렇지 않으면 계속 똑같은 현상이 발생한다. 사실 이렇게 해야 하는지는 대부분 알고 있지만 몸과 시간이 따라주지 않는다. 또한 측정한 결과를 어떻게 계산하여 통계를 내야 하는지도 잘 모른다. 해보지 않았기에 모르는 것은 당연하다.

기업들이 더 수익을 내기 위해 원가절감을 외치고 컨설팅을 받는 것도 다 이렇게 세부적인 부분을 좀 더 세밀하게 측정해서 표준을 만들고 제조공정을 개선하기 위해서이다. 그렇게 하지 않으면 경쟁에서 이길 수 없기 때문이기도 하다. 하지만 사업을 시작한지 얼마 안 돼 사장 혼자 영업도 하고, 관리도 하고, 생산 감독도 하는 등 일당백을 해야 하는 상황에서는 엄두도 못 낼 일이긴 하다. 그래도 꼭 해야 한다. 재료 유실률을 최소화시켜 수익을 극대화하려면 피해갈 수 없다.

　큰 기업의 원가팀에서 하는 재고관리는 현실적으로 불가능하지만 단계를 좀 축소해서 꼭 필요한 부분만 도출해 낼 수 있다면 반드시 성과가 있을 것이다. 일단 한번만 제대로 각 단계마다 카운트를 해 볼 것을 권한다. 그래야 돈이 더 들어온다. 또한 월말의 재고는 반드시 화폐가치로 환산해서 금액을 측정하고 있어야 한다. 그래야 정확한 그 달의 매출액에 대한 매출원가를 알 수 있다. Part5의 매월 손익계산하기 예제의 매출원가 산출 부분에 설명이 있으니 참고하기 바란다.

재고조사방법은 사업장에 적합한 방법을 선택하라

　정재고 사장은 생활용품 할인점을 운영하고 있다. 업종의 특성상 대로변에 있는 매장을 임차하여 장사를 할 수 밖에 없어 비싼 임차료를 감수하고 경쟁력 있어 보이는 매장을 얻어 6개월째 열심히 운영하고 있다. 나름 장사가 잘 되기 때문에 흥이 난다.

　하지만 장재고 사장은 매달 순이익이 정확히 얼마인지를 모른다. 업종의 특성상 항상 일정 재고를 보유하고 있어야 하는데, 재고가 매일 수시로 변해 매장 안에 얼마의 재고가 있는지 파악하기가 너무 힘들어 재고자산에 대한 금액을 정확히 산출하지 못해 매출원가를 계산하지 못하기 때문이다. 또한 혼자 사업을 하다 보니 시간이 쫓겨 더더욱 재고조사를 할 수가 없다. 그렇다고 계속 이대로 한 달에 얼마의 순이익이 생기는지도 모른 채 사업을 할 수는 없는 노릇이어서 정 사장의 시름은 깊어만 간다.

정 사장 심정을 이해하는 독자들이 아마 꽤 있을 것이다. 하지만 이것은 모든 기업들이 겪는 어려운 문제이니 실의에 빠질 필요는 없다. 이런 문제 때문에 재고조사를 하는 방법도 두 가지가 있다. 각각 장단점이 있으니 두 가지 중 본인의 사업장에 맞는 방법을 선택해서 활용하면 된다.

첫째는 '계속기록법'이다. 계속기록법은 말 그대로 재고자산의 수량을 입출고 할 때마다 즉시 파악해 기록하는 방법이다. 이 방법을 쓰면 항상 재고를 실시간으로 파악할 수 있으므로 월말에 별도의 재고조사를 할 필요가 없다. 고객사에도 정확한 납기일정을 알려줄 수 있어 가장 이상적인 재고조사 방법이라고 할 수 있다. 계속기록법을 사용할 때 월말재고수량은 다음과 같이 계산한다.

> **계속기록법에 의한 당월 월말재고수량 = 월초재고 + 당월매입 – 당월매출**

계속기록을 하기 때문에 월말에 별도의 조사를 하지 않아도 장부만 보면 계산할 수 있다. 하지만 계속기록법을 사용하려면 관리 직원이 있어야 한다. 좋은 방법이지만 비용 부담이 커서 규모가 큰 기업이 아니면 적용하기 어려운 것이 현실이다.

둘째는 '실지재고조사법'이다. 이 방법은 상품의 입고만 기록하고 출고는 기록하지 않는 방법이다. 따라서 월중에는 실제 재고수량이 얼마나 있는지 파악할 수 없다. 그래서 실지재고조사법을 사용하는 경우는 정확한 재고수량을 파악하기 위해 월말에는 창고에 보관 중인 재고자산을 실제로 조사해 월말재고를 파악해야 한다. 월말재고 수량을 정확히 알면 입고된 당월매입 수량을 알고 있기 때문에 출고된 매출수량을 알 수 있다. 실지재고조사법으로 당월 매출수량을 계산하는 방법은 다음과 같다.

> **실지재고조사법에 의한 당월 매출수량 = 월초재고 + 당월매입 − 월말재고**

계속기록법은 재고의 입출고를 계속 기록하기 때문에 매출수량을 알 수 있지만 실지재고조사법은 그렇지 못하기 때문에 위와 같이 매출수량을 계산하는 것이다. 그래야 원가계산을 할 수 있다.

또한 월말에 기말재고수량을 조사하다 보니 중간에 파손되거나 어떠한 이유에서 분실된 경우는 전혀 파악이 안 된다. 뿐만 아니라 월초재고와 월말재고 수량밖에 모르니 중간에 분실된 재고도 전부 매출수량으로 계산해야 하는 불합리성이 있다(기업에서는 파손이나 분실된 재고는 재고자산감모손실로 회계처리 한다.).

단점은 있지만 재고조사에 대한 인력이나 비용이 많이 발생하지 않기 때문에 소기업에게는 유용한 조사방법이라고 할 수 있다. 월말에 제대로 된 재고를 조사하는 것만으로도 재고관리 반은 성공한 것이나 마찬가지다.

재고결산은 냉철해야 한다

　야심차게 기획해 만든 제품이 기대만큼 팔리지 않아 하루하루 피를 말리는 심정으로 버티는 사장들이 많다. 팔리지 않는 악성 재고가 많이 쌓여 있으면 모두가 힘들다. 이도진 사장을 기억하는지. 다말려 제습기를 만들었다가 팔리지 않아 골머리를 앓고 있는 사장이다. 사장 입장에서는 어떻게든 재고를 털고 싶을 것이다. 이도진 사장 역시 매일 각 부서의 팀장들을 소집해 수단과 방법을 가리지 말고 다말려를 팔 생각을 하라며 닦달 중이다.

　닦달을 당하는 팀장들은 어떻게 할까? 영업 팀장은 "애들아 다 모여 봐. 지금부터 딴 거 다 때려치우고 저 다말려부터 어떻게든 팔 수 있도록 빨리들 알아봐. 저거 이번 달까지 못 팔면 우리는 다 짐 싸야 해. 빨리들 나가 서"라고 할 것이고, 마케팅 팀장은 "일단 인터넷 광고는 아니야. 비싸도 홈쇼핑 알아봐. 저 놈의 다말려 이번 달까지 못 팔면 우리가 다 뒤집어쓸 수 있어."라며 팀원들은 몰아세울 것이다. 생산 팀장은 더 좌불안석이다. 생산 팀장은 "애들아! 다말려 빨리 안 보이게 천막으로 덮어놔. 사장님 순찰와도 못 보게. 그러니까 진즉 저 구석으로 치우랬잖아. 왜 말들을 안 들어. 아, 그리고 이제부터 영업부에서 제품 생산하라고 하면 1만 원짜리라도 사장 결재 받아오라고 해. 전결이고 뭐고 없어."라며 목에 핏대를 세울 것이다.

　악성 재고가 쌓여 있을 때의 풍경은 대부분 이렇다. 영업팀은 아예 다른 영업을 할 생각은 하지도 않는다. 오직 다말려 뿐이다. 회사 입장에선 손해가 막심한 일이다. 마케팅팀도 마찬가지다. 비용은 생각하지도 않고 마케팅 활동을 하려고 한다. 이 또한 손해이다. 심지어 생산팀은 재고 감추기에 들어갔다. 게다가 영업에 대한 불신이 하늘을 찌른다.

물론 팔아볼 노력도 하지 않고 포기하는 것은 바람직하지는 않다. 하지만 전혀 판로가 없을 때는 과감히 수익을 포기하고 원가 이하라도 팔아야 한다. 끝까지 희망을 끈을 놓지 않고 버틴다고 해결할 수 있는 문제가 아니다. 우물쭈물 하다가는 인근 주민자치센터에 가서 돈을 내고 폐기물 딱지를 붙이고 버려야 할 수도 있다. 최악의 상황이지만 그런 상황이 일어나지 않으리란 보장이 없다.

악성 재고가 쌓여 있을 때는 무엇보다도 사장이 냉철한 판단을 해야 한다. 시간이 지날수록 계속 떨어지는 판매가를 감수하느니 판매가를 확 떨어뜨려서 전량 판매하는 것이 조금이라도 손실을 줄일 수 있는 지름길일 수도 있다. 안타깝게도 사장이 냉정하게 재고결산을 하지 않고 어떻게든 팔아보려고 하면 직원들은 진실을 말하지 않는다. 실제로는 팔 자신도, 방법도 없으면서 사장 앞에서는 "백방으로 알아보고 있습니다. 조금만 기다려주세요."라고 말한다.

악성 재고의 결산은 냉철하게 해야 한다. 그게 답이다.

05
성장이냐? 안정이냐?

● ● ●

성장순 씨는 본인의 집에서 멀리 떨어지지 않은 곳에서 피아노 학원을 조그맣게 하고 있다. 사업장은 크지 않지만 그래도 학원 안은 항상 꼬맹이들로 북적인다. 주로 초등학교 저학년생들이 대부분이다. 하지만 근래 들어와서 고학년생들도 3명 들어왔다. 동네에서 1년 정도 하다 보니 꽤 잘 가르친다는 입소문이 난 덕분이다. 피아노를 배우고 싶다는 문의전화도 계속 늘고 있다.

학원을 찾는 학생들이 많아지는 것은 더할 나위 없이 기쁜 일이지만 학원이 좁아 걱정이다. 지금은 비좁아도 그럭저럭 견딜만한데, 두세 명만 더 들어오면 너무 비좁아 제대로 학생들을 가르칠 수도 없을 것 같다.

한참 고민하느라 머리가 터질 것 같은데, 엄마들이 잔잔한 호숫가에 돌을 던진다.

"아위! 선생님. 조금 더 넓은 데로 옮겨요. 제가 적극적으로 소개시켜드릴게. 영희 엄마도 이 학원에 보내고 싶은데 너무 좁아 싫다고 하더라고요."

엄마들의 말을 들으면서 그녀는 점점 마음이 학원을 넓히는 쪽으로 기우는 것을 느낀다. 이왕 넓히는 거 아이들이 아무 때나 와서 책을 읽을 수 있는 공간도 마련하고 싶은 마음이다. 그러면서도 학원을 넓은 곳으로 옮겼다가 임차료도 못 내면 어쩌나 걱정스럽다.

비좁더라도 현재 위치에서 피아노 학원을 계속 하면 큰돈은 못 벌어도 안정감 있게 학원을 운영할 수 있다. 반면 좀 무리를 해서라도 학원을 넓히면 더 많은 학생을 가르칠 수 있고, 그만큼 사업 규모도 커지니 그것도 나쁘지는 않다. 안정적인 것도 좋지만 언제까지나 동네에서 구멍가게처럼 학원을 운영한다는 것도 마음에 걸린다. 성장이냐? 안정이냐? 오늘도 성장순 씨는 두 갈래 길에 서서 목하 고민 중이다.

손익전망을 할 수 없다면 시작하지 마라

사업의 성장은 곧 변화와 통한다. 안정을 포기하고 변화를 선택하지 않으면 성장은 불가능하다. 성장순 씨는 대단한 결심을 했다. 그 어렵다는 변화를 선택한 것이다. 하지만 성장순 씨가 사업규모를 키우려면 반드시 사전에 해야 할 일이 있다. 바로 손익전망을 하는 일이다.

손익전망에는 모든 것이 포함되어 있다. 매출, 원가, 판매관리비, 영업외수익/비용 등을 산출할 수 있어야 손익전망이 가능하다. 즉 현재 실적 및 향후 매출계획과 그것에 근거한 모든 계획을 수립하여 예측해야 한다.

우선 1년 정도의 계획을 심도 있게 고민하여 손익계산서 형태로 만들어봐야 한다. 1년 치의 손익을 전망할 수 있으면 2~3년 후의 계획은 Part5

의 기업 예산 수립 예제를 통해서 쉽게 유추할 수 있다. 이제 막 회계공부를 시작했는데 손익계산서를 만들어야 한다고 하면 지레 겁먹을 수도 있다. 생각보다 어렵지 않다. 기준만 잘 정립하면 된다.

지금 성장순 씨가 사전에 고려해야 할 사항은 아주 많을 것이다. 장소 확장에 따른 학생들 수와 학생 수에 근거한 매출계획, 마케팅비용, 임차료, 추가 시설 공사, 피아노나 냉난방기 추가 도입에 따른 감가상각비, 전기료, 수도가스료, 학원생이 늘어남에 따른 보조교사 채용 등 너무나도 많다. 혼자서 할 때 하고는 천지차이인 것이다.

1년간의 손익을 전망하는 일은 쉽지 않지만 너무 걱정할 필요는 없다. 항목이 많을 뿐이지 한번 세팅해 놓으면 쉽게 산출할 수 있다. 이 또한 Part5의 연간손익전망을 업종별로 참조하면 된다. 중요한 것은 사업을 시작하기 전 혹은 변경할 때는 반드시 손익전망을 철저히 해야 한다는 것만 기억해두면 된다.

성장하려면 생산 CAPA(Capability) 측정은 필수!

생산 CAPA는 제조 기업들의 제품 생산능력을 말한다. 현재 공장의 면적이나 인원, 설비 등으로 제품을 얼마나 만들 수 있는지를 의미하는 말로 기업의 손익을 좌우지한다. 기본적으로 생산 CAPA는 제조업에서 많이 쓰고, 생산 CAPA를 정확하게 측정하는 일을 중요시하지만 다른 분야에서도 똑같이 중요하다. 성장순 씨와 같이 소규모 사업을 할 때도 마찬가지다. 특히 사업 규모를 키우려고 할 때는 반드시 생산 CAPA를 정확하게 측정해봐야 한다.

　우선 인당 생산능력을 정확히 산출해야 한다. 즉 보조교사 1명이 초등학생 몇 명을 가르칠 수 있느냐가 아주 중요하다. 성장순 씨 자신이 10명을 가르칠 수 있다고 해서 보조교사도 무조건 10명을 가르칠 수 있다고 생각하면 안 된다. 경험이 많지 않은 보조교사의 경우 아마 6~7명 정도가 최대치이고, 능력에 따라 더 낮을 수도 있다. 그래서 학원 공간을 넓혀 학생들을 더 받으면 보조교사를 몇 명이나 채용해야 할지 아주 보수적으로 계산해야 한다. 보조교사의 CAPA를 과대평가해 일이 너무 많아지면 학생들에게 소홀해질 수 있고, 바로 매출이 직격탄을 맞을 수 있기 때문이다.

　냉난방기나 피아노 대수도 최소한으로 측정해서는 안 된다. 대충 '학원 공간이 지난번보다 1.5배 정도 늘었으니 벽걸이 냉난방기 하나 있으면 되겠군.' 이렇게 계산하면 큰 코 다칠 수 있다. 괜히 설비투자 아끼다가 학생들이 너무 덥거나 춥다며 떨어져 나가면 낭패다. 조금 돈이 들더라도 학생들이 불편을 느끼지 않는 수준에서 냉난방기를 확충하는 것이 현명하다. 뿐만 아니라 냉난방기 증설에 따른 전기료도 정확하게 측정해야 나중에 당황하지 않는다.

　피아노도 마찬가지이다. 너무 수량이 적어서 학생들이 기다려야 하는 시간이 너무 길면 안 된다. 지금은 좁으니까 학부모들이나 학생들도 어느 정도 이해해주지만 학원을 확장한 후에도 계속 그러면 불만이 쌓인다. 기껏 피아노 학원에 보냈는데 피아노 건반은 얼마 두드려보지도 못하고 집에 온 아이를 보며 부아가 치밀지 않을 부모는 없다.

이런 모든 상황을 감안한 후 손익을 전망해야 한다. 구체적으로 손익을 정확하게 전망해봐야 현재 수익이 크지는 않지만 안정적으로 사업을 유지하는 것이 좋은지, 아니면 한 단계 도약해 성장하는 것이 좋은지 판단할 수 있다.

안정을 위해 영업외적인 수익에 너무 의존하지 마라

사업을 시작한지 3~4년이 지나고 어느 정도 성장하면 서서히 안정기에 접어든다. 하지만 이때는 완벽한 안정기가 도래한 것은 아니다. 달리 말하면 내 사업장이 보유한 현재의 규모와 영업능력으로 더 성장하는 것이 한계가 있기 때문에 현재의 수익이 안정적으로 보이는 것이다. 사업자 본인도 이 점을 알고 있기에 이때부터는 무리하게 성장을 시도하기보다 사업을 안정화시키는 데 주력하는 경우가 많다.

이 시기에 초보사장들이 많이 선호하는 방법은 금융기관에서 판매하는 금융상품에 가입해 이자소득을 올리거나 자금이 더 허락되면 대출을 일부 받아 부동산에 투자하는 것이다. 이런 선택이 어느 정도 적중하면 사업장에서 벌어들이는 수익 외에도 과외적인 부수입이 생긴다. 이 부수입을 영업외수익이라 하는데, 초보사장 입장에서는 영업외수익을 안전한 보완장치라 생각하기 쉽다. 사업이 부진해도 믿는 구석이 생겼으니 마음이 편해지는 것도 사실이다.

물론 이런 방법이 잘못된 것은 아니다. 대기업이나 어느 정도 규모가 있는 중소기업도 이런 방법으로 영업외수익을 창출한다.

하지만 기업이 지속적인 안정성을 유지하려면 주 사업에 대한 성장과 안정에 더 많은 투자를 해야 한다. 주 사업에 투자하고도 자금이 여유가 있으면 그 때 영업외적인 수익을 창출하기 위해 투자하는 것이 바람직하다.

신제품이나 신메뉴 개발, 사업장 환경 개선, 지속적인 마케팅 등에 계속 투자하지 않으면 어느 정도 성장한 사업도 점차적으로 하향길에 들어서게 된다. 내 사업장을 지나가는 사람들이 "에이! 저 집은 처음에는 좀 괜찮더니 자꾸 가보니 별 거 없어! 싫증 나!" 이렇게 말하며 다른 경쟁업체로 발길을 돌린다. 차츰차츰 도태되는 것이다.

과거에 잘 나가던 기업들이 축소되거나 망했던 것은 주된 사업에 재투자를 게을리 했기 때문인 경우가 너무나도 많다. 현실에 안주하고 엉뚱한 곳에 과잉투자를 한 것이다.

유명 맛집들이 맛을 내기 위한 노력은 상상을 초월한다. 아주 오랜 기간 끊임없이 맛을 연구한 결과 맛집이 되었고, 맛집이 된 후에도 자만하지 않고 새로운 메뉴를 개발하고 테스트하기를 반복한다. 주사업인 맛있는 음식 만들기에 집중하고 투자를 계속하는 것이다.

이렇게 천신만고 끝에 주사업을 성공적으로 일으키면 그 수익은 영업외적으로 벌어들이는 수익보다 비교도 할 수 없을 만큼 훨씬 크며 장기적인 수익이 보장된다. 영업외적인 수익이 많이 나면 자칫 주사업에 대한 애정이 반감되어 영업외적인 수익을 벌어들이는 것이 주사업으로 바뀌게 된다. 이렇게 해서는 절대로 성공할 수가 없다.

아예 주사업을 접고 금융상품이나 부동산투자로 사업을 전환하는 것이 훨씬 효과적이다.

내 소중한 사업의 안정을 바란다면 지속적인 투자를 하고 관심을 놓지 않아야 한다. 또한 이런 행동이 결국 큰 성공을 안겨다 준다.

06
부채는 약일까? 독일까?

• • •

　이순희 사장은 의류 인터넷 쇼핑몰을 운영 중이다. 처음에는 그냥 동대문에서 물건을 사다가 다시 소비자에게 판매하는 방법으로 쇼핑몰을 운영했다. 하지만 지금은 직접 옷을 디자인해 생산 업체에 외주를 줘서 생산하는 방식을 겸하고 있다. 훨씬 마진율도 좋고 무엇보다도 직접 만든 옷을 판다는 데 무한한 자부심을 느낀다.

　외주 업체와의 거래가 지속되면서 지금은 대금도 바로 결제하지 않아도 된다. 물량이 계속 늘어나고 그 동안 결제를 착실히 한 덕분에 지금은 2~3달 후에 결제를 해도 괜찮다. 오히려 외주업체가 물량을 더 많이 달라며 거꾸로 이 사장에게 영업까지 한다. 한 달 매출도 제법 늘었고, 직원도 3명에서 10명으로 늘었다. 진정한 CEO의 반열에 오른 것 같다. 무엇보다 작년 12월에 사업 초기에 사업자금으로 빌렸던 2,000만 원을 갚아 뿌듯하다. 이 사장은 빚지는 걸 누구보다 싫어하는 성격이다. 빚이 없으니 도무지 세상에 부러울 것이 없다.

　그런데 오늘 세무사 사무실에서 작년도 결산자료라고 재무제표를 보내 왔다.

평소에는 거들떠보지도 않았지만 빚도 다 갚고 해서 살펴보기 시작했다. 당연히 부채가 없으리라 생각했는데, 이게 웬일인가. 아직도 부채가 있었다. 황망한 마음에 세무사 사무실에 전화를 걸어 따지듯이 말했다.

"아니 사무장님. 제가 작년에 빚을 다 갚았는데 왜 부채가 있나요? 빨리 빼주세요."

사무장님은 아무 말이 없다. 회계의 회자도 모른 채 부채가 있다고 무슨 큰일이라도 난 것처럼 호들갑을 떠는 이 사장에게 뭐라 말을 해야 할지 난감하기 때문이다. 이 사장 말대로 빚을 다 갚았는데 웬 부채가 있는 걸까? 또 부채는 사업을 하는 데 있어서는 안 될 존재일까?

부채는 자본을 증식시키는 필수조건이다

이순희 씨 뿐만 아니라 부채라면 무조건 색안경을 끼고 보는 분들이 많다. 많은 사람이 어떻게든 부채는 줄이고 자본을 늘려야 한다고 생각한다. 틀린 말은 아니다. 분명 기업은 부채보다 자본이 많으면 좋다. 두말하면 잔소리다.

하지만 자본이 어떻게 만들어지는지를 이해하면 부채에 대한 생각이 달라질 수 있다. 일단 사업을 시작할 때 가지고 있던 자본금이 있다. 잘 지켜야 할 자본금이다. 그 다음은 사업을 잘해 이익을 많이 남겨 이익잉여금이 많이 생겨야 한다. 이익잉여금은 자본의 가장 중요한 항목이기 때문이다.

이익잉여금이란 사업을 해서 생긴 이익으로 법인세를 내고 기업 내에 적립도 하고 또한 주주들에게 배당하고도 돈이 남는 것이다. 하지만 계속 적자만 보고 결손금이 생기면 결국에는 자본금도 까먹게 된다. 이것이 자본잠식이다. 문 닫아야 한다.

회계에서 자본을 산출하는 공식은 '자본 = 자산 - 부채'이다. 공식에서 알 수 있듯이 결국 기업이 자본을 늘리려면 자산을 키워야 한다. 자산 중에서도 돈을 만드는 자산을 많이 만들어야 한다. 돈을 만드는 대표적인 자산이 바로 매출채권이다. 매출채권이란 상품이나 제품 등을 판매하는 과정에서 발생한 채권으로 외상매출금과 받을 어음 등 '외상 판매대금'을 의미한다. 이것보다 더 중요한 것은 없다. 이익을 만들려면 매출채권이 있어야 하기 때문이다.

그런데 이 매출채권을 만들려면 유동부채 중 하나인 매입채무도 덩달아 늘어난다. 잘 이해가 안 갈 것이다. 매입채무란 재화나 용역 등을 외상으로 구입해 발생하는 유동부채로 외상매입금과 지급어음이 이에 해당한다. 이쯤 되면 눈치 빠른 독자는 왜 이순희 사장이 빚을 다 갚았는데도 여전히 부채가 있는지 눈치 챘을 지도 모르겠다.

이순희 사장은 사업이 성장하면서 매출이 증가함에 따라 매출채권이 증가하였고 그에 따른 매입채무가 동반적으로 증가하였다. 또한 직원이 3명에서 10명으로 늘었다. 직원들이 늘어나면 어떻게 될까? 직원들의 급료가 속해있는 부채항목인 미지급비용(일정한 계약에 따라 이미 용역의 대가는 발생하였으나 아직 지급하지 못한 비용들)이 증가한다.

또한 사업이 잘 되면 설비 등을 구매해 미지급금(일반적 상거래 이외에서 발생한 채무, 건물/기계류 등)이 발생한다. 미지급비용과 미지급금 모두 회계에서는 부채에 해당하지만 이러한 부채는 독이 아니다. 오히려 이러한 부채는 자본을 증가시키는 데 꼭 필요한 요소라 할 수 있다.

부채라도 다 약은 아니다

분명 사업을 운영하다 보면 돈을 빌려야 할 때가 있다. 대부분 운전자금이 부족해서 돈을 빌리는 경우가 많다. 운전자금은 용도가 다양하다. 특히 직원들의 급여, 상품이나 재료의 매입 등을 위하여 조달해야 하는 자금은 어쩔 수 없이 빌려야 할 경우가 있다.

하지만 돈을 빌릴 때는 신중에 신중을 기해야 한다. 빚을 내서 운영자금을 마련해야 하는 경우는 다양하다. 처음 사업을 시작할 때 적은 자본으로 시작했을 수도 있고, 갑자기 큰 거래 건이 발생했을 수도 있고, 수금이 원활하지 못하거나 악성 재고가 많아 자금이 잘 돌지 않는 경우가 있다.

어떤 이유에서든 운영자금으로 쓰기 위해서 대출을 받아야 하는 경우는 꼭 사업을 냉정하게 진단해야 한다. 그런 다음 문제점을 발견하면 그 문제를 해결할 수 있는지 여부를 먼저 판단하고 돈을 빌려야 한다.

"음! 와수상사에서 못 받은 대금을 받기만 하면 이 정도 대출은 어렵지 않게 갚을 수 있겠지?"

"다음 달 큰 계약 건이 있으니까 성사되기만 하면 돼"

"정 안 되면 창고에 있는 재고들을 헐값으로라도 처분하면 되지 뭐."

이런 생각으로 돈을 빌려서는 안 된다. 저 중에서 확실한 것이 뭐가 있는가? 미래에 발생할 일을 확신해서는 안 된다. 생각한 대로, 기대한 대로 사업이 진행되는 경우는 거의 없다. 다음 달에 들어와야 할 돈이 또 미뤄질 수도 있고, 90% 진행된 계약이 갑자기 무산되는 일도 아주 흔하다.

우선 이미 발생한 사건들부터 거머리같이 달라붙어서 해결부터 해야 한다. 악성 외상매출금들과 재고들을 해결할 자신이 없으면 돈을 빌려서는 안 된다. 악순환이 되풀이 될 뿐이다. 돈을 빌리기 전에 먼저 골치 아픈 문제들을 해결하는 것이 악순환의 고리를 끊는 길이다. 그렇게 하지 않고 돈을 빌려 당장 급한 불을 꺼도 여전히 고질적인 문제는 남아있고, 빌린 돈은 금방 바닥이 난다.

사업을 하는 사람 중에는 부채를 갚을 능력이 있음에도 일부러 갚지 않는 사람들이 꽤 있다. 부채를 갚지 않고 그 돈을 사업에 투자하는 게 더 이익이라 생각하는 사람들이다. 아주 싼 금리로 돈을 빌렸을 때는 가능한 일이다. 또한 이익 규모가 커서 이자비용이 세금을 줄여주는 효과가 클 때도 부채를 갚지 않는 것이 이득이다.

하지만 사업을 처음 시작하거나 사업규모가 크지 않을 때는 신중하게 생각해야 한다. 사업 초창기에는 돈을 빌리기가 쉽지 않다. 빌려도 비싼 이자를 지불하고 빌려야 하는 경우가 많다. 가뜩이나 자금이 잘 돌지 않고, 매출도 많지 않으면 매달 이자를 갚는 것도 큰일이다.

확실한 큰 거래건이 있어도 마찬가지다. 큰 거래건을 믿고 비싼 이자를 주고 돈을 빌려 상품이나 재료를 구매해서 발생하는 매출총이익이 대금회수가 지연되어 오히려 빌린 돈의 이자만큼도 안 나오는 경우도 많이 보았다. 돈을 빌려 확실히 수익을 낼 수 있다는 확신이 서지 않는다면 가능한 한 부채는 만들지 않는 것이 좋다. 단순히 사업을 잘 못해 생긴 적자를 메우고자 혹은 운영자금이 부족해 돈을 빌리면 그 돈이 머지않아 기업을 병들게 하는 '독'이 될 가능성이 크다.

부채를 소멸시키는 데도 순서가 있다

　사업을 시작할 때 순수한 자기자본만으로 시작을 하는 경우도 있고 금융기관을 통해서 대출을 받아 사업자금으로 운영하는 경우도 있다. 대출을 받은 경우에는 누구나 빠른 시일 내에 사업을 일으켜 대출부터 상환하자 결심한다. 또한 사업을 하다 보면 임차료, 인건비, 재료비 등 운영자금이 많이 드는데, 여기에 금융이자까지 갚으려니 힘에 겨워 더욱 더 빨리 대출을 갚고 싶은 마음이 절실해진다.

　실제로 자금이 조금 여유가 생기면 우선적으로 대출부터 상환하는 경우가 많다. 대출을 계속 줄여나가면 심적으로 안정감도 생기고 뿌듯하기도 해 사업에 더 집중할 수도 있고 재미도 있기 때문이다. 하지만 사업을 하다보면 금융부채 외에 다른 부채들도 생겨난다. 그 중 가장 큰 부분을 차지하는 부채가 '매입채무'이다. 매입채무는 판매하기 위해 필요한 상품을 구매하거나 제조를 하기 위해 원재료를 구매할 때 외상으로 구매했기 때문에 발생하는 부채이다. 즉 외상매입금과 지급어음이 해당된다.

　매입채무는 거래처에 따라 다르겠지만 빨리 지불해야 하는 경우도 있고, 어느 정도 거래했다면 천천히 지불해도 되는 경우가 있다. 또한 이자도 없어 지불기한 전에 미리 지불하지 않는 경우가 대부분이다. 그래서 자금 여유가 생기면 매입채무보다는 금융부채부터 상환하는 경우가 일반적이다. 하지만 이런 순서로 부채를 상환하는 것이 100% 정답은 아니다. 사업 초기에는 대부분 처음 여유가 없지만 그래도 여유자금이 생겼을 때는 거래처의 매입채무부터 해결해주는 것이 장기적으로 사업에 큰 도움이 되는 경우가 많다.

우선적으로 거래처의 매입채무를 빨리 해결해 주면 거래처로부터 신뢰가 계속 쌓여 나중에는 남들보다 싼 가격에 상품이나 재료를 구매할 수 있다. 이는 결국 경쟁업체와의 경쟁에서 승리할 수 있는 가장 큰 무기가 된다. 원가절감으로 금융부채의 이자를 상환하는 것보다 훨씬 많은 이익을 얻게 된다.

구매대금을 지불기한보다 일찍 지급하면 거래처로부터 매입할인을 받을 수도 있다. 매입할인이란 구매대금을 조기에 지급하면 판매처에서 구매대금을 할인해 주는 것으로 회계에서 사용되는 용어이다. 그만큼 상거래에서는 비일비재하게 일어난다는 뜻이기도 하다.

사업을 하다보면 여러 가지 선택을 해야 하는 경우가 많겠지만 이렇게 부채를 소멸시키는데도 현명하게 우순순위를 정해야 한다. 많이 판매하고 이자비용을 아끼는 것보다 더 효과적으로 수익을 창출할 수 있는 방법일 수 있기 때문이다.

07
고정비용과 변동비용을 구분하라

∙∙∙

조근검 사장은 요즘 심기가 불편하다. 경기가 침체되면서 그가 제작하여 판매하는 사무용 가구의 경쟁력이 점점 떨어지고 있기 때문이다. 수익률은 자꾸 줄고 인건비는 오르는데, 저가용 상품들이 봇물 터지듯 많이 나온다. 물론 저가형 가구의 품질은 떨어진다. 하지만 주머니 사정이 좋지 않은 고객들은 품질보다는 가격을 중시해 저가형이나 중고 사무용 가구를 선호한다.

무거운 마음으로 퇴근하는데, 회사 앞 닭발 집에서 영업부 직원들이 회식하는 모습이 눈에 들어온다. 자세히 보니 경리 팀 미스 박도 있다.

"아니! 저 녀석들이 또? 나는 기름 값 아끼려고 걸어 다니는데, 허구 헌 날 술판이야! 용서치 않겠어." 다음날 출근해서 어떻게 영업부 직원들에게 뜨거운 맛을 보여줄지 고민하는데, 영업부 말동이가 종이컵으로 물만 한잔 따라 마시고 그냥 버리는 것이 아닌가? 그러면서 한 마디 한다.

"어이구! 술도 안 깨고 죽겠구먼. 3차는 가는 게 아니었어. 다음부터는 가볍게 2차까지만 가야겠어! 건강을 위해."

말동이의 말을 들으니 더 이상 참을 수가 없다. 특단의 조치를 내려야 한다고 생각하고 직원들을 소집했다. 경리 팀 미스 박에게는 지난 달 집행한 판매관리비를 뽑아오라고 시킨다.

"여러분! 요즘 회사 상황이 안 좋은 거 다들 알지? 그래서 오늘부터 비상경영 체계로 들어가겠어. 우선 판매관리비를 참 많이도 썼구먼. 무조건 30%로 줄인다. 이의 있는 사람 손들어. 아무도 없지? 그럼 바로 시행해. 끝."

조 사장의 서슬이 하도 퍼러니 직원들 중 누구 하나 입도 뻥끗하지 않는다. 그로부터 한 달 후, 조 사장은 판매관리비 내역을 보고 깜짝 놀랐다.

"아니 판매관리비를 30% 줄이라고 했더니 고작 7%밖에 안 줄였어? 전부 다시 모여."

직원들이 모이자 조 사장은 목에 핏대를 세우며 질책했다. 그랬더니 영업부 말동이가 반항 아닌 반항을 한다.

"사장님. 요즘 저희들 숨만 쉬고 살아요. 접대도 많이 줄였고요. 더 이상 줄일 데가 없어요."

말동이의 말에 더 화가 나 한 바탕 직원들을 야단친 후 혼자 곰곰이 생각해보니 이상하긴 이상했다. "그래 요즘 보니 카드 전표도 거의 결재가 안 올라오고 종이컵도 몇 번 재활용하는 것 같은데 왜 팍팍 줄지가 않지? 뭐가 잘못 됐나?"

판매관리비라고 다 줄일 수 있는 것이 아니다

조 사장의 상황은 충분히 이해가 간다. 기업의 이익은 당연히 매출만으로 만들어지지 않는다. 아무리 매출이 늘어도 비용이 많으면 밑 빠진 독에 물 붓기다. 줄줄 새는, 무의미하게 집행되는 비용을 막아야 이익이 더욱더 늘어난다.

생각보다 아무 생각 없이 습관적으로 집행하는 비용들이 많다. 무의미한 야근에 따른 식대, 아낌없이 쓰는 복사용지, 출장 갈 때 대중교통은 자제하고 자가 차량으로 다니기, 지하철 대신 택시 타고 다니기(물론 바쁜 경우에는 타야 한다), 2차, 3차 끊임없이 차수를 높이는 회식 등이 다 이런 비용들이다. 이처럼 꼭 필요한 비용이 아님에도 낭비되는 비용은 줄여야 마땅하다. 낮 근무시간에 집중해 야근을 최소화하고, 회식은 가능한 한 1차에서 끝내고, 소모품을 아껴 쓰려고 노력하면 그만큼 회사의 이익은 늘어난다.

하지만 아무리 판매관리비라도 줄일 수 없는 것들이 있다. 즉 고정적으로 들어가는 고정비용은 줄일 수 없다. 그래서 조근검 사장처럼 판매관리비를 무조건 30% 줄이라고 하면 고정비용 때문에 아무리 허리띠를 졸라매도 목표치를 달성하지 못할 수 있다.

우선 판매관리비가 어떻게 구성되어 있는지부터 살펴보자. 표1은 일반적으로 기업에서 많이 사용하는 판매관리비 계정과목이다. 기업에 따라 약간씩 차이가 있을 수 있지만 대부분 이 틀에서 움직인다.

계정과목	세부 계정과목		
	변동비용	고정비용	준 고정비용
1. 복리후생비	부서단합비, 경조금, 포상비 시간외근무지원비, 기타	건강보험료, 국민연금, 고용보험료, 산재보험료	
2. 접대비	접대비, 선물비, 경조사비		
3. 여비교통비	국내 출장비, 해외 출장비, 시내 교통비, 기타		
4. 통신비	유무선 통신비, 기타		인터넷 사용료
5. 수도광열비			수도료, 가스료, 기타
6. 전력비			전기료, 기타
7. 세금과공과		사업소세, 재산세, 면허세, 협회비, 기타	
8. 감가상각비		건물감가상각비, 유무형자산상각비, 기타	
9. 임차료		건물/장비 임차료, 기타	
10. 수수료비용		용역/법무 수수료, 인지대, 기타	
11. 보험료		자동차, 보증, 화재, 기타	
12. 차량 유지비	유류비, 통행료, 주차료, 기타		
13. 교육훈련비	사내/사외, 기타		
14. 도서인쇄비	인쇄비, 도서구입비, 명함, 기타	정기간행물	
15. 소모품비	사무용/전산용, 기타		
16. 회의비	회의비, 워크샵비, 기타		
17. 광고선전비	광고선전비, 판매촉진비, 기타		
18. 대손상각비	대손상각비		
19. 판매수수료			판매수수료
20. 경상연구개발비	경상연구개발비		
21. 잡비	잡비		

(표1) 판매관리비 계정과목

표1에서도 알 수 있듯이 고정비용은 매월 거의 일정하게 발생한다. 준고정비용이란 어느 사용량까지는 기본요금을 적용받지만 그 이상이 되면 요금이 확 늘어나는 비용이다. 그 외 나머지 비용이 회사에서 의지를 가지고 줄일 수 있는 변동비용에 해당한다.

변동비용도 줄인다고 무턱대고 줄일 수 있는 것은 아니다. 비즈니스 상황을 봐가면서 '현재 대비 몇 % 절감'이라는 목표를 세워야 한다. 접대비나 광고선전비, 여비교통비는 계약 및 매출과 밀접한 관련이 있다. 즉, 실적의 좋고 나쁨과 연동되는 비용이다. 이런 변동비용을 무작정 줄이면 매출이 떨어질 수도 있기 때문에 무조건 팍팍 줄이기도 어렵다. 또한 생각보다 변동비용이 전체 판매관리비에서 차지하는 비중이 크지 않아 변동비용을 줄여도 실제적인 체감 효과는 낮을 수 있다.

하지만 아주 작은 부분이라도 절감할 수 있으면 해야 된다. 비용은 원가가 아니기 때문에 집행하면 바로 손익계산에 반영된다. 비용을 줄인 만큼 이익이 증대하는 효과가 나타나니 쓸데없이 낭비되는 비용을 줄이려는 노력을 게을리 해서는 안 된다.

변동비용을 통제하는 데도 기준이 필요하다

기업이 크든 작든 간에 기업을 이끄는 사장들은 변동비용을 통제하고 싶어 한다. 주기적으로 비용절감을 외치면서 각종 아이디어를 짜내기도 한다. 하지만 애쓴 만큼 큰 효과를 거두지는 못하는 게 현실이다. 처음에는 효과가 있는 듯 하다가도 어느 정도 시간이 지나면 또다시 원상복구가 된다. 왜냐하면 보통 기업이 실적이 좋지 않거나 대내외 환경을 고려해 위기라고 판단했을 때는 비용절감에 촉각을 곤두세우지만 어느 정도 정상궤도에 올라서면 또 다시 느슨해지기 때문이다.

변동비용을 지속적으로 통제할 수 있는 방법이 있을까? 그러기 위해서는 반드시 어떤 기준이나 잣대가 있어야 한다. 비용을 많이 집행했는지, 적절히 집행했는지, 절감을 많이 했는지를 알려면 비교해볼 수 있는 기준이 필요하다. 그 기준이 되는 것이 바로 예산이다.

기업은 보통 연말에 내년도 예산을 수립하고 승인한다. 내년도의 목표를 설정하면서 모든 비용예산도 수립하게 된다. 당연히 변동비용과 관련된 예산도 있다. 그렇다면 연초에 수립한 예산을 매월 변동비용의 집행기준으로 정하면 될까? 아니다. 예산은 사업의 목표를 숫자로 표현한 것이다. 사업목표란 현실과 예측과 의지를 섞어 놓은 것이어서 비용예산도 손익목표를 맞추기 위해 사장의 의지가 많이 반영되었을 가능성이 크다. 특히 변동비용 예산은 현실에 비해 지나치게 적게 혹은 많게 편성되었을 수도 있다. 그럴 수밖에 없는 것이 올해보다 내년에 좀 더 나은 목표를 수립하려면 매출은 높이고, 원가와 비용은 줄이려고 하기 때문이다.

하지만 평소 계속 집행되고 관리해야 하는 이 변동비용은 연초 예산과는 별도로 다시 한 번 수립하는 것이 좋다. 사실 항목이 몇 개 안 된다. 누계실적을 기준으로 너무 많이 집행한다 싶으면 그 집행 기준을 낮추어 직원들에게 재차 주지시키고, 현실적으로 계속 일정부분이 집행되었는데도 예산이 없으면 늘려서 현실적인 예산을 다시 세워야 한다.

그런 후에 매달 아니면 최소한 두 달에 한 번이라도 예산 대비 실적을 공개해야 한다. 계속 상기시켜줘야 하는 것이다. 절대 어렵지 않다. 귀찮을 뿐이다. 또한 이번 달에 꼭 집행해야 할 비용이 있는데 예산이 없다면 다음 분기의 예산을 쓸 수 있도록 허용해줘야 한다. 그래야 직원들이 예산에 대한 개념이 생긴다. 예산이 없는데 무조건 집행한 후에 전용하면 안 된다. 사장이 이렇게 비용집행에 대해서 관심을 갖고 중요하게 생각하면 직원들은 감히 회사 돈을 함부로 집행할 생각을 하지 않는다. 비용예산은 꼭 필요한 것이다. 직원들이 화장실에서 "아! 우리 사장 정말 쪼잔하네"라고 흉을 볼 수도 있다. 그런 소리를 듣더라도 실행해야 한다. 아마 직원들 중에는 나가서 사업을 하면 더 쪼잔하게 할 사람들도 있을 것이다. 남의 밑에 있을 때는 절대 모른다.

고정비용을 줄이려면 무분별한 투자는 금물

무역업을 하는 김무지 사장은 머리 회전이 무척 빠르다. 주로 의류, 화장품, 여성 액세서리 등 여성용품을 수입해 도매상들에게 파는 일을 하는데, 돈이 될 만한 아이템은 귀신같이 안다. 자린고비 기질도 있어 돈을 꽤 많이 벌면서도 어지간해서는 돈을 풀지 않는다. 직원들이 하나둘 늘어나고 덩달아 비품들도 점점 늘어나면서 사무실 공간이 비좁아졌지만 그냥 버틴다. 사무실 가구나 비품도 낡아빠질 대로 낡아 폐기 직전이다. 차도 10년 이상 된 구형 차라 창문이 잘 열리지도 않지만 바꿀 생각조차 안 한다. 참다못한 직원들이 아우성을 친다.

"아이! 사장님. 우리도 사무실 좀 옮겨요. 돈도 많이 버는데 죽을 때 택배로 가져가실 거예요? 누가 보내주겠어요? 그러지 말고 이참에 작은 건물 하나 사세요. 나중에 많이 오를 수도 있잖아요. 그때 또 비싼 값에 팔아도 되고, 이제 한명만 더 들어오면 앉을 데도 없어요."

"에이, 이 고물 파티션에 걸려서 또 옷 찢어졌네. 이놈의 파티션 뚜껑은 또 어디로 갔어. 젠장!"

김무지 사장은 직원들 말도 일리가 있다고 생각하고 드디어 투자를 결심했다. 이 부장 말대로 좋은 위치에 건물을 사 놓으면 오를 수도 있지 않겠는가. 이왕 투자하는 김에 차도 바꾸기로 했다. 그러지 않아도 며칠 전 아내가 자동차가 너무 고물이라 가다 시동이 꺼져 황천길로 갈 뻔했다며 차 좀 바꾸자고 성화다.

심사숙고한 끝에 김무지 사장은 될수록 집하고 멀리 떨어진 곳에 5층짜리 신축건물을 하나 샀다. 2~5층은 사무실로 쓰고 1층은 2개로 나누어서 임대를 주었다. 한 달에 임대료 수입만도 200만 원이다. 이참에 사무실 비품이랑 에어컨도 시스템 에어컨으로 바꿨다. 차도 법인 명의로 고급 외제차를 샀다. 차 값은 비싸지만 차 역시 자산이고, 법인 명의로 사서 유류대를 회사 비용으로 처리할 수 있으니 큰 부담은 없다고 생각했다.

하지만 김무지 사장은 몇 달 뒤 결산을 해보고 깜짝 놀랐다. 어찌된 일인지 판매관리비가 급등하고, 반대로 영업이익은 대폭 줄었다. 직원들 쓰는 비용은 매달 변동이 거의 없는데 무슨 일인지 영문을 알 수가 없다. 대체 어디가 잘못된 것일까?

김무지 사장은 투자를 했는데, 왜 비용이 늘어난 것인지 이해할 수 없겠지만 회계적인 관점에서 보면 당연한 결과다. 김 사장 입장에서는 건물을 구입하고, 사무실 비품과 자동차를 구입한 것이 다 투자라고 생각했지만 무지한 판단이다.

생산과 연결되지 않은 투자는 될 수 있으면 삼가야 한다. 손익계산서가 엉망이 될 수 있기 때문이다. 김무지 사장은 부동산이나 자동차가 다 자산이니 손해는 보지 않을 것이라 판단했다. 자산은 맞다. 하지만 손해는 생긴다. 물론 새로 산 건물의 값이 올라서 몇 년 뒤에 비싼 값을 받고 팔 수도 있지만 장담하기는 어렵다. 몇 년 뒤면 일단 건물이 지금보다 낡을 것이고, 가격도 떨어질 수 있다.

김무지 사장은 무역업을 하는 사람이지 부동산 투자를 하는 사람이 아니다. 그런데 부동산을 잘 알지도 못하면서 주변의 말만 듣고 부동산에 투자하는 것은 그리 바람직하지 않다. 부동산으로 확실히 돈을 벌 수 있는 보장도 없을뿐더러, 사업을 하는 사람이라면 자기 전문분야 사업에서 영업이익을 늘리기 위해 최선을 다해야 한다.

잘 모르고 한 투자가 수익은커녕 김무지 사장의 사례처럼 비용이 엄청나게 늘 수 있다. 표2를 보면 분명 자산을 늘렸는데 왜 비용이 늘어 손익계산서가 엉망이 됐는지가 보인다.

표2를 보면 자산이 늘어남에 따라 감가상각비가 급증했음을 알 수 있다. 예전에는 없던 감가상각비가 매년 2억3천만 원, 매달 1,900만 원이 발생했다. 자산은 취득하면 바로 비용이 된다. 생산설비라면 투자한 비용이

자산명	취득원가	내용 연수	감가상각비	
			연간	월간
1. 무지 빌딩	4,000,000	20년	200,000	16,667
2. 비품류	30,000	4년	7,500	625
3. 시스템 에어컨(10대)	20,000	4년	5,000	417
4. 고급 외제차	70,000	4년	17,500	1,458
합 계	4,120,000		230,000	19,167

(표2) 김무지 사장의 자산취득에 따른 감가상각비 증가액 (단위:천 원)

다시 자산을 형성할 수 있지만 그 외의 자산은 회수할 길이 없다. 게다가 고급 외제차 유류비는 일반 국산 자동차와는 비교할 수 없을 정도로 많이 나올 것이다. 이런 감가상각비가 2억3천만 원이니, 이를 감당하려면 엄청난 매출을 올려야 한다. 영업이익율을 아주 좋게 봐서 10%로 계산해도 약 23억 원의 매출을 올려야 감당할 수 있다. 결코 쉬운 일이 아니다.

1층에 임대료가 연간 2,400만 원이 들어온다고 좋아하지만 마냥 좋아할 수만도 없다. 임대료에 대한 세금도 내야 한다. 내야 할 세금까지 감안하면 1년 임대료 수입은 고작해야 매달 발생되는 감가상각비 한 달 치를 충당할 수 있는 수준에 불과한 셈이다. 이처럼 고정비용을 줄이려면 무분별한 투자는 절대 삼가야 한다. 쾌적한 근무환경이나 업무 효율을 높이기 위해 투자할 필요는 있지만 그 정도가 지나쳐서는 안 된다. 직원들도 무분별하게 좋은 환경을 만들다 회사가 문을 닫는 것보다 근무환경은 좀 좋지 않아도 이익을 많이 남겨 연봉을 올려주는 것을 더 좋아하지 않을까?

08
인력은 자산일까? 비용일까?

• • •

　박달재 사장은 사무용기기 판매 및 임대를 주로 하는 총판을 운영하고 있다. 흔한 말로 이 바닥에서는 꽤 알려진 사람이다. 사업체도 크지만 구두쇠로도 평판이 자자하다.

　"저 사람은 찔러도 피 한 방울 안 나올 사람이야. 아무튼 대단해."

　실제로 그는 철두철미하고 냉정하다. 특히 인력에 대한 관리는 아주 철저하다. 돈을 벌어오는 영업직원이 아니면 거의 사람을 증원하지 않는다. 사실 지금도 박 사장은 불만이 많다.

　"아니! 도대체 영업지원을 하는 여직원이 몇 명이야? 4명이나 되네. 어이구! 비용처리하고 계약서 관리하는 것은 영업사원들이 조금씩 해도 될 텐데, 꼭 저렇게 따로 직원을 써야 되나? 그리고 구매 팀이나 총무 팀은 별로 바쁘지도 않은 것 같은데 왜 자꾸 사람을 뽑아 달라는 거야? 그게 다 비용이구먼. 안 되지, 절대 안 될 일이야."

　그런데 며칠 뒤 관리팀장이 인력충원이 필요하다는 보고를 한다.

"사장님. 영업지원하는 여직원 2명이 사직을 한답니다. 그래서 새로 2명을 채용하려 하는데 결재 좀 해주세요."

박 사장은 호재임을 직감했다. 불필요한 인력을 줄일 수 있는 절호의 기회라 판단했다.

"어이, 장 팀장! 내가 보니까 말이야. 요즘 영업 지원하는 직원들 퇴근도 일찍 하고 일들이 별로 없는 것 같아. 그리고 직원이 그만두면 꼭 채워야 하나? 습관적으로 그러지 말고 업무를 좀 개선해서 있는 직원들로 잘 운영해봐! 당신 직원 2명이면 연간 비용이 얼마나 나가는 줄 알아? 연봉 외에도 4대 보험과 제반 경비를 더하면 말단 직원도 거의 7,000~8,000만 원은 든다고. 관리팀장이란 사람이 생각이 있어야지. 아무튼 있는 직원으로 한번 운영해봐. 믿겠어!"

박 사장은 속으로 쾌재를 불렀다. 직원을 둘이나 줄였으니 이익은 더 좋아질 것이 분명했다. 하지만 예상과는 달리 몇 달 뒤 영업부 실적이 영 시원치 않다. 아주 많이 떨어진 것은 아니지만 그렇다고 좋은 것도 아니다. 지금쯤이면 서서히 실적이 올라가야 되는데 제자리걸음이다. 요즘 일 안하냐고 영업팀장을 닦달하면 영업팀장은 인력이 부족하다며 한숨만 쉰다.

"그런 소리 하지 말랬지? 일당백이라는 마음으로 일하면 못할 게 뭐야?"

박 사장은 다시 한 번 으름장을 놓고, 영업팀장은 한숨만 쉴 뿐이다.

인건비는 의미 없이 사라지지 않는다

　박달재 사장은 직원 2명을 증원하지 않아서 당장은 기뻤다. 또한 직원을 충원하지 않은 이후 영업지원을 하는 직원도, 영업부 직원도 모두 바쁘게 일을 하고 있으니 보기만 해도 흐뭇하다. 돈이 새지 않고 차곡차곡 쌓이는 기분이다.

　정말 그럴까? 영업지원부 직원 2명은 4명이 하던 일을 2명이 하려니까 바쁜 게 당연하다. 그렇다면 영업사원들은 왜 그리 바쁠까? 이유는 간단하다. 예전처럼 영업지원부의 도움을 받지 못하니 비용 전표 쓰고, 매입 계산서 처리하고, 계약 부속서류 챙기는 일을 직접 처리하다 보니 바쁠 수밖에 없다.

　게다가 영업사원들은 영업지원부가 하는 일에 굉장히 서툴다. 여직원이 5분이면 하는 일을 1시간에 걸쳐 겨우 할 수도 있다. 익숙지 않기 때문이다. 모르니까 물어야 하고 시스템 매뉴얼을 봐야 하고 서류 보관 위치를 모르니까 다 뒤지고 돌아다녀야 한다. 영업하는 분들 중 지원담당 여직원이 휴가를 갔을 때 비슷한 경험을 한 적이 있을 것이다.

　영업저원을 받지 못해 영업부가 영업지원 일까지 직접 하다보면 어떤 일이 생길까? 영업사원들이 영업지원의 행정업무를 하다보면 주 업무인 영업에 전념할 수 없다. 고객과 상담하고 있는데 재무팀에서 전화가 온다. 오늘까지 매입전표 마감해야 되는데 도대체 어디 있냐고? 이런 상황에서 제대로 영업이 될 리 만무하다. 지원하는 여직원 인건비 조금 아끼려다 중요한 계약을 몇 개나 날려버린다면 그것만큼 어리석은 일도 없다.

요즘엔 인건비도 자산이라 생각하는 사람들이 많다. 하지만 돈을 벌어오거나 기술을 가지고 있는 직원들만 자산으로 인정하지, 관리직을 비롯한 직접적으로 수익과 관련이 없는 부서에 근무하는 직원들은 비용이라 생각하는 사람들이 여전히 많다. 정말 잘못된 생각이다. 그들이 없으면 판매도 할 수 없고 생산도 할 수 없다. 자산을 취득하려는 이유는 좀더 효율적으로 생산이나 판매를 많이 하기 위해서이다. 그렇다면 어떤 부서의 인건비든 회계 상으로는 비용이지만 이익을 만들어 내는 자산이라 보는 것이 바람직하다.

인력은 무형 재고자산이다

송호재 사장은 물류자동화 시스템 소프트웨어를 개발하는 사업체를 운영하고 있다. 개발인력 10명을 보유하고 있는 꽤 건실한 업체이다. 그도 개발자 출신인지라 직원들과 소통이 잘되고 직원들이 모두 믿고 잘 따라와 주므로 사람에 대한 스트레스는 거의 없다. 다만 일거리가 연속적으로 이어지지 않는다는 게 고민이다. 직원들을 두 팀으로 나누어서 프로젝트를 진행하는데 꼭 1~2개월의 공백이 있다. 우선은 일거리를 따오지 못하는 자신의 영업력을 한탄하지만 마음 한 구석에는 공백기에도 계속 나가야 하는 인건비가 좀 아깝기도 하다. 일이 없다고 한가하게 앉아 있는 직원들을 보면 얄미울 때도 있다. "영업을 한명 뽑을까?"라는 생각이 들다가도 괜히 직원 잘못 뽑았다가 비용만 날릴 것 같아서 망설여진다. 또 직원을 한번 채용하면 마음에 들지 않아도 내보내기도 어렵다. 특히 송호재 사장처럼 극도로 소심한 사람에겐 더욱 더 어려운 일이다.

　인건비를 지불해야 하는 사장 입장에서 일이 없어 직원들이 한가하게 노는 모습을 봐야 하는 사장의 답답한 마음은 충분히 이해할 수 있다. 하지만 생각을 바꿀 필요가 있다. 제조업의 경우 소비자에게 제품을 팔려면 어느 정도 재고를 확보하고 있어야 한다. OEM 방식(주문자 생산 방식)이면 모를까, 소비자가 주문을 하면 그때서야 제품 생산에 들어간다면 누가 살까?

　인터넷 쇼핑몰에 주문을 하면 대부분 주문한 지 2~3일 내로 상품을 받을 수 있다. 미리 재고를 확보해두었다가 주문이 들어오면 바로 발송하기 때문에 가능한 일이다. 그런데 주문을 받고 난 후에 제품 생산을 한다면 적어도 제품을 만드는 데만 며칠이 걸린다. 결국 고객은 최소한 일주일은 기다려야 제품을 받아볼 수 있다는 얘기다. 아무리 좋은 제품이라도 일주일씩 기다려 받을 고객은 극히 드물기 때문에 항상 적정량의 재고를 준비해야 한다.

　소프트웨어 개발 사업도 마찬가지이다. 일이 없을 때는 사람을 내보냈다 일이 생기면 다시 사람을 뽑으면 불필요하게 지출되는 인건비를 줄일 수 있을 것 같지만 좋은 방법이 아니다. 특별한 기술이 필요 없는 단순직이라면 몰라도 소프트웨어 개발자를 필요할 때 뽑았다 내보냈다 할 수는 없다.

　개발 용역 사업을 할 때는 제조업에서 일정 부분 재고를 준비해 놓듯이 반드시 인적재고를 어느 정도 확보해 놓아야 한다. 그래야 일이 들어왔을 때 바로 일을 시작할 수 있다. 게다가 개발자들은 우리 회사가 개발하는 시스템에 대해 잘 알고 있어야 한다. 그렇지 않으면 수주가 들어 왔을 때 납기를 맞추기가 어렵다. 용역 사업의 경우 계약기간 내에 완료하지 못하면 반드시 패널티를 물어야 하기 때문에 납기를 맞추는 일이 무엇보다 중요하다.

인적재고를 확보해두어야 할 이유는 또 있다. 여유 인력이 없으면 큰 수주가 눈앞에 오더라도 붙잡지를 못한다. 왜? 수행할 인력이 있어야 수주를 할 수 있기 때문이다. 무조건 수주했다가는 패널티 때문에 도리어 손해를 볼 수 있다. 반대로 기술력이 우수한 인력들을 보유하고 있으면 그만큼 수주 확률이 높다. 보통 발주처에서는 우수 보유 인력상태를 가장 중요하게 보기 때문이다. 다시 한 번 말하지만 인력은 재고자산과 같다. 즉 매출의 근원이라는 뜻이다. 좀 한가할 때 논다고 속상해 하지 말기를……

인력은 항상 신기술로 무장시켜라

신채용 사장은 IoT를 가능하게 해주는 센서를 개발하는 소규모 개발업체를 운영하고 있다. 인력 수는 작지만 유수의 중견기업들과 거래하는 실력 있는 벤처기업이다.

재작년에는 차세대 먹거리가 될 신제품을 개발하기 위해 실력 있는 개발자 2명을 채용했다. 꼬박 2년간 쉬지 않고 개발에 몰두해 2~3달 뒤에는 테스트해볼 수 있는 시제품을 만들 수 있을 것으로 예상하고 있다.

곧 신제품을 출시해 팔 생각을 하니 긴장되기도 하지만 한편으론 마음이 설렌다.

하지만 요즘 들어 만만치 않은 고민이 생겼다. 개발 막바지에 왔는데 마지막 결과물이 신통치 않은 것이다. 직원들의 실력이 떨어지는 것도 아닌데 왜 그럴까?

개발자를 잘 못 뽑은 것은 아니다. 그랬다면 2년 만에 시제품을 만들 수 없었을 것이다. 문제는 새로 채용한 인력들이 2년 동안 신제품 개발에만 몰두한 나머지 최근 신기술에 대한 기술을 전혀 습득하지 못했다는 데 있다. 최근 기술동향에 대해서는 그저 정보로만 접할 뿐 거기에 대한 교육의 기회를 갖지 못한 것이다.

요즘 같이 기술 변화가 심한 시대에 2년간의 정체는 심각한 문제이다. 최신 신기술을 시제품에 적용시켜야 하는데, 최신 신기술을 교육받을 기회가 없었던 직원들에겐 무리였다. 그러다보니 신제품 개발이 계속 지연될 수밖에 없었다.

아무리 신제품의 개발이 급하고 중요하다고 해도 신 사장은 최소한 1년에 1~2주 정도는 직원들에게 신기술에 대한 외부교육을 실시해야 했다. 물론 외부교육은 시간과 돈이 들지만 직원들의 기술 수준을 높이려면 선택의 여지가 없다. 직원들에 대한 교육이 정기적으로 이루어지지 않으면 직원들은 유형자산과 기능이 같아져 시간이 지날수록 경제적 효과를 발생시키는 능력이 지속적으로 떨어진다.

인력은 기업에서 가장 중요한 자산인 것은 누구나 다 안다. 그래서 기업들은 우수한 인력을 채용하려고 부단히 노력한다. 하지만 어렵게 채용한 인력을 제대로 교육시키지 않으면 유능한 인력을 제대로 활용할 수가 없다. 인력은 항상 교육을 시켜서 신기술로 무장시켜야 한다. 이것이 경쟁력이다.

09
R&D 지출은 비용일까? 자산일까?

• • •

　이미영 사장은 허브 관련 제품을 직접 생산자들에게 구매하여 온/오프라인을 통해 판매하고 있다. 바디 샤워, 샴푸, 비누 등 목욕 제품이 주력이다. 1년이 지난 지금 매출은 계속 상승곡선이다. 운이 좋다.

　하지만 항상 발목을 잡는 것이 제품공급이다.

　"사장님. 제품 언제쯤 받을 수 있을까요? 진짜 급해요."

　"워매! 이게 자꾸 독촉한다고 되는 것이 아니여! 지금 다른데도 물량이 밀렸어! 쫌만 기다려요."

　제품을 받을 때마다 똑같은 실랑이를 되풀이하다 보면 더럽고 치사해서 직접 제품을 만들어보고 싶은 생각이 들 때도 있다.

　"저 사장님 돈을 쓸어 담는군. 이참에 내가 직접 한번 해봐? 아니지. 이건 내 갈 길이 아니야. 생각하지 말자. 제품을 만들려면 공장도 있어야 되고 연구원도 있어야 되고 또 각종 설비들은? 미쳤어. 이건 아니야."

　그러던 중 제품을 공급하던 업체가 폐업을 한단다. 자세한 이유는 모르겠으나 지금까지 생산한 물량만 공급하고 더 이상 생산을 하지 않는다고 한다. 이미영 사장은 혼란에 빠졌다. 마치 먹이를 찾아 헤매는 하이에나처럼 또 다른 공급업체를 찾아 나서야 하는데, 한편으론 이참에 작게라도 공장을 만들어 직접 제품을 생산하는 것도 나쁘지 않겠다는 생각이 들기도 한다.

사실 이미영 사장은 이 계통의 회사 연구원으로 일한 경험이 있어 마음만 먹으면 제품 개발이 어려울 것도 없다. 연구 장비와 이 분야를 잘 아는 연구원 한두 명만 있으면 시작할 수도 있을 것 같다. 못 할 것도 없다는 생각도 있지만 또 한편으로는 거액을 투자했다 날리면 어쩌나 싶은 마음에 결정이 쉽지 않다. 어떻게 하는 것이 좋을까?

R&D는 제조업의 필수항목이다

창업을 할 때 사람들이 가장 많이 찾는 아이템은 무엇일까? 아마 이미 만들어진 기성품을 싼 가격에 사서 되파는 도소매업이나 프랜차이즈, 음식점 등일 것이다. 왜? 그나마 쉽기도 하고 잘 안 됐을 때는 접어도 설비를 갖추고 제품을 제조하는 제조업보다는 손실이 덜 할 것이라고 생각하기 때문이다.

맞는 말이다. 하지만 우리나라에서 제일 많은 업종이 바로 제조업이다. 제조업은 위험부담이 커도 바로 돈이 된다. 남의 물건을 가져와서 파는 것은 얼마 남지 않는다. 또한 경쟁이 말도 못하게 심하다. 결국 돈은 물건을 공급해 주는 제조업자가 많이 벌 가능성이 크다. 내가 직접 제조해서 제품을 판다면 원가가 100원이라도 1,000원에 팔 수 있다. 하지만 남의 물건을 사다가 팔면 절대 그렇게 할 수 없다. 마진율이 정해져 있기 때문에 수익을 많이 내려면 사력을 다해 무조건 많이 팔아야 한다. 영업이나 마케팅비용도 만만치 않아 대규모 업체가 아니라면 금방 도태될 수도 있다.

그렇다면 제조업은 안전할까? 그렇지는 않다. 제조업을 하려면 일단 생산설비를 갖춰야 하고, 제품을 만들기 위한 연구개발을 지속해야 한다. 필요한 인프라를 구축하는 데 드는 비용 또한 만만치 않기 때문에 철저한 손익계산이 필요하다.

제품을 개발하는 데 드는 비용을 R&D 비용이라 한다. R&D는 자산일까? 비용일까? 필자가 누누이 이야기했듯이 자산을 취득하는 이유는 많이 팔고 적은 비용으로 많이 만들기 위해서이다.

자산에는 유형자산과 무형자산이 있다. 유형자산은 필요에 의해서 돈만 주고 사오면 된다. 무형자산 역시 돈을 주면 살 수 있다. 영업권, 상표권, 특허권 등 다 가능하다. 하지만 이 무형자산은 꼭 돈을 주고 사와야 하는 것은 아니다. 또한 아무리 작은 규모라도 나만의 제품을 제조해서 판매하려면 영업권, 상표권, 특허권 중 반드시 하나가 필요한 경우가 생긴다. 아니, 내가 만든 제품을 보호하기 위해선 꼭 필요한 항목이라 할 수 있다.

무형자산을 사오지 않고 가지려면 직접 하든, 다른 사람에게 의뢰하던, R&D를 해야 한다. R&D를 통해 영업권, 상표권, 특허권 중 어느 하나라도 갖고 있어야 기껏 좋은 제품을 만들고 남 좋은 일 시키는 우를 범하지 않는다. 요즘에는 히트 상품 하나 나오면 순식간에 여기저기서 비슷한 제품이 나오는 시대다.

R&D라고 반드시 거창하게 연구원을 두어야만 가능한 것은 아니다. 나 혼자 해도 된다. 또한 직접 제품을 만들지는 않더라도 기술과 권리를 상품화해서 팔 수도 있다. 그러니 사업을 크게 하든, 작게 하든 R&D에 관심을 가져야 한다. 특히 제조업이라면 R&D는 꼭 필요하다.

R&D는 원가경쟁력의 시발점이 되는 중요한 무형자산이다

고심 끝에 R&D에 투자한 이미영 사장은 드디어 본인만의 제품을 개발하는 데 성공했다. 다른 업체가 모방하지 못하도록 이미 특허까지 받아놓은 상태다. 이미영 사장의 제품은 남녀를 불문하고 폭발적인 지지를 받고 있다. 이미영 사장의 제품을 쓰고 피부가 좋아져 이미영 사장을 은인으로 생각하는 분들도 많다. 그런 분들을 만날 때마다 사업하는 보람을 느낀다.

오늘도 이미영 사장은 좀더 효과가 뛰어난 제품을 만들기 위해서 연구개발을 게을리 하지 않는다. 연구 인력도 2명에서 5명으로 늘었다. 실력도 좋은 직원들이다. 하지만 요즘은 신제품 개발이 뜸하다. 이 분야도 우후죽순으로 업체가 늘어나서 이미 나올만한 제품은 다 나온 상태이다. 연구원들도 이 부분을 상당히 부담스러워 한다. 이미영 사장도 요즘은 연구 쪽이 좀 걱정이 된다. 기존 제품들을 개선해야 할 사항들은 많지만 신제품 개발이 너무 더디다. 그러다 보니 연구소의 비용들도 집행 대비 효과를 분석하기 힘들다. 연구원들을 좀 줄이고 차라리 그 돈으로 마케팅 쪽을 강화해보면 어떨까 하는 생각도 든다. 어차피 신제품 개발이 더딜 수밖에 없다면 기존 제품에 대한 판로를 더 확보하는 것이 낫지 않을까?

이미영 사장뿐만 아니라 많은 사장들이 연구소에서 신제품을 제때 개발하지 못하거나 출시가 뜸해지면 회의감에 빠진다. R&D에 투자하는 비용이 결과도 없이 헛되이 낭비되는 것은 아닐까 걱정한다.

연구개발을 하는 이유는 남들이 갖지 못한 기술로 시장에서 우월적 지위를 확보하기 위해서이다. 남들에게 없는 나만의 기술을 갖기란 쉬운 일이 아니다. 당연히 오랜 시간 인내심을 갖고 노력해야 한다. 그렇기 때문에 단기간에 결과가 나오지 않는다고 회의를 품거나 걱정할 필요는 없다.

물론 실패한 연구는 그냥 비용이다. 또 다른 연구개발의 주춧돌이 충분히 될 수는 있지만 연구 결과를 생산성으로 연결하지 못하면 회사의 손익계산서는 마이너스를 찍을 수밖에 없다. 그럼에도 불구하고 실패했는데도 또다시 개발에 착수하는 것은 실패를 거울삼아 더 큰 결과물을 얻기 위해서이다. 또한 신제품이 없거나 기술력이 제자리를 맴돌면 결국에는 시장에서 도태되기 때문이기도 하다.

그럼 R&D는 항상 새로운 것을 창조해야 하는 것일까? 꼭 그렇지는 않다. 사람들이 잊고 있는 연구소의 중요한 역할이 있다. 바로 '원가 경쟁력을 만드는 시발점 역할을 하는 것'이다. 제품의 원가를 낮추려면 제일 먼저 남들보다 같은 재료를 싸게 사와야 한다. 그러려면 구매경쟁력이 있어야 한다. 구매경쟁력은 재료 공급업체로부터 물건을 많이 구입할 때 생긴다.

하지만 물건을 많이 구매해 구매경쟁력을 갖추는 데는 한계가 있다. 어느 정도 선까지는 가능할지 몰라도 완전히 하한가가 되면 더 이상 싸게 사기 어렵다. 아무리 구매팀을 닦달해도 무한정 구매가격을 깎을 수는 없다.

그렇다면 어떻게 해야 할까? 계속 신제품을 개발하면 좋겠지만 그렇게 하기 어렵다면 다른 방법을 찾아야 한다. 구매경쟁력의 한계를 극복할 수 있는 방법은 제품에 들어가는 재료를 효능은 같으면서 가격은 저렴한 재료로 바꾸는 것이다. 그러면 자연스럽게 원가경쟁력을 높일 수 있다. 이러한 역할을 하는 것이 바로 연구소이다. 기존 제품의 성능을 개선시키는 것도 중요하지만 지속적으로 원가를 떨어뜨리는 것도 중요한 연구소의 역할 중 하나다.

효능은 동일하면서도 값싼 재료를 찾아 제품을 만들면 생산성이 몰라보게 향상된다. 경우에 따라서는 10개의 신제품보다 더 효자 노릇을 할 수도 있다. 결코 R&D 비용이 아깝다는 생각이 들지 않을 것이다. 꼭 기존에 없던 것을 만들어야만 신제품이 아니다. 기존 제품을 원가를 떨어뜨려 생산성을 높일 수 있다면 그것 또한 당당한 신제품이다.

때론 개발을 중도 포기해야 할 경우도 있다

　이미영 사장은 비교적 R&D에 성공한 경우지만 모든 R&D가 다 해피엔딩으로 끝나는 것은 아니다. 기대와는 달리 결과가 좋지 못할 때도 있는데 그런 경우에는 눈물을 머금고 개발을 중도 포기해야 할 때도 있다. 김태하 사장의 경우가 좋은 예이다.

　김태하 사장은 요즘 잔뜩 기대에 차 있다. 드디어 1년여 동안 개발해온 신제품인 '치떨려' 냉풍기의 기초 개발을 완성했기 때문이다. 전체 공정 중 50% 이상을 완료한 셈이다. 기존의 냉풍기보다 소음이 적고 시스템 에어컨 같이 천장에 장착할 수도 있어 다른 제품보다 경쟁력이 있다. 1인 가구를 타깃으로 한 전략적 제품으로 출시하면 폭발적인 반응이 있을 것이라 내심 기대하는 중이다.

　그런데 다음날 김태하 사장은 청천벽력 같은 보고를 받았다.

　"사장님. 와수전자 박말구 사장이 우리와 거의 똑같은 제품을 출시했습니다. 싱크로율이 95%에요. 제품 이름이 뭐라더라? 아! '떨고있니'라고 합니다."

　김태하 사장은 피가 거꾸로 솟는 느낌이다. 빨리 경쟁업체 제품을 사오라 지시하고 제품을 살펴본 후 김태하 사장은 뒤로 넘어갈 뻔했다.

　"아니 어떻게 이렇게 똑같을 수가? 도대체 누가 베낀 거야? 우리야? 저놈이야?"

　김태하 사장은 즉시 모든 직원을 불러 모았다. 대책회의가 시작되었다. 결국 개발방향을 조금 바꿔서 좀 다른 방식으로 제품을 만들자고 의견이 모아졌다.

"그래! 여기서 중단하면 나는 죽는 거야. 지금까지 들어간 돈이 얼만데. 절대 포기할 수 없어 무조건 성공시켜야 해."

그러면서도 신제품 '치떨려'가 나오려면 1년을 더 기다려야 되는데, 그 사이 경쟁업체 제품이 올 시장을 석권할까봐 애가 탔다. 하지만 와수전자의 '떨고있니'가 그만 참패를 하고 말았다. 잘 되었어도 배가 아팠겠지만 올 여름 날씨가 그렇게 무더웠는데도 경쟁업체 제품이 팔리지 않았다는 것은 좋은 신호가 아니다. '치떨려'도 내년에 안 될 가능성이 많다는 것을 의미했다.

또다시 대책회의가 열렸다. 여전히 연구소는 우리는 방식을 조금 바꿨으니 가능성이 있다고 하고 영업은 가능성이 없다고 한다. 만약 지금 포기하면 지금까지 개발에 들어간 돈과 개발인력들과 개발 장비들은 어떻게 한단 말인가? 김태하 사장은 도저히 판단이 서지 않는다.

독자라면 김태하 사장처럼 엄청난 갈림길에 서 있을 때 어느 길을 택하겠는가? 개발을 포기하고 중단하면 지금까지의 개발비를 일시에 상각해야 한다. 엄청난 비용이다. 회사의 손익이 곤두박질 칠 수밖에 없다. 아마 년도 결산을 하면 손익이 엄청난 적자가 될 것이다. 연구개발을 위해 은행에서 자금을 차입했다면 그 또한 걱정거리다.

손해가 무서워 끝까지 개발을 완료하면 어떨까? 아마 개발비는 적어도 지금보다 2배가 되어 있을 것이다. 성공하면 아무 문제가 없지만 지금 상황으로선 실패할 가능성이 크다. 제품이 팔리지 않으면 감가상각이 끝날

때까지 몇 년을 적자로 살아야만 한다.

　지금 이 경우는 사람에 비유하자면 암에 걸린, 그것도 3기 정도의 환자라고 보면 된다. 어제까지는 멀쩡하다가 친구가 내시경 받는데 무섭다고 같이 가 달라고 해서 따라갔다가 온 김에 나도 한번 받아보자 하고 검사를 받았다가 암이 발견된 경우이다. 청천벽력이 따로 없다.

　안타깝지만 이 경우는 2가지 방법이 있다. 하나는 현실을 부정하고 시름시름 앓다가 죽는 것이고, 다른 하나는 어떻게든 수술을 받고 내일을 다시 기약하는 것이다. 산속에 들어가서 약초만 먹고 어떻게 나을 수도 있지만 그건 우연을 바라는 일밖에 안 된다.

　김태하 사장도 지금 그런 선택을 해야 하는 상황이다. 수술을 할지, 포기하고 죽음을 기다리며 여생을 살든, 둘 중 하나를 택해야 한다. 독자들은 어떻게 하겠는가? 아마 90%는 수술을 받을 것이다. 달리 방도가 없다. 이 시기마저 놓쳐 4기가 되면 수술도 받을 수 없다.

　연구개발은 반드시 필요한 것이지만 이렇게 중도에 포기해야 할 경우가 있다. 필자는 이렇게 포기하고도 2~3년 고생한 뒤 정상화된 기업을 더러 본 적이 있다. 왜냐하면 기존의 사업들이 있어 선택과 집중을 하면 회사를 정상화시킬 가능성이 있기 때문이다. 하지만 대표부터 말단 직원까지 정말 힘든 시기를 거쳐야 한다. 급여도 다 안 나올 수도 있다. 하지만 소생할 가능성은 분명 있다.

Part 3
정확한 원가 계산이 수익의 출발점이다

01
원가에도 종류가 있다

∙∙∙

　김공주 씨와 한자연 씨는 창업교육센터에서 만나 교육을 받는 동기생이다. 둘 다 30대 중반으로 나이도 비슷하고 관심사도 비슷해 창업 교육을 받을 때부터 친자매처럼 허물없이 지냈다. 패션에 관심이 많은 김공주 씨는 인터넷 쇼핑몰을 창업할 예정이고, 커피를 무척이나 즐기고 사랑하는 한자연 씨는 자그만 카페를 개업할 계획이다. 분야는 다르지만 서로 조언과 격려를 아끼지 않으면서 창업을 준비 중이다.

　사업을 본격적으로 준비하면서 김공주 씨와 한자연 씨는 자연스럽게 원가에 관심을 두기 시작했다. 사업을 성공시키려면 정확한 원가를 토대로 매출 계획을 세워야 하는데, 생각보다 만만치가 않다. 원가를 산출하는 것은 둘째 치고, 원가의 개념부터가 헷갈린다.

　"왜 어떤 데서는 상품원가라고 하고, 다른 데선 제품원가라고 하는 거지?"

　"그러게. 난 상품과 제품의 의미부터 헷갈린다. 이걸 꼭 구분해야 하는 거야?"

　둘 다 원가의 개념을 제대로 모르니 대화를 할수록 더 답답하기만 하다. 결국 두 사람은 창업교육센터에서 열정적으로 도움을 주셨던 박 선생님을 찾았다.

"하하. 원가에도 종류가 있어요. 사업을 하려면 원가의 종류부터 이해해야 해요."

"그런가요? 원가면 다 똑같은 원가인 줄 알았는데……"

"아닙니다. 업종에 따라 원가의 이름도 달라져요. 당연히 원가를 계산하는 방법도 다르고요. 두 분의 경우만 봐도 의류 쇼핑몰과 커피전문점은 원가 계산하는 방법이 다릅니다."

설명을 들을수록 복잡한 느낌이 들어 의기소침해하는데, 박 선생님이 눈치를 챘는지 한 마디 한다.

"너무 복잡하게 생각할 필요 없어요. 원가의 종류는 크게 상품원가, 제품원가, 용역원가가 있어요. 이것만 정확하게 이해하면 됩니다."

상품원가

일단 회계적으로 상품원가와 제품원가를 먼저 구분할 줄 알아야 한다. 계속 나오는 용어이니 잘 알아두는 것이 좋다. 상품원가는 판매를 위해 제조사가 만든 제품을 구매하기 위해 지불한 비용이다. 반면 제품원가는 제조사가 제품을 만들기 위해서 들어간 원가를 말한다.

삼성전자와 하이마트를 예로 들어 보겠다. 삼성전자가 여러 제조과정을 거쳐 TV를 만들었을 때 삼성전자 입장에서 TV는 당연히 제품이다. TV를 만들기 위해서 들어간 모든 원가는 제품원가이다. 그럼 하이마트는? 하이마트는 삼성전자로부터 TV를 사다가 소비자에게 판매한다. 하이마트 입장에서는 TV를 구매하는 데 들어간 비용이 상품원가인 셈이다.

　의류 쇼핑몰을 준비 중인 김공주 씨에게 해당하는 원가 역시 상품원가이다. 김공주 씨는 자체적으로 옷을 제작할 여력이 없기 때문에 동대문시장에서 싸게 옷을 사서 인터넷으로 팔 계획이다. 이미 만들어진 제품을 사다 판매하는 형태이기 때문에 김공주 씨가 동대문에서 옷을 사기 위해 지불한 비용은 곧 상품원가가 된다. 이처럼 인터넷 쇼핑몰을 비롯한 도소매 업종에서는 상품원가가 적용된다.

제품원가

　앞에서도 이야기했듯이 제품원가는 제조를 하기 위해서 소요된 모든 원가이다. 용어 자체는 아주 쉽다. 하지만 그 구성은 다소 복잡하다. 그림 3은 제품원가 구성도이다.

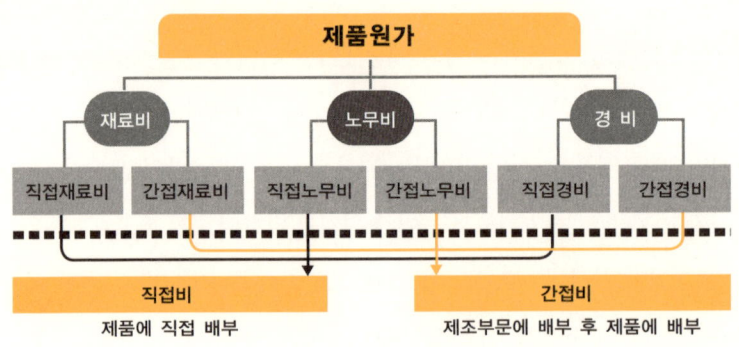

(그림3) 제품원가 구성도

그림3에서 알 수 있듯이 제품원가는 재료비, 노무비, 경비로 이루어져 있다. 또한 직접비와 간접비로 나누어진다. 직접비는 말 그대로 제품을 제조하기 위해서 직접 들어간 비용이다. 식별이 가능하다. 따라서 해당 제품으로 직접 계산한다.

하지만 간접비는 어느 제품에 얼마나 배부해야 하는지 모호한 비용이다. 따라서 합리적인 배부기준이 필요하다. 배부기준 또한 대단히 중요한 부분이어서 뒤에서 따로 자세히 설명해두었다(Part3의 '04. 정확한 원가는 정확한 원가배부에서 나온다' 참조). 사실 제품 당 대당원가는 이 간접비의 배부에 따라 완전히 달라질 수 있다. 합리적인 기준을 잘 세워놓지 않으면 제품의 원가가 엉망진창이 되고 만다.

제조업에서 간접비란 제조와 직접 연결시킬 수 없는 모든 비용을 말한다. 즉 공장 전체의 전력비, 수도광열비, 공장장 노무비, 보조부문(동력부, 수선부 등)의 비용 등이 간접비에 포함된다.

한자연 씨가 준비 중인 커피전문점을 예로 들어보자. 커피전문점은 제조업은 아니지만 원두를 구매해 커피를 만들어야 하기 때문에 제품원가를 적용할 수 있다. 커피를 만드는데 필요한 원두를 구입한 비용은 직접비이다. 하지만 커피매장의 냉난방과 전등을 켜는데 소요되는 전기료, 방역비와 같은 비용은 애매하다. 직접적으로 커피를 만드는 데 필요한 비용은 아니지만 그렇다고 아예 관련이 없는 것도 아닌 이런 비용들이 '간접비'이다.

이 간접비 때문에 제품원가를 계산하는 방법은 상품원가를 계산하는 방법에 비해 다소 복잡하다. 하지만 대부분의 업종에서 제품원가의 개념이 적용되기 때문에 꼭 알아두는 것이 좋다.

용역원가

　용역원가란 인력을 통해 매출을 올리는 데 필요한 원가이다. 용역원가를 산출하는 일은 그리 어렵지 않다. 투입한 인원의 원가만 대응시키면 되므로 제품원가에 비해서는 아주 단순하다.

　하지만 용역원가도 마냥 쉽지만은 않다. 상주 인력이라면 계산은 간단하다. 반면 인력을 투입하는 데 한 달 단위로 딱딱 투입되는 것이 아니라 15일, 1주일, 3일, 하루, 또는 몇 시간 단위로 투입된다면 계산이 복잡해진다. 또한 외주 인력을 투입하는 경우와 직영인력을 투입하는 경우는 계산이 달라지기도 한다.

　어떻게 보면 용역원가의 산출도 제품원가의 산출만큼 어려울 수 있다. 특히 직영인력의 경우 단순한 외주비만 주면 되는 외주비와 달리 계산이 어렵다. 인건비만 드는 것이 아니라 제경비(모든 경비)도 있으므로 인건비만 계산해서는 정확한 원가라고 할 수 없다. 즉 제경비는 누가 얼마만큼 썼는지 모호한 경우가 많으므로 배부를 해야 한다. 그래야 정확한 원가를 산출할 수 있다.

제품제조원가, 매출원가, 표준원가

　보통 독자들에게 해당하는 원가는 앞에서 소개한 상품원가, 제품원가, 용역원가 3가지로 분류된다. 하지만 이것은 원가를 크게 대분류로 분류한 것이고 실전에 들어가면 좀 더 세분화된다. 상품원가, 제품원가, 용역원가 외에도 제품제조원가, 매출원가, 표준원가라는 말이 자주 나온다. 이런 원가의 개념을 정확히 이해하면 실무에서 회계를 좀 더 수월하게 할 수 있다.

제품제조원가는 제품원가를 좀더 구체적으로 표현한 말이다. 제품제조원가는 위에서 설명하였다. 매출원가는 제품제조원가 중에 매출이 된 제품들에 대한 원가이다. 제품제조원가는 제품을 제조하기 위한 모든 원가이다. 하지만 당월에 제조가 완료된 모든 제품은 반드시 전량 매출이 되기 어렵다. 즉 일부는 팔려서 매출이 되고 일부는 팔리지 않고 제품재고로 남아 있을 가능성이 크다. 그래서 제품제조원가 중 매출이 된 부분은 매출원가가 되고, 기말에 재고로 남는 부문은 기말 제품재고액이 되는 것이다.

그럼 표준원가는 무엇일까? 만약 독자들이 커피전문점을 한다고 가정하면 아메리카노 1잔을 만들기 위해 들어가는 재료비와 노무비/경비의 이상적인 예상원가가 바로 표준원가이다. 표준원가는 예상원가이므로 정확하지 않을 수는 있다. 하지만 직접 측정을 하든, 경험치를 적용하든 아메리카노 1잔을 만들기 위해서는 원두 몇 g과 바리스타가 얼마의 시간을 투자해야 하는지 표준을 정해놓고 산출하기 때문에 꽤 신빙성이 높다.

그럼에도 표준원가와 실제 제품제조원가는 늘 차이가 난다. 표준원가는 어디까지나 예상원가이기 때문에 사업을 하면서 실제원가와 비교하고 차이를 분석해보아야 수익성을 높일 수 있다.

02
변동원가 vs 고정원가

• • •

    조해규 사장은 가정에서 주로 많이 쓰는 각종 수납함을 만들어 도매상에게 판매하는 사업을 하고 있다. 인기 있는 캐릭터를 가미한 덕분에 다른 업체에서 만든 수납함보다 많이 팔린다. 달리는 말에 채찍을 가하라 했던가! 판매량이 점점 늘면서 조 사장은 판매량을 더 늘릴 수 있는 방안을 고민하기 시작했다. 많은 고민을 했지만 요즘 대세인 인터넷 쇼핑몰을 만드는 데 마음이 쏠리는 중이다. 지금까지는 도매만 했지만 인터넷 쇼핑몰을 만들어 개인 소비자에게 팔면 판매량이 훨씬 더 늘 것이라는 기대도 크다. 또한 판매량이 늘면 재료를 좀 더 싼 값에 살 수 있을 것이고, 그렇게 되면 원가가 더 낮아져 순이익이 더 많아진다는 계산도 없지 않다.

    "가만있어 봐! 지금보다 생산량이 30% 정도 늘어난다고 하면 재료비가 많이 떨어지겠지? 설비들도 생산을 많이 하니까 효율이 더 높아지겠군."

    하지만 좀 더 생각해보니 그리 간단한 문제가 아니다. 재료비는 떨어지겠지만 판매량이 늘면 그만큼 제품을 많이 생산해야 한다. 현재 인력으로는 어렵다. 이미 현재 주문 물량도 겨우 맞추는 상황이라 생산량을 더 늘리려면 인력 충원이 불가

피하다.

"재료비가 줄어들어도 직원을 충원하면 원가가 더 올라가는 거 아냐?"

"잠깐, 개인들에게 팔면 택배비가 들잖아. 많이 팔려도 택배비 주고 나면 별로 남는 것도 없는 거 아냐?"

생각할수록 미궁에 빠지는 느낌이다. 마치 원가가 살아 있는 느낌이다. 인터넷 쇼핑몰을 만들어 판매량이 늘었을 때 원가가 지금보다 줄어들지, 더 커질지 도저히 가늠이 안 된다.

변동원가와 고정원가를 구분해야 하는 이유

판매량이 늘어 생산량이 늘어나면 구매경쟁력이 커져 재료를 더 싼 가격에 살 수 있다. 조 사장도 그건 안다. 하지만 재료비 외에 생산량이 증가함에 따라 원가가 얼마나 더 늘어날지를 모른다. 이런 경우 참 답답하다. 많이 파는 만큼 수익도 비례하여 늘어나야 되는데 원가 계산을 정확하게 못 하니 인터넷 쇼핑몰을 할 것인지, 말 것인지를 판단하기가 어렵다.

정확한 원가 계산을 하려면 원가를 두 개로 분리해 계산해야 한다. 즉 생산량이 늘어남에 따라 비례적으로 늘어나는 변동원가와 그렇지 않은 고정원가를 구분해 놓고 따로 계산해야 정확한 원가를 알 수 있다.

변동원가는 생산량이 늘어남에 따라 늘어나는 원가로 직접재료비, 직접노무비, 그리고 제조경비 중 직간접경비가 이에 속한다. 직접노무비는 변동원가이기도 하고 고정원가이기도 하다. 판매량이 10% 늘어났다고 바로 생산인력을 충원하지 않아도 될 수도 있다. 그 정도는 현재 인력으로 충분히 감당할 수 있다면 직접노무비는 고정원가로 분류된다. 하지만 이미 공장에서 최대치를 생산하고 있는 상태라면 인원을 충원해야 한다. 아니면 현재 인력이 야근이나 철야를 해야 하고, 그렇게 되면 추가로 야근비나 철야비를 지급해야 하므로 변동원가가 된다.

그렇다면 생산량이 늘어남에 따라 비례적으로 늘어나는 변동원가는 어떤 것들이 있을까? 사용량에 따라 발생하는 경비들이 대표적인 변동원가로 전력비, 수도광열비, 외주가공비, 시간외근무지원비 등이 이에 속한다. 이러한 경비들은 생산량이 증가하면 비례적으로 늘기도 하고 반비례적으로 줄기도 한다. 이런 것들을 먼저 측정해야 생산량에 따라 늘어나는 변동원가가 얼마인지를 알 수가 있다.

반면 고정원가는 어떤 것들이 있을까? 바로 설비와 건물의 감가상각비, 임차료, 고정성 수수료비용, 세금과공과 등이 있다. 이러한 경비들은 생산량이 는다고 덩달아 늘어나는 경비들이 아니다. 생산량과 상관없이 이전과 똑같이 발생하므로 비례적으로 계산해서는 안 된다.

각 기업마다 변동원가와 고정원가를 구분하는 기준은 많이 다르다. 경비항목들의 상당 부분이 기준을 명확하게 구분하기 어렵기 때문이다. 세금과공과 계정을 한번 보자. 재산세는 면적으로 내지만 사업소세는 인원 기준으로 낸다. 전력비는 어느 정도 사용량까지는 기본료를 적용받지만 너무 많이 쓰면 할증료를 낼 수도 있다. 이처럼 명확히 구분하기가 힘든 부분이 많다.

그렇다고 모두 변동원가로 계산하거나 모두 고정원가로 계산할 수는 없다. 어떠한 기준으로든 가장 유사하게 근접할 수 있는 기준으로 구분해야 한다. 그러지 않으면 절대로 탄력적으로 변하는 생산량에 따른 원가를 계산해 낼 수가 없다.

고정원가도 영원하지 않다

고정원가는 생산량이 늘거나 줄어도 변하지 않는 원가다. 그렇다면 고정원가는 영원히 변하지 않을까? 그렇지 않다. 고정원가는 현재의 기준으로 봤을 때 변하지 않는다는 것이지 나중에도 변하지 않는다는 의미는 아니다. 예를 들어 감가상각비는 고정원가로 분류되지만 설비가 늘어나면 감가상각비도 늘어난다. 또한 내용연수가 끝나면 감가상각비가 발생하지 않는다. 내용연수가 끝났다고 설비를 그냥 버리지는 않는다. 고장만 안 나면 당연히 계속 쓴다. 임차료도 마찬가지이다. 임차하는 면적이 늘면 당연히 임차료도 증가한다.

이처럼 미래의 손익을 전망하거나 예측할 때는 전체 규모나 설비의 사용기간 등을 반드시 체크하여 예측해야 한다. 고정원가 자체가 변동하기 때문이다. 고정원가가 증가하면 당연히 그에 연관되는 변동원가도 늘어난다. 설비가 증가되면 전력 사용량이나 용수량도 증가하기 때문이다.

기업의 손익에서 고정원가가 차지하는 비중은 아주 크다. 그렇기 때문에 세밀한 예측이 필요하다. 고정원가라고 해서 절대 불변이 될 수 없는 것이다.

원가는 매일 변한다

대기업들이나 규모가 어느 정도 있는 기업들을 보면 원가 팀을 따로 운영한다. 왜 그럴까? 여러 가지 이유가 있지만 그 중 하나가 원가가 매일 변하기 때문이다. 하루가 다르게 변하는 원가에 대비하려면 매일 원가를 측정하고 통계를 뽑아내야 하므로 별도의 팀이 필요하다.

재료비 단가가 어제와 같더라도 하루하루 생산량에 따라 제품의 원가는 달라진다. 왜? 제품에 배부되는 노무비와 고정원가가 달라지기 때문이다. 또한 어제 구매한 재료비 단가와 오늘 구매한 재료비 단가가 다를 수도 있다. 당연하다. 음식점을 하는 사람이 어제 호박 한 개를 1천 원에 샀다고 오늘도 1천 원에 살 수 있다는 보장이 없다. 오늘은 호박이 많이 안 들어와 1,500원으로 올랐을 수도 있고, 반대로 900원으로 내렸을 수도 있다. 수입 부품을 쓰는 경우에는 환율에 따라 매일매일 원가가 달라지기도 한다. 어디 그뿐인가. 생산직 직원이 오늘 컨디션이 안 좋아서 어제보다 조립을 적게 할 수도 있다.

이처럼 원가는 여러 요인들에 의해서 매일매일 변한다. 결론적으로 우리가 알고 있는 제품의 대당 원가는 사실 1개월의 평균 원가나 아니면 어느 기간의 평균 원가인 것이다. 통계를 통해서 평균 원가를 측정해 불합리한 부분을 고쳐나가는 것이 중요하다. 사업장에서 생산하는 제품이나 서비스에 대해서 원가를 제대로 한번 측정했다고 계속 맹신해서는 절대 안 된다. 조금 힘은 들더라도 주기적으로 계속 업데이트를 해나가야 한다. 그래야 경쟁력을 갖출 수 있다.

03
원가와 비용의 차이는?

박말자 사장은 건강 떡을 만들어 팔고 있다. 떡도 만들고 팔기도 하는 가게 겸 떡 공장이 있기는 하지만 오프라인보다는 온라인 판매에 주력 중이다. 처음 사업을 시작할 때 요즘 사람들은 떡을 별로 좋아하지 않는다며 걱정하는 사람도 많았다. 하지만 우려와는 달리 반응이 좋았다. 냉동실에 보관해두었다가 먹고 싶을 때 꺼내 전자레인지에 살짝 돌리기만 하면 따끈따끈하고 맛있는 떡을 먹을 수 있어 아침 식사대용으로 인기를 모았다. 인터넷이나 SNS를 통해 입소문이 나면서 매달 주문량이 늘어나는 추세다.

생각보다 사업 규모가 커지면서 손익을 좀 더 철저하게 관리할 필요성을 느낀다. 주문에 맞춰 정신없이 떡을 만들고 파는데 비해 수익은 열심히 한 것에 비하면 크게 늘지 않았다. 나름 원가를 계산해 수익률이 30%가량 되도록 떡값을 책정했는데 혹 원가 계산을 잘못했나 싶은 생각까지 든다. 지금까지는 주먹구구식으로 대충 원가를 계산했는데, 좀 더 정확하게 원가를 계산해야 할 필요성을 절감한다.

그런데 막상 원가를 계산하려고 하니 어디까지가 원가이고, 어디까지가 비용인지 혼란스럽다. 찹쌀, 멥쌀, 콩, 팥, 검은깨, 설탕 등 떡을 만들 때 필요한 재료를 구입하는 데 투자한 돈은 원가에 포함시키는 게 맞다. 그렇다면 떡을 만드는 아주머니들 인건비는 원가에 포함될까? 아닐까? 떡 만드는 아주머니 인건비가 원가라면 떡을 포장하고 배송하는 직원 월급도 원가인 것일까?

생각할수록 헷갈린다. 대체 원가와 비용의 차이는 무엇일까?

원가와 비용을 구분하는 기준은 '사용목적'

원가와 비용의 차이를 궁금해 하는 분들이 의외로 많다. 원가와 비용의 개념을 정확하게 이해하기는 쉽지 않다. 하지만 아주 간단하고 명확하게 원가와 비용을 구분할 수 있는 방법이 있다. 원가와 비용을 구분하는 기준은 '사용목적'이다. 사실 원가와 비용은 크게 보면 둘 다 비용이다. 다만 제품을 생산하거나 상품을 매입하는 데 소요되는 비용을 원가, 생산활동과 상품매입과는 관계가 없는 비용을 비용이라 구분할 뿐이다.

박말자 사장이 운영하는 떡 집의 경우 떡을 만드는 데 필요한 찹쌀, 멥쌀을 비롯한 재료를 구입하는 데 들어간 돈은 당연히 원가다. 떡을 만드는 아주머니의 인건비도 원가에 속한다. 떡 반죽을 하는 데 필요한 그릇과 떡을 찌는 찜기를 구입하는 데 든 비용도 원가이다. 이처럼 제품을 생산하기 위해 소비된 모든 재화나 용역, 즉 재료비, 생산 노무비, 제조경비를 원가라 말한다. 따라서 원가가 늘어나면 생산량도 비례적으로 늘어나기 마련이다. 재료비를 2배 늘이면 제품 생산량도 2배 늘어나는 것이 정상이다. 생산인력을 더 투입하면 생산량이 늘어나는 것이 당연하다.

그렇다면 비용은 무엇일까? 비용은 생산이 아니라 판매와 관리를 위해 소비되는 재화나 용역의 총화폐가치이다. 판매를 위해서는 영업사원이 있어야 하고 관리를 위해서는 총무팀, 재무팀 등이 있어야 한다. 이런 데 쓰는 돈이 비용이다. 즉 쇼핑몰의 주문접수 및 배송처리를 담당하는 직원은 떡을 만드는 데 직접적으로 관계된 인력이 아니라 판매, 관리를 하는 직원이므로 이 직원에게 지불된 인건비는 비용이 된다. 그래서 비용은 판매관리비와 동일한 개념이다.

이처럼 비용은 생산 활동에는 직접적인 영향을 미치지 않기 때문에 원가처럼 생산량이 늘어난다고 덩달아 늘어나면 곤란하다. 일정 부분 늘어날 수는 있지만 적정선이 있다.

원가와 비용을 구분할 때 꼭 알아두어야 할 것이 또 있다. 원가는 매출이 발생하기 전까지는 원가가 아닌 재고자산으로 존재한다. 예를 들어 떡 하나의 원가가 1,000원이고 판매가가 2,000원이라면 떡을 2,000원에 팔기 전까지는 떡은 1,000원의 가치를 지닌 재고자산인 셈이다. 이 떡이 2,000원에 팔렸을 때 비로소 재고자산 1,000원은 매출원가로 인식되어 손익계산서에 반영된다.

원가와 비용의 경비 계정과목은 동일하다

　원가를 구성하는 요소는 재료비, 노무비, 경비(제조경비)이다. 또한 비용(판매관리비)을 구성하는 요소는 인건비와 경비이다. 눈치 빠른 독자들은 왜 어떤 때는 노무비로 쓰고, 어떤 때는 인건비로 표현하는지 의아할 것이다. 사실 거의 비슷한 말이지만 노무비와 인건비는 비슷하면서도 조금 다른 용어다.

　노무비란 제조나 용역을 수행할 때 발생하는 인력에 대한 노동력의 대가로 급여, 제수당, 상여금, 퇴직급여가 이에 포함된다. 즉 어떠한 목적에 부합되어 발생되는 것이다. 반면 인건비는 노무비의 개념보다 포괄적인 개념이다. 즉 제조와 용역수행을 포함한 전체 사업장의 인원에 대한 급여, 제수당, 상여금, 퇴직금이다. 또한 복리후생비까지 포함된다. 그래서 인건비는 제조나 용역수행과 관계없는 임원이나 지원부서 인원, 영업사원 등 모든 인력들에 대한 노동력의 대가를 포괄하는 용어이다.

　이처럼 노무비와 인건비는 미묘한 차이가 있기 때문에 이 책에서도 주방이나 제조를 위해 소비되는 인력의 노동 대가는 노무비라 표현하고, 판매관리에 소비되는 인력의 노동에 대한 대가는 인건비라 표현했다. 사실 동일한 표현이라고 봐도 된다. 다만 이 책에서는 복리후생비를 경비로 별도로 구분해서 모든 예산이나 손익이 계산되므로 인건비에는 포함하지 않는다.

　자! 다시 본론으로 돌아와서 이처럼 원가와 비용을 구성하는 요소는 재료비를 제외하면 동일하다. 다만 경비는 해당하는 계정과목이 여러 가지이다. 즉 복리후생비, 여비교통비, 수수료비용 등 계정과목의 종류는 다양하다. 그래서 원가에서 쓰는 경비 계정과목과 비용(판매관리비)에서 쓰는 경비의 계정과목이 다르다고 아는 사람들이 많다.

하지만 경비 계정과목은 동일하다. 어디에 쓰이느냐에 따라 원가가 되고 비용이 되는 것일 뿐이다. 예를 들어 복리후생비 중 건강보험료가 공장에서 떡을 만드는 아주머니의 것이라면 원가의 구성요소인 제조경비가 되고 쇼핑몰을 관리하는 미스 박의 것이면 비용의 구성요소인 판매관리비의 경비가 된다.

가끔 제조경비에는 있고 판매관리비 경비에는 없는 계정과목이 있다. 반대의 경우도 있다. 이것은 그 계정과목이 필요가 없어서 사용하지 않는 것이지 차이가 있는 것이 아니다. 예를 들어 포장비는 제조경비에는 보이는데 판매관리비 경비에는 보이지 않는다. 왜일까? 쇼핑몰을 운영하는 관리부서에서는 제품포장을 할 일이 없기 때문이다. 또한 다른 회사의 계정에는 있는데 우리 회사에는 없는 경우도 간혹 있다.

"저기요! 부서단합비라는 것이 원래 있는 건가요? 우리 회사는 없는데!"

당황하지 않아도 된다. 비용 처리할 계정이 없으면 직접 만들면 된다.

간혹 경비와 비용을 혼동하는 분들이 있다. 경비와 비용은 비슷하지만 개념이 조금 다르다. 비용은 인건비와 경비를 포함한 개념이다. 그러므로 경비는 비용의 구성요소라고 할 수 있다.

04
정확한 원가는 정확한 원가배부에서 나온다

• • •

한자연 씨는 드디어 조그마한 커피전문점을 개업했다. 유명 커피전문점 프랜차이즈였다면 재료부터 커피머신을 비롯한 시설을 준비하기도 쉽고, 커피 가격도 이미 정해져 있어 돈은 많이 들겠지만 머리는 덜 복잡했을 것이다. 하지만 독자적인 브랜드로 개업을 하다 보니 하나부터 열까지 일일이 다 알아보고 결정할 수밖에 없었다.

어느 결정 하나 쉬운 것이 없었지만 그 중에서도 커피 가격을 책정하는 것이 제일 어려웠다. 주워들은 풍월은 있었다. 원가를 산출하는 것도 중요하지만 그 원가를 각 커피 제품별로 정확히 배부해야 커피 판매가격을 정할 수 있다고는 하는데, 솔직히 어떻게 원가를 배부해야 하는지 몰랐다. 게다가 주변에 커피전문점이 즐비한데, 판매되는 커피별로 원가가 높게 나왔다고 무조건 커피 값도 높게 책정할 수도 없다. 그랬다가는 가격경쟁력에서 뒤져 커피숍을 열자마자 손님이 없어 파리만 날릴 위험이 있었다. 결국 주변 커피전문점 가격을 벤치마킹해 비슷하거나 조금 낮은 가격을 책정했다.

그런데 몇 달 해보니 영 수익이 남지 않았다. 손님들은 시간이 지나면서 꾸준히 늘어나는데, 수익은 영 시원치 않다. 커피를 많이 팔아도 남는 것이 없자 한자연 씨는 "혹시 제품별로 원가를 잘 못 계산한 것 아니야?"라는 의문이 생겼다. 원가를 계산할 때 임차료, 인건비 등을 무조건 커피별로 똑같이 배부했는데 혹시 그래서 원가가 부정확해졌을 지도 모른다는 불안감이 들기도 했다. 만약 원가를 잘못 배부해 커피 가격을 잘못 책정한 것이라면 지금이라도 원가를 정확하게 배부해서 계산해야겠다는 생각도 들었다. 하지만 대체 원가를 어떻게 배부하는 것인지 감이 오지 않는다.

제조부문과 판매부문을 명확히 구분하라

원가를 계산할 때 가장 어려운 부분이 원가배부이다. 원가는 다양한 요소로 구성된다. 제품을 만들거나 상품을 구매하는 데 드는 비용은 당연히 원가에 포함된다. 이처럼 누가 봐도 분명한 원가의 요소는 어떻게 배부해야 하는지 고민할 필요가 없다. 해당 제품들에게만 배부하면 된다. 그런데 매장 임차료, 전기료, 노무비 등 경계가 애매한 비용들이 있다. 이런 비용들도 원가에 반영되어야 하며, 전체 제품에 어떤 기준을 적용하여 배부해야 한다.

애매한 비용들을 꼭 제품 원가에 배부해야 하는지를 묻는 분들이 있다. 하지만 종종 원가에서 직접재료비보다 노무비와 기타 경비가 차지하는 비중이 높은 경우가 있다. 위치 좋은 곳에 매장을 내기 위해 비싼 임차료를 주고 사업장을 얻거나 음식점의 경우 주방장의 노무비가 높을 때 주로 그렇다. 이런 비용들은 제품 원가에 배부하지 않으면 정확한 원가를 계산할 수가 없다.

원가배부를 위해서는 제일 먼저 주방과 매장을 정확하게 구분해야 한다. 즉 제조부문과 판매부문의 경계부터 정해야 한다는 얘기다. 각 사업장마다 분명히 경계를 나눌 수 있는 경우도 있고 그렇지 않은 경우도 있다. 면적과 인원을 구분하고 각 부문별로 나누어야 한다. 그래야 어떤 기준을 세우더라도 배부가 가능하다.

예를 들어 커피전문점 총 면적이 $100m^2$이라면 커피를 제조하는 공간과 커피를 마시는 공간을 구분해야 한다. 전체 면적 중 주방이 $30m^2$인지 $40m^2$인지를 따져봐야 임차료를 비롯한 공통경비를 어떤 비율로 나눌 것인지 결정할 수 있다. 인원도 마찬가지다. 커피도 만들면서 서빙도 하는 직원의 경우 구분이 모호한데, 가능한 한 일의 비중을 따져 구분하는 것이 좋다.

직접비와 공통경비를 구분하라

직접비는 제조부문과 판매부문 두 군데서 각각 발생한다. 즉 제조부문에서만 발생하는 직접비와 판매부문에서만 발생하는 직접비가 있다. 제조부문에서만 발생하는 직접비는 주방장 및 보조의 노무비 및 주방에 있는 각종 비품(커피 머신, 대형냉장고, 가스 기구 등)들에 대한 감가상각비, 소모품비(풍풍, 수세미), 주방장 및 보조 4대 보험료 등 직접경비, 어느 특정 제품에 소요되는 양을 측정하기 어려운 간접재료비(시럽, 설탕, 시나몬, 우유 등)가 있다.

순수 제조업에서는 간접노무비와 간접재료비 등은 간접제조원가로 분류하여 각 제조부문에 배부시키지만 커피전문점 및 음식점과 같은 경우는 주방(제조)의 직접경비로 분류하면 된다. 왜냐하면 사업장의 구분을 주방과 매장으로만 분류하면 되기 때문에 공통경비로 분류하면 간접재료비의 원가가 매장의 판매관리비에도 배부되어 제대로 된 제조원가가 산출되지 않기 때문이다.

판매부문에서만 발생하는 직접비는 매장 근무 직원이나 배달기사의 인건비 및 4대 보험, 매장에 있는 냉난방기/오토바이/각종 가구류에 대한 감가상각비, 광고비용, 신용카드 수수료 등이 있다.

공통경비에는 제조부문과 판매부문의 사용량을 구분할 수 없는 비용들이 포함된다. 전기료, 가스료, 수도료, 임차료 등이 있다. 이 공통경비는 배부 기준을 세워서 제조와 판매부문에 배부해야 한다.

공통경비를 각 부문에 배부하라

공통경비의 배부는 독자들의 사업장에 가장 적합한 배부기준을 정해서 배부하는 것이 중요하다. 즉 각 계정별로 사용량으로 배부할지, 면적으로 배부할지, 인원으로 배부할지를 정해야 한다.

필자는 독자들에게 면적과 인원으로만 배부할 것을 권한다. 제조업에서는 그 기준을 세분화해서 배부하지만 사업 규모가 아주 크지 않을 경우에는 굳이 그렇게 할 필요가 없다. 오히려 배부기준이 너무 많으면 더 부정확하다. 면적과 인원으로만 정확히 구분해도 충분하다.

구분		배부기준				비고
		배부기준		배부율		
		면적	인원	제조	판매	
공통경비	수도요금	●		70%	30%	
	가스요금	●		70%	30%	
	전기요금	●		70%	30%	
	감가상각비 (공통자산)	●		70%	30%	
	세금과공과	●		70%	30%	재산세, 사업소세 등
	수수료비용	●		70%	30%	청소용역, 각종 수수료
	수선비	●		70%	30%	
	보험료	●		70%	30%	건물 화재, 상해 보험 등
	야식비		●	40%	60%	
	도서인쇄비		●	40%	60%	정기간행물, 공용도서 등
	교육훈련비		●	40%	60%	
	통신비		●	40%	60%	
	임차료	●		70%	30%	

(표3) 공통경비 배부기준 예시

사업장을 용도별로 구분해야 공통경비 배부가 가능하다

공통경비를 배부하려면 가장 먼저 사업장을 용도별로 구분해야 한다. 용도란 제조를 하는 곳과 판매를 하는 곳을 말한다. 즉 커피나 음식을 제조하는 주방과 매장을 구분하라는 뜻이다. 사업장의 규모가 아주 작더라도 구분해야 한다. 그래야 판매하는 제품이나 상품의 원가와 판매관리비를 구분할 수 있다. 사업장이 어느 정도 규모가 있다면 더더욱 구분해야 한다.

사업장을 구분했으면 그 용도별로 면적과 인원을 산출해야 한다. 아주 정확하게 구분할 수 없다면 근사치로라도 구분하면 된다. 전체 면적 중 주방이 차지하는 비율이 30%, 매장이 70% 이렇게 구분해도 된다. 또한 주방에 근무하는 인원과 홀에 근무하는 인원을 구분해서 계산할 수 있어야 한다.

커피전문점인 경우에는 아르바이트생이 커피를 내리고 판매도 하기 때문에 정확히 나눌 수가 없다. 예를 들어 두 명이 근무하면 한 명은 커피 제조로 한 명은 판매로 카운트하고 만약 한 명이라면 판매인원으로 카운트해도 된다. 한 명이라면 사업장이 아주 크지 않으므로 어느 한쪽으로 몰아도 큰 상관은 없다.

제조부문에 집결된 직접비와 공통경비를 제품군으로 배부하라

각 제품의 원가를 산출하려면 제조부문에 배부된 직접비와 공통경비를 각 제품군으로 배부해야 한다. 즉 커피류, 음료류, 차류, 단품류 등 제품군별로 먼저 배부하는 것이다. 이렇게 배부할 때는 이 비용을 배부 받을 수 있는 능력을 보고 배부해야 한다. 즉 돈을 많이 버는 제품군으로 많이 배부하는 것이다. 세금과 똑같다.

기업에서도 마찬가지이다. 다 배부 받을 능력을 보고 배부한다. 그래서 필자는 각 제품군별 매출액의 크기에 따라 배부하는 방법을 추천한다. 매출이 많은 제품군이 당연히 원가 집행률이 높다. 바꾸어 말하면 매출이 많은 제품군일수록 직접 재료비가 많이 소요되고, 공통경비의 집행률도 높다는 의미이다. 이 기준 또한 독자들의 사업장에 맞게 적용하면 된다.

보통 순수 제조업에서는 직접비와 공통경비를 따로 제조부문으로 배부한다. 하지만 커피전문점이나 음식점의 경우 순수 제조업과 같이 각 제조부문의 공정이 분리되지 않고 주방이라는 단순한 공정밖에 없기 때문에 직접비와 공통경비를 묶어서 바로 제품군별로 배부한다. 중요한 것은 공통경비를 얼마나 정확히 주방과 매장으로 분리하는가이다. 그것만 제대로 한다면 정확한 원가를 산출할 수 있다.

제품군으로 배부된 직접비와 공통경비를 각 제품에 배부하라

각 제품군별로 배부된 직접비와 공통경비는 이제 배부기준이 동일하다. 왜냐하면 그 제품을 쓰는 재료들이 유사하기 때문이다. 그래서 각 제품들에 배부할 때는 그 제품들이 사용한 직접 재료비의 크기를 기준으로 배부한다. 이것이 일반적인 사항이나 이 또한 독자들의 사업장에 맞는 기준을 적용하면 될 것이다. 각 제품별 제조 시간을 적용해도 되고 투입된 노무비 크기를 기준으로 해도 된다.

여기까지 배부하면 배부가 종료되고 각 제품들의 제품별 단위당 원가까지 산출이 끝난다. 아직 이해가 가지 않은 독자들은 Part5의 매월 손익계산 예제에 직접 가상으로 숫자를 넣어 보면서 이해를 돕도록 해야 한다. 자주 보고 계속 활용하다보면 그렇게 어렵지 않다.

이해를 돕기 위해 예를 들어 보자. 커피전문점을 운영하는 한자연 씨의 경우 1월 달에 제품군별로 배부한 배부액이 표4와 같다고 가정해보자. 표4는 제조부문(주방)에 집결된 직접비와 공통경비의 합계를 월별로 집계한 원가이다.

제품명	배부액(1월)
커피류	4,100,000원
음료류	425,000원
제조 Tea류	199,000원
단품류	459,000원
계	5,183,000원

(표4) 각 제품군별 월별 배부액(직접비, 공통경비) 합계

각 제품군별 배부액 합계가 나오면 다음에는 각 제품별로 다시 배부할 차례다. 즉, 커피류 전체의 배부액을 아메리카노, 카페라떼, 카페모카 등의 제품으로 배부해야 한다는 얘기다. 배부율은 각 제품별로 직접재료비의 소비비율로 정했다. 예를 들어 커피류 전체 직접재료비가 150만 원이고, 아메리카노의 직접재료비가 40만 원이라면 아메리카노의 배부율은 40/150=26.7%가 된다. 이를 다시 커피류 배부액 410만 원×26.7%를 하면 1,094,700원이 된다. 표5는 직접재료비를 제외한 모든 직접비와 공통경비를 각 제품별로 배부한 결과이다. 각 제품별 배부액을 제조수량으로 나누면 제품 단위당 배부액을 산출할 수 있다.

커피류	1월 배부액(A)	1월 직접재료비		배부율		제품별 배부액	
아메리카노		400,000원	B	26.70%	F(B/E)	1,094,700원	A x F
카페라떼	4,100,000원	500,000원	C	33.30%	G(C/E)	1,365,300원	A x G
카페모카		600,000원	D	40.00%	H(D/E)	1,640,000원	A x H
계		1,500,000원(E)		100.0%		4,100,000원	

(표5) 1월 커피류 배부액 제품별 배부 결과

05
아메리카노 1잔의 표준원가는 얼마?

• • •

　늦었지만 한자연 씨는 원가를 계산해보기로 했다. 지금까지는 대충 주변 커피 전문점 가격에 맞췄지만 정확하게 아메리카노 1잔, 카푸치노 1잔을 만드는 데 원가가 얼마나 드는지를 알고 싶다. 그래야 커피 가격을 종류별로 적정가격을 책정하고 수익성도 높일 수 있을 것 같다.

　하지만 전체적인 원두를 비롯한 재료값과 인건비, 경비 등은 대충 알 수 있어도 커피 한 잔을 만드는 데 들어간 비용, 즉 원가는 어떻게 산출해야 하는 지 난감하기만 하다.

　"커피 1잔 만드는 데 원두가 어느 정도 소모되지?"

　"우유는 카푸치노와 카페라떼 만들 때 다 들어가는데 어떻게 계산해야 하지?"

　생각할수록 쉬운 일이 아니라는 절망감이 깊어진다. 당장이라도 포기하고 예전처럼 하고 싶은 마음도 굴뚝같다. 그러면서도 한편으론 대략적으로나마 커피 한 잔을 만드는 데 어느 정도의 원두가 소모되는지, 카푸치노와 카페라떼 만드는 데 우유가 얼마나 필요한지도 모르는 자신이 한심하다는 자책도 한다. 생각이 여기에 미치자 한자연 씨는 아무리 어려워도 이번에는 꼭 원가를 계산해야겠다는 오기가 발동한다.

표준원가는 예상원가다

한자연 씨가 산출하고 싶어 하는 원가는 표준원가라 할 수 있다. 표준원가란 재료비와 노무비/경비의 이상적인 예상원가이다. 즉 모범답안이다.

표준원가를 산출하기 위해서는 축적된 제조 경험치가 필요하다. 예를 들어 커피 1잔을 만드는 데 10g의 원두가 필요하다든가, 스파게티 한 접시를 만드는데 200g의 스파게티 면이 적정하다는 등의 경험으로 터득한 노하우가 있어야 한다.

다행히 한자연 씨는 정확하지는 않지만 이미 커피전문점을 운영하면서 한 달에 원두를 얼마나 사오고, 커피가 몇 잔이 팔리는지는 알고 있다. 사업을 처음 시작하는 사람들은 이 정도의 경험치도 없기 때문에 표준원가를 산출하기가 더 어렵다. 도소매업이라면 매입 상품의 표준원가를 측정하기가 비교적 쉽지만 커피전문점이나 음식점의 경우는 다소 복잡하다. 결국 경험치가 없으니 제조과정을 가상으로 유추하여 산출해야 한다. 그만큼 실제원가와 오차가 많이 발생할 수 있다. 그럼에도 불구하고 표준원가는 꼭 산출해야 한다. 표준원가를 산출해 놓지 않으면 매출이 얼마가 발생하던 간에 사업의 수익성을 전혀 알 수 없기 때문이다.

우선 아메리카노 1잔을 제조하기 위한 재료비 표준원가부터 산출해보자. 당연히 표준원가 속에는 노무비와 경비도 포함시켜야 하지만 여기서는 재료비와 관련한 표준원가만 산출해보자. 노무비와 경비까지 포함한 표준원가의 산출은 Part5에서 충분히 연습해볼 기회가 있으니 여기서는 표준원가의 기본적인 개념과 산출방법만 이해하고 넘어가도록 하자.

표준원가 산출은 어떻게?

노무비와 경비까지 포함한 표준원가를 산출하는 일은 결코 만만한 일이 아니지만 재료비에 국한한 표준원가는 생각보다 복잡하지 않다. 단계별로 차근차근 따라하다 보면 아메리카노 1잔의 표준원가를 구할 수 있을 것이다.

1) 각 제품 당 재료 소비량 산출

먼저 가장 주재료인 원두를 기준으로 제조할 수 있는 제조가능수량을 측정해야 한다. 커피 1잔을 만들기 위해 원두가 얼마나 소요되는지 측정하기는 매우 힘들다. 반면 원두 1kg를 가지고 몇 잔을 만들 수 있는지를 측정하기는 쉽다. 보통 커피 1잔을 만드는 데 가장 이상적인 평균 원두 소모량은 10g 정도라고 한다. 사실 필자는 커피에 조예가 깊지도 않고, 커피를 만들어본 경험도 없어 아메리카노, 카페라떼, 카푸치노 등의 커피를 만들 때 어느 정도의 재료가 필요한 지 잘 모른다. 커피업계에 종사하는 분을 통해 커피 한 잔을 만드는 데 보통 원두 10g 정도 소모된다는 정도만 알고 있을 뿐이다. 원두 외의 다른 재료는 필자가 대충 계산한 것이니 너그럽게 이해해주기 바란다.

표준원가를 산출하려면 일단 아래 표처럼 원두 외에도 필요한 재료 소비량을 산출하는 작업부터 해야 한다. 원두 소모량처럼 경험적으로 터득한 수치가 있으면 더할 나위 없이 좋겠지만 경험치가 없더라도 최대한 근사치에 가까운 재료 소비량을 산출하기 위해 노력해야 한다.

품목	제조 가능 수량(잔)		각 제품별 재료 소비량							
	Large	Regular	원두 (1kg)	우유	라떼용 시럽	카라멜	초콜릿 소스	휘핑 크림	시나몬	재료1
아메리카노	80	100	1							
카페라떼	80	100	1	5	1					
카푸치노	80	100	1	2					1	
카라멜 마키아또	80	100	1	4	1	1				
카페모카	80	100	1	3	1		1	1		

2) 재료 단위당(포장 단위당) 매입원가

각 재료들의 포장단위별 매입원가도 필요하다. 라떼용 시럽이나 카라멜은 포장단위가 예를 들어 1통씩 매입하므로 1통의 매입단가를 표시한다.

구분	원두	우유 (1000ml)	라떼용 시럽	카라멜	초콜릿 소스	휘핑 크림	시나몬
포장 1개당 내용물 수량	1kg	1	1	1	1	1	1
단가	20,000원	1,200원	3,500원	3,000원	3,000원	3,000원	2,500원

3) 각 제품별 총 재료비 산출

재료 단위 당 매입원가를 알았으면 각 제품별 총 재료비를 산출해야 할 차례다. 총 재료비는 1)각 제품 당 재료소비량×2) 재료 단위당(포장 단위당) 매입원가를 하면 된다.

품목	제조 가능 수량(잔)		각 제품별 총 재료 소비액							
	Large	Regular	원두 (1kg)	우유	라떼용 시럽	카라멜	초콜릿 소스	휘핑 크림	시나몬	합계
아메리카노	80	100	20,000원							20,000원
카페라떼	80	100	20,000원	6,000원	1,750원					27,750원
카푸치노	80	100	20,000원	2,400원					2,500원	24,900원
카라멜 마키야또	80	100	20,000원	4,800원	3,500원	3,000원				31,300원
카페모카	80	100	20,000원	3,600원	3,500원		3,000원	3,000원		33,100원

4) 제품 단위당 표준원가 산출(Regular)

각 제품별로 총 재료비가 나왔다면 커피 1잔 당 표준원가를 산출하기는 어렵지 않다. 각 제품별로 총 재료비를 제조가능수량으로 나누면 된다. 여기서는 편의상 Regular를 기준으로 각 제품 단위당 표준원가를 산출했다. 3) 각 제품별 총재료비는 Regular 100잔을 기준으로 산출할 것이므로 각 재료들의 합계를 100잔으로 나누어 계산하면 1잔 당 표준원가 재료비가 나온다.

품목	Regular 1잔 당 표준원가	각 제품별 총 재료 소비액						
		원두 (1kg)	우유	라떼용 시럽	카라멜	초콜릿 소스	휘핑 크림	시나몬
아메리카노	200원	200원						
카페라떼	277.5원	200원	60원	17.5원				
카푸치노	249원	200원	24원					25원
카라멜 마키야또	313원	200원	48원	35원	30원			
카페모카	331원	200원	36원	35원		30원	30원	

제품별 표준원가는 당연히 재료비만 있는 것이 아니다. 노무비와 경비가 포함되어야 한다. 각 제품 단위당 노무비/경비의 배부는 매월 결산이 끝나면 그 금액을 또 각 제품 당 재료비 실제원가의 크기대로 배부율을 정하여 배부하면 된다. 그럼 각 제품 단위당 표준원가가 완성된다. 노무비/경비의 배부방법은 앞에서도 소개했고, Part5의 예제 매월 손익계산하기를 연습하면 쉽게 익힐 수 있으니 여기서는 생략하기로 한다.

06
아메리카노 1잔의 제품제조원가와 매출원가는 얼마?

표준원가를 산출하고, 표준원가를 바탕으로 커피 가격을 재조정해서 그런지 한자연 씨는 커피전문점을 시작한 지 1년여 만에 매장을 확대하는 쾌거를 이루었다. 매장을 확대하면서 실력 있는 바리스타도 스카웃하고, 아르바이트생도 한 명 더 고용했다. 바리스타를 두면서 커피를 만드는 일과 주문을 받는 일을 일부 분리시켰다. 아르바이트 두 명 중 한 명은 주문받는 일만 하게 했고, 또 한 사람은 주문받으면서 바쁠 때는 바리스타를 보조하도록 했다.

매장을 확대하면서 프로모션도 강화했다. 처음 개업할 때는 커피 10잔을 마시면 아메리카노 1잔을 주었는데, 5잔을 마시면 1잔을 주는 것으로 바꿨다. 10잔을 마시면 아메리카노 뿐만 아니라 매장에서 판매하는 모든 종류의 커피를 다 선택할 수 있도록 했다.

결과는 만족스러운 편이다. 늘 매장에 손님들이 북적여 활기가 넘친다. 그런데 매장을 확대하면서 임차료도 늘고, 직원들도 늘어 인건비 부담도 몇 배로 커졌다. 그런 만큼 원가도 다시 계산해봐야 할 것 같은 부담감이 어깨를 짓누른다.

사실 표준원가를 산출하기는 했지만 매월 손익을 계산하다 보면 어쩐지 표준원가보다 실제원가가 더 높은 것 같은 느낌이 든다. 물론 정확히 얼마나 더 높은지는 알지 못한다. 매장을 확대하면서 인건비와 비용이 더 늘어 그런 것 같기도 하지만 대체 어디서 원가가 높아지는 것인지 알 수가 없다. 지금은 큰 차이가 아니지만 그냥 방치하면 표준원가보다 실제원가가 훨씬 높아 수익이 줄 것 같은 불안감도 엄습한다.

예상원가인 표준원가가 아닌 실제 커피 1잔을 제조하는 데 소요되는 원가가 얼마인지 알고 싶다. 표준원가도 겨우 계산했는데 실제 원가를 계산하려 하니 머리가 깨질 것만 같다.

제품제조원가는 재고를 포함해 계산해야 한다

한자연 씨가 알고 싶어 하는 실제원가는 곧 제품제조원가라 할 수 있다. 다른 회사에서 만든 제품을 사다 판매하는 도소매업의 경우 상품원가를 계산하는 방법은 비교적 간단하다. 다른 회사의 제품을 구매한 가격이 곧 상품원가이기 때문이다.

하지만 커피전문점의 경우는 다르다. 커피전문점은 서비스업에 해당하지만 원두를 비롯한 재료를 사서 커피를 만들어 팔기 때문에 제조업과 마찬가지로 제품제조원가를 산출해야 한다. 음식점도 마찬가지다. 커피나 음식점에서 파는 음식은 거의 대부분 재료를 사와서 주방에서 만드는 것이어서 상품이 아닌 제품이라 봐야 한다.

제품제조원가를 계산하려면 제일 먼저 재고부터 파악해야 한다. 보통 제품을 만들기 위한 재료를 살 때는 판매수량을 예측해 실제 필요한 양보다 조금 넉넉하게 사기 마련이다. 제조 과정에서 재료가 손실될 수 있기 때문이다. 그러다보니 예상 판매수량만큼 제품을 만들었어도 재료가 남을 수도 있고, 예상만큼 판매가 되지 않아 재고로 남을 수도 있다. 물론 커피는 주문이 들어오면 그때부터 만들어 바로 판매하는 형태여서 제품으로 만들어져 남게 될 염려는 없다. 대신 하루 50잔이 팔릴 것이라 예상하고 재료를 준비했는데, 30잔 밖에 팔리지 않았으면 20잔에 해당하는 재료가 고스란히 재고로 남는다.

이처럼 재고는 항상 존재한다. 재료 형태로 남아있는 재고든, 미완성 제품 형태로 남아있는 재고든 다 원가에 포함시켜 계산해야 정확한 원가를 산출할 수 있다.

사실 재고를 파악하는 일은 쉽지 않다. 하지만 원가를 정확하게 계산하고 싶다면 어렵더라도 최소 한 달에 한 번은 재고를 파악하려고 노력해야 한다. 특히 커피전문점이나 음식점처럼 재료가 소요되는 업종은 월말에 재고를 조사해서 기록하지 않으면 정확한 원가를 계산할 수가 없다.

제품제조원가 산출하기

앞에서도 이야기했듯이 커피는 일종의 제품이기 때문에 제품제조원가를 산출해야 한다. 제품제조원가가 어떻게 산출되는지 구조를 보면 이해하고 산출하는 데 도움이 될 것이다.

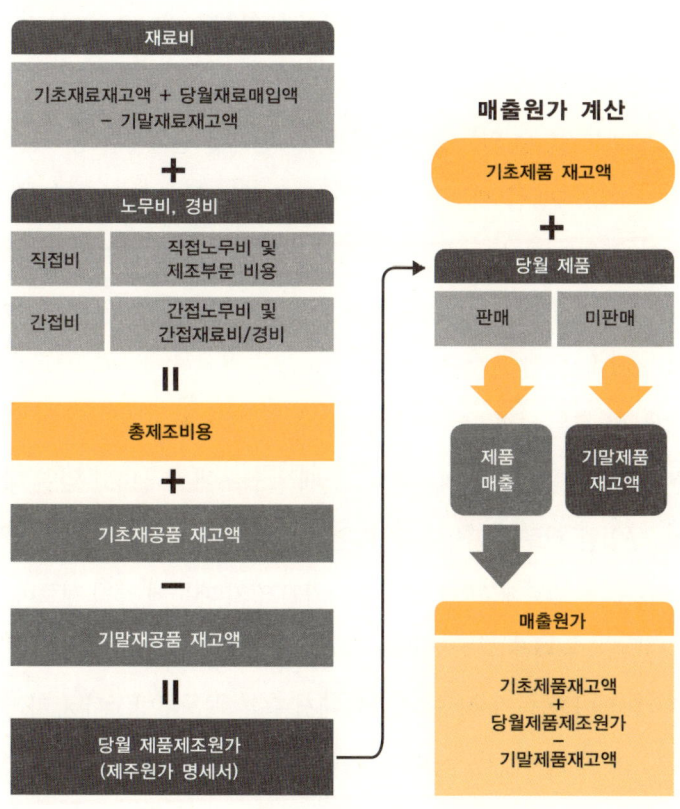

(그림4) 제품제조원가와 매출원가 산출 방식

그림4에는 제품제조원가와 매출원가를 산출하는 방식이 함께 나타나 있다. 매출원가는 제품제조원가 중 매출이 된 제품들에 대한 원가이다. 당연히 월말에 매장에 진열되어 있는 제품들은 재고이지 매출원가가 아니다. 회계에서는 회계기간이 시작되는 1월 1일을 기초, 회계기간이 끝나는 12월 31일을 기말이라고 한다. 하지만 여기서는 제품제조원가를 매월 산출하는 것으로 계산하기 때문에 기초는 매월 1일, 기말은 매월 말일이라고 이해하면 된다.

그림4에서 알 수 있듯이 당월제품제조원가를 산출하는 공식은 '총제조비용 + 기초재공품 재고액 – 기말재공품 재고액'이다. 기초재공품이란 한 달을 시작할 때 아직 제품을 완성하지 못한 미완성 제품들을 말한다. 기말재공품은 월말을 기준으로 아직 다 완성하지 못한 미완성 제품을 의미한다.

총제조비용은 그리 단순하지 않다. 재료비에 노무비와 경비를 더한 값이 총제조비용인데, 보통 제품을 만들 때는 월초에 보유하고 있던 재료와 당월에 구입한 재료를 이용한다. 또한 월말에 제품을 만들지 못하고 남아 있는 재료들은 제품제조원가에 포함시키지 않기 때문에 당월 재료비는 '기초재료재고액 + 당월재료매입액 – 기말재료재고액'이 된다.

재료비뿐만 아니라 한 달에 주방에서 근무하는 주방장이나 바리스타 등의 인건비와 거기에서 사용되는 경비도 제품제조원가에 들어가야 한다. 전기료, 수도료, 커피머신의 감가상각비, 건물임차료 등이 전부 포함되어야 한다는 얘기다. 노무비와 경비는 직접비와 공통경비로 구분되는데 직접비는 주방에서만 사용되는 주방장 인건비나 경비들이고, 공통경비는 전기료, 수도료, 난방비 같은 것이다. 제품제조원가를 산출하는 기본적인 구조를 이해했다면 이제 본격적으로 한지연 씨가 운영하는 커피전문점의 제품제조원가를 계산해보자.

1) 당월 재료비 계산

제품제조원가를 산출하려면 먼저 당월 재료비부터 계산해야 한다. 당월 재료비는 '기초재료재고(A)+당월재료매입(B)−기말재료재고(C)'이다. 이렇게 당월 재료비를 계산하려면 매월 말에 재료의 재고량을 반드시 조사하여야 한다. 그래야 그 수량을 구매한 월의 단가를 곱해서 기말재고액을 산출할 수 있다. 이번 달의 기말재고는 다음 달의 기초재고가 된다. 이월만 시키면 되는 것이다.

구분	단위	단가	기초재료재고(A)		당월재료매입(B)		기말재료재고(C)		당월 재료비
			수량	금액	수량	금액	수량	금액	
커피원두	kg	20,000원	2	40,000원	20	400,000원	1.5	30,000원	410,000원
우유(1200ml)	통	1,200원	3	3,600원	15	18,000원	2	2,400원	19,200원
라떼용시럽	통	2,000원	1	2,000원	4	8,000원	1	2,000원	8,000원
초콜릿소스	통	3,000원	2	6,000원	6	18,000원	2	6,000원	18,000원
휘핑크림	통	2,000원	1	2,000원	7	14,000원	2	4,000원	12,000원
계				53,600원		458,000원		44,400원	467,200원

2) 당월 제품별 재료비 계산

총 재료비가 산출되었으면 이제 이 재료비를 토대로 각 제품별로 재료비가 얼마나 소요되었는지 계산해볼 차례다. 표를 보면 각 제품별로 1잔 당 표준원가 재료비가 있다.

표준원가를 산출하는 방법은 '05. 아메리카노 1잔의 표준원가는 얼마?'에서 소개하였다. 여기서는 계산을 편하게 하기 위해 임의로 원가를 책정했다. 이 표준원가를 적용해 당월 제조된 월 제조수량의 총재료비(437,000원)를 산출하였다.

이렇게 표준원가로 먼저 월 총재료비를 산출하는 이유는 이렇게 해야 사업장에서 한 달에 만들어진 모든 제품들이 표준대로 만들어 졌는지 그렇지 않은지 판단할 수가 있기 때문이다. 당월 재료비 실제 원가(467,200원)는 1)번에서 산출된 당월 실제 소요된 재료비이다. 표준원가를 적용(437,000)했을 때보다 30,200원이 더 소비된 것을 알 수 있다.

구분	단위	표준원가 재료비	월제조수량	표준원가적용 재료비 계산(A)	차이액 배부율	차이액 배부액(B)	당월 제품별 재료비 총액(A+B)
아메리카노	1잔	1,000원	120	120,000원	27%	8,293원	128,293원
카페라떼	1잔	1,500원	100	150,000원	34%	10,366원	160,366원
카페모카	1잔	1,700원	70	119,000원	27%	8,224원	127,224원
카푸치노	1잔	1,200원	40	48,000원	11%	3,317원	51,317원
계				437,000원		30,200원	467,200원

당월 재료비 실제원가가 표준원가보다 높다는 것은 커피 제조과정에서 어떤 낭비요소가 있음을 의미한다. 그 원인을 찾는 것이 중요하다. 금액이 미미하면 그냥 넘어가도 되지만 금액이 크다면 뭔가 문제가 있거나 표준원가가 잘못되었을 가능성이 있으니 잘 체크해보아야 한다.

표준원가와 차이가 나는 차이액(30,200원)은 재료의 낭비적인 요소이나 독자들의 사업장에서 정확히 이것이 어떤 종류의 커피를 제조하다가 낭비되었는지 아는 것은 거의 불가능하다. 하지만 이 차이액을 각 제품에 배부해야 실제 발생한 원가가 되므로 배부기준을 정해서 각 제품에 배부해야 한다.

가장 보편적인 방법은 직접 재료를 소비하는 크기대로 배부율을 정하여 각 제품에 배부하는 것이다. 즉 제품별 제조된 수량을 각 제품의 표준원가를 적용하여 산출된 재료비의 크기대로 배부율을 산출하여 이 차이액을 각 제품에 배부하는 것이다. 일반적으로 재료를 많이 사용하는 제품이 적게 사용하는 제품보다 유실률이 클 가능성이 높기 때문이다.

아메리카노를 예를 들면 총 제조수량을 표준원가를 적용하여 총재료비를 계산해 보면 120,000원이 들었다. 반면에 모든 커피 제품을 제조하기 위해 소요된 재료비는 437,000원이다. 그래서 아메리카노의 재료비 120,000원을 총재료비인 437,000원으로 나눠서 그 비율을 구해보면 27%가 된다(120,000/437,000×100=27.45%. 소숫점 이하 반올림 적용해 27%로 계산). 따라서 아메리카노가 배부 받아야 할 차이액에 대한 비율은 27%가 되며 그 금액은 8,293원이다(차이액 30,200원×27.45% = 8,293원).

3) 직접비와 공통경비를 계산하라

제품별 재료비가 산출되었으면 이제는 직접비와 공통경비를 계산하여야 한다. 직접비 중 주방과 매장에서 근무하는 직원에 대한 인건비와 4대 보험료, 직접경비는 별도로 산출하여 주방과 매장으로 귀속시키면 된다.

직접비를 제외한 사업장의 모든 공통경비는 매월 집계가 중요하다. 사업장에서 매월 발생하는 공통경비는 영수증을 잘 챙겨서 빠짐없이 기록해야 한다.

4) 제품제조원가를 산출하라

직접비와 공통경비 계산을 끝냈다면 총제조비용 산출은 식은 죽 먹기다. 총제조비용은 재료비에 노무비와 경비를 더한 비용이다. 171쪽의 표를 보면 단위당 표준원가와 당월 실제 제품제조원가에 재료비 외에 노무비/경비가 들어가 있다. 이렇게 단위당 표준원가이던 실제 제품제조원가이던 간에 노무비/경비는 그 배부기준을 독자들의 사업장에 가장 합당하다고 생각되는 배부기준을 설정하여 각 제품에 배부해야 한다. 그래야 최종적으로 제품 단위당 제품제조원가를 산출할 수 있다.

여기서는 편의상 당월 총 노무비와 경비를 100만 원으로 계산했다. 각 제품별 노무비는 역시 재료비의 크기에 따라 배부율을 정했다. 예를 들어 아메리카노의 경우 노무비/경비 배부율이 128,293/467,200×100로 약 27.46%이다. 따라서 아메리카노의 노무비/경비는 100만 원의 27.46%인 274,600원이라는 계산이 나온다. 당월 실제 단위당 제품제조원가는 제품제조원가 총액을 당월 제조수량으로 나눈 것이다.

커피전문점의 경우 기초재공품과 기말제공품이 거의 존재하지 않는다. 따라서 총제조비용이 곧 제품제조원가가 된다.

구분	단위 당 표준원가			실제 제품제조원가 총액		
	재료비	노무비/경비	계(A)	재료비	노무비/경비	계(B)
아메리카노	1,000원	2,200원	3,200원	128,293원	274,600원	402,892원
카페라떼	1,500원	3,300원	4,800원	160,366원	343,249원	503,616원
카페모카	1,700원	3,900원	5,600원	127,224원	272,311원	399,535원
카푸치노	1,200원	2,900원	4,100원	51,317원	109,840원	161,157원
계				467,200원	1,000,000원	1,467,200원

구분	월 제조수량	단위 당 실제 제품제조원가			표준원가와 차이액(C-A)
		재료비	노무비/경비	계(C)	
아메리카노	120	1,069원	2,288원	3,357원	157원
카페라떼	100	1,604원	3,432원	5,036원	236원
카페모카	70	1,817원	3,890원	5,708원	108원
카푸치노	40	1,283원	2,746원	4,029원	71원
계		5,773원	12,357원		572원

단위당 표준원가 노무비/경비는 임의의 숫자이다. 기업예산수립 예제를 작성하면 산출된다.

매출원가 계산하기

커피전문점의 경우 커피인 경우에는 제품재고가 없기 때문에 당월 제품제조원가가 곧 매출원가가 된다. 하지만 커피전문점이라도 커피 외에도 다른 병으로 된 음료수와 빵 종류 등 월말에 상품재고로 남아있는 것이 있다. 즉 이런 상품들은 매출원가 산출방식이 다르다.

　커피류는 위에서 제품제조원가가 그대로 매출원가가 된다고 했으므로 이번에는 나머지 상품들에 대한 매출원가를 산출해 보기로 하겠다.

구분	매입단가	수량기준				금액기준			
		기초재고	구매	매출	기말재고	기초재고액	구매금액	매출원가	기말재고액
콜라	700원	10	50	55	5	7,000원	35,000원	38,500원	3,500원
베이글	500원	10	40	46	4	5,000원	20,000원	23,000원	2,000원
계						12,000원	55,000원	61,500원	5,500원

　위 표를 보면 이런 상품들은 항상 기초와 기말재고가 있다. 이런 것들을 같이 포함해서 매출원가를 산출해야 한다. 당월 매출원가는 '기초 상품재고액 + 당월 구매(매입) 금액 – 기말 상품재고액'이다.

　이렇게 커피류와 상품류는 매출원가 계산방식이 다르므로 분리해서 계산해주어야 한다. 또한 위 표에서는 생략되었지만 이런 단품류도 노무비와 경비를 미미하지만 일부 배부 받아야 한다. 콜라는 주문이 들어오면 컵에 따라서 얼음을 넣고 일부 제조를 해야 하고 베이글도 데워서 줘야 한다. 당연히 노무비와 경비가 조금씩 들어가는 것이다. 이 또한 Part5의 매월 손익계산하기 예제를 통해서 익히면 된다. 어떤 방법이든 실제로 한번만 해보면 굉장히 쉽다는 것을 알 수 있다. 여기서는 개념만 익히도록 하자.

07
얼마를 팔아야 손익분기점을 넘을까?

● ● ●

　박주한 사장은 다이어리를 제작, 판매하는 사업을 시작했다. 예쁜 캐릭터를 활용해 만든 다이어리라서 10대 여학생들이 주 고객이 될 것으로 예상하고 있다. 이미 지난해 샘플을 만들어 선물로 돌렸는데 반응이 아주 좋았다. 그래서 판매에도 어느 정도 자신이 있지만 처음부터 무리할 생각은 없다. 일단 5,000개를 제작하고, 반응이 좋으면 추가 제작할 생각이다.

　우선 5,000개를 제작하는 데 필요한 비용을 계산해보았다. 다이어리에 들어갈 캐릭터 비용이 500만 원, 다이어리를 디자인하는 비용이 100만 원이다. 캐릭터 비용은 수량과 상관없이 사용할 수 있는 금액이다. 여기에 다이어리 표지에 사용할 가죽 값과 종이비, 인쇄비가 합쳐서 1,500만 원이다. 순수하게 다이어리를 제작하는 데만 2,100만 원이 든다. 이를 기준으로 다이어리 한 개당 제작원가를 계산해보니 4,200원이 나온다.

　물론 4,200원은 정확한 원가는 아니다. 사무실에 다이어리를 쌓아둘 공간이 없으니 물류창고도 빌려야 하고, 팬시점이나 문구점에서 주문이 오면 배송도 해야 한다. 이런 비용까지 다 감안해야 하지만 물류비나 배송비는 물량에 따라 변하므로 일단은 제작원가만을 기준으로 판매가격을 1만 원으로 책정했다. 비슷한 종류의 다이어리 가격을 조사해 보니 1만 원이면 충분히 경쟁력이 있다고 판단된다.

그런데 다이어리 판매가격을 1만 원으로 했을 때 몇 개나 팔아야 손익분기점을 넘을 수 있는지 궁금하다. 총 제작비가 2,100만 원이니 2,100개만 팔면 되는 것일까?

고정비와 변동비부터 구분해야 한다

사업을 처음 시작하거나 새로운 분야를 개척하려는 사업자는 모두 똑같은 걱정을 한다. 바로 어느 정도가 되면 '본전'이 되느냐다. 이 본전을 회계에서는 '손익분기점(BEP, break even point)'이라고 부른다. 손익분기점이란 일정 기간의 매출액과 매출로 인하여 발생한 이익이 총비용과 일치하는 지점이다. 매출액이 손익분기점을 초과해야 비로소 이익이 발생한다. 결국 손익분기점은 투자한 비용을 전액 회수할 수 있는 매출이라 이해하면 된다.

그렇다면 박주한 사장이 시작하려는 다이어리 사업의 손익분기점은 얼마일까? 박 사장이 계산한 대로 다이어리 2,100개를 팔아 매출액 2,100만 원을 달성하면 되는 걸까?

그렇게 간단하게 계산해서는 안 된다. 손익분기점을 구하려면 먼저 원가를 변동비와 고정비로 구분해야 한다. 판매관리비도 마찬가지이다. 그래야 정확한 손익분기점을 산출할 수 있다. 여기서 고정비는 임차료, 감가상각비, 이자비용 등 매출액과 상관없이 고정된 비용을 말하고, 변동비는 말 그대로 매출액과 연동해 늘어나거나 줄어드는 비용으로 원재료 값 및 기타 생산에 소요되는 비용을 의미한다.

고정비와 변동비를 구분했다면 손익분기점을 계산하는 것은 그리 어렵지 않다. 다음 공식에 대입하기만 하면 된다.

$$손익분기점\ 매출액 = \frac{총고정비}{1 - \left(\dfrac{단위당\ 변동비}{단위당\ 판매가}\right)}$$

$$손익분기점\ 매출수량 = \frac{총고정비}{단위당\ (판매가 - 변동비)}$$

변동비란 변동원가를 말한다. 변동원가는 주로 직접재료비, 직접노무비가 될 것이다. 즉 제품을 한 개 제조하는데 비례적으로 늘어나는 비용이다. 단, 직접재료비는 비례적으로 늘어나지만 직접노무비는 반드시 그렇지 않을 수 있다. 한사람이 생산할 수 있는 양이 정해져 있기 때문이다.

변동비를 측정할 때 주의해야 할 사항이 또 있다. 바로 생산 수량이다. 다이어리 2,000개를 만들 때와 5,000개를 만들 때 변동비를 구성하는 재료비의 원가가 달라진다는 것이다. 즉 많이 생산할수록 재료비가 떨어질 수도 있으니 고려해야 한다. 그래도 그렇게 계산이 어렵지는 않다. 곱하기만 잘하면 된다.

표6은 손익분기점을 산출한 표이다. 이해를 돕기 위해 간략하게 작성했다. 사무실 임차료, 전기/가스/수도료, 광고 및 접대비는 매월 50만 원씩 예상했다. 3개월을 기준으로 했으므로 각각 150만 원이 소요되는 것으로 계산했다.

구분		총원가			단위당 변동비	단위당 판매가	손익분기점 매출수량
		수량	단가	금액			
변동비	가죽	5,000개	1,400원	7,000,000원	3,000원	10,000원	1,500개
	종이내지	5,000개	1,600원	8,000,000원	변동비/제작수량		
	소계			15,00,000원			손익분기점 매출액
총고정비 (3개월 가정)	캐릭터 비용	1	5,000,000원	5,000,000원			
	디자인 비용	1	1,000,000원	1,000,000원			
	사무실 임차료(월)	3	500,000원	1,500,000원			15,000,000원
	전기, 수도, 가스료	3	500,000원	1,500,000원			
	광고 및 접대비	3	500,000원	1,500,000원			
	소계			10,500,000원			

〈표6〉 손익분기점 산출

박 사장의 다이어리 사업에서 변동비는 가죽과 종이값이 될 것이다. 디자인 비용은 다이어리를 많이 만든다고 늘어나는 비용이 아니다. 가죽, 종이값이 1,500만 원이니 다이어리 하나 당 변동비는 3,000원이다.

총고정비는 원가 중 고정원가와 판매관리비를 합한 금액이다. 고정원가는 캐릭터 비용 500만 원, 디자인 비용 100만 원이다. 여기에 판매관리비 (사무실임차료, 공과금, 광고 및 접대비등) 450만 원을 더하면 1,050만 원이 된다. 그래서 총고정비 1,050만 원, 단위 당 판매가 1만 원, 단위 당 변동비 3,000원이니 이를 공식에 대입해서 계산해보면 손익분기점 매출수량은 1,500개, 손익분기점 매출액은 1,500만 원이 나온다. 좀 더 쉬운 산출 방법은 손익분기점 매출수량만 구하여 그 수량을 단위당 판매가를 곱해주면 손익분기점 매출액이 된다(1,500개×10,000원=15,000,000원)

여기서 가장 중요한 것은 판매기간이다. 즉 다이어리 5,000개를 생산해서 몇 개월 안에 다 팔 것인가가 중요하다. 5,000개를 3개월에 다 팔지 못하고 5~6개월이 걸린다면 임차료 공과금 등 총고정비가 매달 늘어나게 돼 손익분기점 매출수량도 점점 늘어날 수 밖에 없다. 아주 중요하게 감안해야 할 부분이다.

현재의 기준으로 손익분기점을 추정해서는 안 된다

고정비와 변동비를 구분하면 손익분기점을 계산하기는 어렵지 않다. 하지만 주의할 것이 있다. 사업자 대부분이 손익분기점을 계산할 때 현재의 기준으로 고정비를 산출한다. 그렇게 해서는 안 된다. 박주한 사장은 다이어리 제작을 아웃소싱 했기 때문에 생산량이 늘어나도 설비를 추가하거나 인력을 충원하지 않아도 된다. 하지만 직접 제작할 경우 생산량이 늘어나면 공장을 확장하거나 생산인력을 충원해야 할 수도 있다. 새로 공장을 임차하고 설비를 들이면 그에 따른 감가상각비가 발생한다. 새로운 설비에 대한 감가상각비가 차지하는 비율은 현재의 공장에서 발생하는 감가상각비 비율과 다를 수 있다. 또한 기존 설비들 중에는 이미 감가상각이 끝난 설비도 있을 수 있는데, 새로 들인 설비들은 처음부터 그 취득가액의 전부를 감가상각에 들어가야 한다. 뿐만 아니라 설비를 추가하면서 전기나 가스 사용량 등도 달라질 수도 있다. 그런데 현재 기준으로 발생하는 고정비를 그대로 적용해 계산하면 당연히 정확한 손익분기점을 구할 수가 없다. 생산량이 늘어남에 따라 설비가 추가로 필요한 부분이나 그에 따른 제반 제조경비는 늘려놓고 계산해야 한다.

판매관리비도 마찬가지이다. 판매관리비는 판매량이 늘어남에 따라 반드시 비례적으로 늘어나지 않기 때문에 총고정비에 포함된다. 하지만 판매관리비도 변동비 성격이 있다. 바로 접대비나 광고선전비, 판매촉진비 같은 것이다. 이런 비용들을 대개 어떤 새로운 분야로 사업영역을 추가하거나 사업을 시작할 때 미리 예산을 세워두는데, 이 비용까지 총고정비에 포함시켜놓고 손익분기점을 계산해야 한다. 판매량이 늘어난다고 비례적으로 무한정 증가시켜서는 곤란하다.

이렇게 해놓고 손익분기점을 산출했을 때 손익분기점 매출수량과 매출액이 너무 높게 나와서 도저히 달성이 불가능하면 광고선전비나 접대비를 줄여서 다시 계산하도록 한다. 영업인력도 마찬가지이다. 그러면 손익분기점을 달성하기 위해 내가 얼마만큼의 마케팅비용을 써야 하는지 역으로 산출할 수 있을 것이다.

08
아웃소싱, 원가절감의 지름길일까?

...

　최달자 사장은 산업용 피복과 안전용품을 제조하여 판매하는 사업을 1년째 하고 있다. 작업복과 안전화, 안전모가 주요 생산 품목이다. 하지만 그녀는 아웃소싱을 통해서 대부분의 제품을 제작하고 있다. 생산 공장을 운영하는 것도 부담스럽고 원가 측면에서도 훨씬 낫다고 생각하기 때문이다.

　사실 최달자 사장도 처음 사업을 시작할 때 공장을 작게나마 운영할 생각을 안 해본 것은 아니다. 하지만 만에 하나 사업을 하다가 접게 되면 그 뒤처리도 만만치 않다는 생각이 들었다. 그러느니 차라리 깔끔하게 제조는 외부 업체에 맡기는게 낫다고 판단한 것이다.

　하지만 최근 들어 사업이 점점 성장해 나가면서 생각이 조금씩 바뀌었다.

　"이 정도면 내가 직접 제조를 하는 것이 낫지 않을까? 아무래도 외주제작비가 생각만큼 싼 건 아닌 것 같아. 하지만 초기 투자비용을 생각하면 쉬운 일이 아니야. 투자 금액만큼 이익을 뽑아내려면 도대체 얼마를 더 벌어야 하는지도 잘 모르겠어."

그러던 중 외주 생산업체에서 내년에는 생산단가를 올려야겠다고 연락이 왔다. 물가상승률을 고려해야 한단다. 그 금액이 만만치 않다.

"아니 이 사람들이! 내가 파는 단가는 그대로인데 원가를 올리겠다면 어떡하라는 거야? 다른 업체를 좀 알아봐야겠군!"

하지만 생각처럼 외주 업체를 바꾸는 것도 쉽지 않다. 믿을만한 외주업체를 찾기도 어렵고, 무엇보다 현재와 동일한 제품이 나오지 않으면 낭패다. 최달자 사장은 이러지도, 저러지도 못한 채 오늘도 불면의 밤을 보내고 있다.

아웃소싱은 규모에 따라 판단하라

사업을 시작할 시점의 최달자 사장의 판단은 틀리지 않은 것 같다. 처음 사업을 시작할 때는 향후 사업규모가 어떻게 변할지 측정하기가 힘들다. 마냥 잘될 것이라고 생각하고 공장부터 만들면 위험 부담이 크다. 잘되면 좋지만 그렇지 않을 경우에는 인건비 외에도 공장을 설립하는 데 투자한 비용이 모두 공중분해 될 수 있기 때문이다.

이런 위험을 줄일 수 있는 방법이 '아웃소싱'이다. 아웃소싱을 하면 공장을 세우지 않고도 제품을 만들 수 있기 때문에 아무래도 위험부담이 덜하다. 판매가 부진해 생산을 중단하거나 폐업을 해야 할 때도 큰 부담이 없다. 직접 생산을 하면 원재료의 재고부담도 큰데, 아웃소싱을 하면 이런 걱정을 할 필요가 없다.

그렇다고 무조건 아웃소싱이 좋은 것만은 아니다. 아웃소싱은 직접 했을 때보다 비용적인 측면에서 훨씬 이득이 있을 때 하는 것이다. 그런데 생산량이 어느 시점을 넘어서면 다시 판단해 보아야 한다. 생산량이 많아지면 아웃소싱을 하는 것보다 직접 공장을 세워 생산하는 것이 이득일 수 있기 때문이다.

아웃소싱을 하면 마진율을 쉽게 판단할 수는 있을지 몰라도 통제하기는 어렵다. 물론 생산량이 늘어날수록 제작 단가는 떨어진다. 하지만 해마다 물가가 상승하기 때문에 아웃소싱 업체도 언제까지나 같은 단가로 제작할 수는 없다. 또한 현재 판매하는 제품은 어느 시점에 가서는 판매단가가 하락한다. 제품의 생명주기가 있기 때문이다. 당연히 생산량도 줄어든다. 그렇게 되면 외주 생산원가도 낮출 수가 없다. 즉 외주 생산원가는 제품의 생명주기에 따라 별 변동이 없거나 올라가는데 판매단가는 지속적으로 하락해 수익성이 떨어지는 결과를 초래한다.

반면 직접 생산하면 생산량에 따라 원가를 통제할 수가 있다. 생산량이 늘면 재료의 구매단가나 생산설비의 생산성이 그만큼 높아진다. 그렇기 때문에 생산원가를 지속적으로 떨어뜨릴 수가 있다. 반대로 생산량이 줄면 설비의 사용시간이나 인력을 줄여 원가를 조절하는 것도 가능하다.

또한 중소기업이 설비나 인원에 대해 투자하면 정부에서 주는 혜택도 있다. 물론 부차적인 이익이지만 세제혜택을 잘 활용하면 그만큼 수익률을 높일 수 있으므로 사업을 시작하기 전에 잘 알아두면 좋다.

이처럼 현재는 생산량이 미미하여 아웃소싱을 하고 있더라도 생산량이 계속 증가하고 있다면 자체 생산을 검토할 필요가 있다. 전 제품을 다 직접 만들기 어렵다면 주력제품이라도 고려해야 한다. 생산량이 계속 증가하고 판매도 잘되는데 계속 아웃소싱만 고집하다보면 안정적일 수는 있으나 돈을 더 많이 벌수는 없다. 앞에서도 이야기했지만 아웃소싱 업체가 마음에 들지 않아도 바꾸기가 쉽지 않기 때문에 잘 판단해야 한다.

뭐든지 중간에 바꾸는 것은 쉽지 않은 결정이다. 하지만 기존의 방식이 항상 최선일 수는 없다. 환경이 바뀌면 항상 새로운 방식을 찾아야 한다.

인력 아웃소싱은 신중히 결정해야 한다

요즘은 기업마다 인력을 아웃소싱 하는 경우가 많다. 어떤 경우에는 업무 자체를 아예 아웃소싱 해버리는 경우도 흔하다. 개발업무도 인력 아웃소싱을 많이 한다. 그만큼 인건비에 대한 부담이 크다는 반증이다. 또한 항상 인력을 보유하고 있을 수도 없기 때문에 아웃소싱을 선호한다.

하지만 제품에 대한 외주 생산과는 달리 인력 아웃소싱은 아주 신중히 결정해야 한다. 인력을 아웃소싱하면 꼭 보안에 대한 철저한 대비가 있어야 한다. 아웃소싱을 한 인력이 항상 우리 회사에만 있으리란 법이 없다. 보통 아웃소싱 인력들은 여러 회사로 옮겨 다니면서 일을 하는 경우가 많다.

일을 하다보면 아웃소싱 인력은 자연스럽게 우리 회사의 기술이나 지식을 습득하게 된다. 계약이 만료되면 다른 동종업계로 가서 우리 회사에서 익힌 기술이나 지식을 사용할 수 있다. 요즘은 보안이 필요한 경우 보안

서약서나 각서를 쓰고 일하기 때문에 의도적으로 지식이나 기술을 유출하기는 어렵다. 하지만 의도하지 않아도 이미 습득한 지식이나 기술을 자연스럽게 일에 접목하거나 응용할 수 있다. 그것까지 제제하기는 어렵다.

인건비를 아끼려고 무분별하게 인력을 아웃소싱 하는 것은 바람직하지 않다. 하지만 어쩔 수 없이 인력을 아웃소싱 했다면 내부 직원과 똑같이 대해주어야 한다. 가끔 보면 회사에 들어와 있는 외주 직원들을 무슨 하청업체 취급하는 경우를 볼 수 있다. 이렇게 되면 나중에 분명히 문제가 생긴다. 악감정을 갖게 해서는 안 된다. 외주 직원이지만 함께 일하는 동안만큼은 같은 직원이다. 오히려 어떤 외주직원은 내부 직원보다 일도 잘하고 근면성실하다. 그런 직원들을 회사직원들과 동등한 입장에서 대해주면 결코 쉽게 떠나지 않는다. 아주 오랫동안 함께 일할 수 있고, 어쩔 수 없이 떠나더라도 회사에 대한 악한 감정을 품지 않는다. 잘 키운 외주 직원 한 명이 경우에 따라서는 열 명의 직영 인력보다도 낫다.

프로젝트 전부를 아웃소싱 하는 것은 위험하다

아웃소싱을 통해 프로젝트를 수행할 수 있다는 것은 대단히 매력적인 일이다. 우리 회사가 인력이나 기술이 좀 부족해도 전문적인 업체를 아웃소싱 할 수 있다면 국가나 큰 기업에서 발주하는 장기적인 프로젝트도 수주할 수 있다.

하지만 장기적인 프로젝트를 수주해 아웃소싱을 할 때는 외주업체에 너무 맡겨서는 안 된다. 만약 개발, 검수, 준공 등 프로젝트 전부를 외주업체에게 맡기면 자칫 외주업체가 부도가 나거나 우리 회사와 불협화음이 생기면 큰 문제가 생길 수 있기 때문이다.

물론 프로젝트를 수행하기 전에 계약을 통해서 안전장치를 해 놓지만 문제가 발생하면 무조건 우리 회사가 1차적인 책임을 져야 한다. 외주업체에게 책임을 묻는 것은 그 다음의 일이다. 때로는 소송을 감수해야 하는 등 우리 회사가 감당해야 하는 피해가 실로 막심할 수도 있다.

프로젝트에 문제가 생겨 중단되면 우리 회사는 고객사로부터의 신뢰가 깨지는 것은 물론이고 패널티를 물어줘야 한다. 그렇게 되면 회사가 재정적으로 심각한 문제를 일으킬 수도 있다.

또한 외주업체는 개발이 끝나고 준공이 완료되면 대부분 철수하므로 향후 유지보수가 어렵다. 개발인력이 다 떠나고 없는데 유지보수가 잘 될 수가 없다. 제대로 유지보수를 하려면 또다시 외주업체에게 유지보수 계약을 의뢰해야 한다. 배보다 배꼽이 더 커질 수 있다.

이처럼 장기 프로젝트를 수행할 때는 적어도 우리 회사의 인력들을 같이 투입하고, 책임있는 역할을 수행해야 한다. 그렇지 않으면 위와 같은 문제가 언제든지 발생할 수 있으므로 처음부터 수주하지 않는 것이 나을 수 도 있다. 우리 회사가 관리와 통제를 할 수 없는 프로젝트는 대단히 위험하므로 심사숙고해서 수주해야 한다. 눈앞의 수익만 쫓다가는 큰 손해만 볼 수 있다.

09
ERP만 도입하면 원가의 고민은 해결되는가?

한동수 사장은 시계를 제조하는 사업을 운영하고 있다. 주로 탁상용 시계를 제작하여 소매점에 판매하는 비중이 크다. 한동수 사장이 제작하는 제품은 값도 싸고 디자인도 괜찮아서 꽤 실적이 좋다. 특히 요즘은 탁상용에서 벗어나 손목시계 부분에서도 선전하고 있다.

하지만 지금까지 제조와 판매만 신경쓰다보니 나머지 부분이 너무 뒤쳐져 있다. 특히 재무 쪽은 좀 심하다. 사실 한동수 사장은 매달 회사손익이 정확히 얼마인지 모른다. 낙후된 회계프로그램으로 계산하다 보니 거의 수작업이고 결산도 다음 달에나 되어야 정확히 알 수 있다.

"이거, 이래서는 안 되겠군. 의사결정을 빨리 할 수가 없어! 예측도 잘 안 되고"

재무팀에게 좀 더 신속하게 결산을 하라고 해도 소용이 없다. 해결책을 찾아보라고 닦달을 했더니 재무팀 박 부장이 제안한다.

"저~~ 사장님! 우리도 이제 ERP를 도입해야 할 시기가 온 것 같습니다. 더 이상은 힘듭니다. 무엇보다도 원가를 제대로 알 수가 없습니다."

기가 막힐 노릇이다. 그렇다면 지금까지 알던 원가는 엉터리란 말인가. 하지만 수작업으로 회계를 처리하다보니 그럴 수 있다고 인정하고 거금 1억 원을 들여 ERP를 도입했다.

그로부터 6개월이 지난 지금 별반 달라진 게 없다. 원가가 예전보다 정확해진 것도 모르겠고, 결산이 빨라지지도 않았다. 당장이라도 ERP 도입을 제안한 재무팀 박 부장을 자르고 싶은 심정이다.

ERP는 우리 회사만을 위해서 만들어진 시스템이 아니다

흔히 ERP만 도입하면 원가, 손익 등 모든 회계 문제가 다 해결될 것이라고 생각하는 사람들이 많다. 혹시라도 그렇게 생각한다면 ERP를 도입하지 않는 것이 낫다. 그냥 현재 하던 대로 하기를 권한다.

ERP시스템은 하나의 상품이다. 그냥 패키지 시스템이므로 아주 범용적인 기본형태만 갖추고 있다. 당연한 일이다. 대한민국의 모든 회사를 상대로 팔아야 하는데 특정한 비즈니스의 형태에만 맞추어 제작할 수는 없지 않은가!

그렇기 때문에 ERP를 도입하려고 마음먹었으면 먼저 기존 회사의 모든 업무들을 현재 상태에서 현상을 파악한 후 개선할 사항을 도출하여 그로직을 ERP에 심어야 한다. 이것부터 우선적으로 해야 한다.

　기업은 비즈니스 형태별로 큰 테두리 안에서는 분류가 된다. 즉 제조업, 서비스업, 상업 등 어느 정도 분류가 가능하다. 하지만 그 기업들의 속을 들여다보면 모든 회사의 업무형태가 천차만별이다. 도무지 같은 부분을 찾으려 해도 공통분모를 찾기가 힘들다. 사소한 것을 제외하고는 말이다. 그래서 ERP를 구축하는 컨설턴트들은 다짜고짜 시스템을 구축하는 것이 아니라 우선 의뢰한 회사의 업무 처리 플로우와 업무형태를 파악하는 작업부터 한다. 그래야 그 회사에 맞는 ERP를 구축할 수 있기 때문이다.

　한동수 사장의 회사가 ERP를 도입했는데 효과가 없었던 이유는 바로 이러한 작업을 하지 않고 단지 ERP 업체에게만 전적으로 맡겼기 때문이다. 그들이 우리 회사의 원가구조나 판매 형태를 어떻게 알겠는가? 당연히 우리 회사에 맞게 구축해줄 수 없다.

　이처럼 ERP를 구축할 때 회사의 모든 구성원들이 동참하지 않고 강 건너 불 보듯하면 시스템이 엉망이 될 수가 있다. 배가 산으로 가버리는 것이다. "알아서 해주세요. 우린 시스템을 잘 몰라요. 그쪽이 전문가이니 제일 좋은 방법으로 해주세요." 이렇게 하는 것은 회사 돈을 그냥 불속에 던져 태워버리는 것과 다름없다.

　ERP를 구축하는 것은 회사의 모든 구성원들을 아주 힘들게 한다. 새로운 규칙과 표준을 세우는 것이 어렵고 쉽게 되지 않기 때문이다. 또한 각 부서간의 이해관계도 얽혀 있어 좀처럼 해결책을 찾지 못하는 경우도 있다. 하지만 이런 것들에 대한 표준을 정립하는 것이 ERP를 도입하는 목적이다. 단지 전산화해서 업무를 빨리 처리하고자 하는 것이 목적이 아니다.

ERP는 남이 구축해줄 수 없다. 물론 기술적인 문제는 당연히 ERP 업체에서 해주지만 나머지는 스스로가 해야 한다. 그래야 제대로 된 시스템이 탄생된다.

대기업의 방식을 따르는 것이 표준이 아니다

대기업의 ERP가 원가를 계산하는 방식으로 우리 회사의 ERP도 똑같이 구축하면 원가가 정확해진다고 생각하는 사람들이 있다. 왜? 선진화된 방식을 사용할 것이고 경험적으로도 좀 더 세밀하고 정확할 것이라고 생각하기 때문이다. 완전히 틀린 말은 아니다.

하지만 삼성전자가 원가를 계산하는 방식을 그대로 도입한다고 우리 회사의 원가가 정확해지지는 않는다. 삼성전자는 그들의 원가를 계산하기 위한 제반 인프라가 우리 회사와 다르다. 모든 것이 세분화 되어있고 각 요소들마다 분석하는 정형화된 툴이 있다. 그 방식을 그대로 적용해서 우리 회사 직원들한테 똑같이 하라고 하면 모두 다 뒤로 나자빠질 것이다.

우선 그렇게 할 만한 인력도 없고 우수한 시스템도 없다. 또한 우리에게는 불필요한 부분도 엄청 많다. 동네에서 친구들끼리 야구 하면서 모든 장비와 경기 룰은 프로야구와 똑같이 하는 경우이다. 스트라이크존도 엄청 좁다. 투수가 던지면 다 볼이다. 나무 배트를 사용하니 외야로는 공도 잘 안 간다. 홈런 존은 좌우 110미터 중간은 120미터나 된다. 잠실구장 규격이다. 뭐 한국시리즈라도 하는 것인가?

　이렇게 하면 안 된다. 동네에서 야구할 때는 거기에 맞는 규칙을 세워서 해야 한다. 그래야 재미도 있고 어렵더라도 야구를 할 만한 마음이 생긴다. 동네야구의 표준이 있어야 한다는 얘기다. 또한 대기업들의 원가도 그들 기준에서 봤을 때 정확한 원가이지 또 다른 시각에서 보면 그렇지 않을 수 있다. 그들 또한 항상 정확한 원가계산을 위해 고심하고 개선한다.

　우리 회사도 마찬가지이다. 우리 회사의 비즈니스 형태에 맞게 ERP를 구축해 놓고 항상 고심하고 개선을 게을리 하지 않으면 성공한 ERP인 것이다. 아무리 고심해도 해결이 안 되고 찜찜하면 그때는 대기업이나 우수한 기업들을 벤치마킹 하면 된다. 또한 그러한 정보는 ERP를 구축하는 컨설턴트들이 어느 정도 조언을 해준다. 무조건 따라하지 말고 우리에게 최적화된 ERP를 만들도록 하자!

Part 4
재무제표 속에 답이 있다

01
이익의 개념을 알고 있어야 한다

• • •

　방수철 사장은 페인트 대리점을 운영하면서 각종 페인트 및 방수공사도 같이 하고 있다. 그렇기 때문에 매출규모도 적지 않은 편이다. 얼마 전부터 방수철 사장은 회계에 대해서 조금씩 관심을 가지기 시작했다. 그 동안 사업에만 전념하느라 회계는 전적으로 세무사에게 맡겨놓고 도통 신경을 쓰지 못했다. 한 회사의 사장이 기본적인 회계조차 모르면 안 된다는 생각이 들면서 생전 보지도 않던 손익계산서도 들여다보지만 솔직히 어떻게 봐야 할 지 잘 모르겠다.

　"도대체 손익계산서에 손익은 어디에 있는 거야? 무슨 놈의 이익들은 이렇게 종류가 많아? 그나마 이해할 수 있는 건 영업이익 뿐이군."

　혼자서 손익계산서를 붙잡고 씨름을 하다 평소 가깝게 지내는 강 사장에게 도움을 청한다.

　"강 사장! 손익계산서 좀 볼 줄 알아?"

　"아니, 이런 무식한 위인을 봤나? 매출액에서 원가 다 빼고 남는 게 그 밑에 손익이잖아! 손해가 얼마고 이익이 얼마라는 뜻이야. 자네 까막눈인가?"

"그러니까 손익이 어디 있냐고?"

"이사람 큰일 날 사람이네. 이리 줘봐. 잘 봐! 이 맨 밑에 있는 게~~~ 가만! 이거 우리 거랑은 좀 다르네. 왜 손익이 없지? 세무사가 달라서 그런가? 방 사장! 자네 거래하는 세무사는 좀 아닌 것 같아. 내가 거래하는 데로 당장 바꿔. 이거 뭔가 빠졌어!"

"그렇지? 뭐가 좀 이상하지? 이 양반들이 내가 회계를 모른다고 대충 했나 보네."

이익을 구분하는 데는 이유가 있다

방 사장과 강 사장의 대화를 듣다 보면 마치 덤앤더머가 대화하는 듯하다. 하지만 마냥 웃을 수만은 없다. 회계를 알지 못하면 누구나 방 사장이나 강 사장과 같을 수 있기 때문이다.

방 사장을 괴롭히는 손익계산서는 재무제표 중의 하나다. 재무제표는 회사의 경영 현황을 회계 언어로 일목요연하게 정리해 놓은 자료다. 재무제표는 재무상태표(대차대조표), 손익계산서, 현금흐름표 및 자본변동표, 주석 등으로 세분화된다.

사실 재무제표를 다 이해하기는 쉽지 않다. 물론 재무제표를 모른다고 사업을 못하는 것은 아니다. 하지만 사업을 제대로 하려면 재무제표를 볼 줄 알아야 한다. 직접 작성하지는 못해도 재무제표에 있는 숫자들이 무엇을 의미하는지를 알 수 있어야 문제점을 분석하고, 향후 사업을 어떻게 진행할 것인지 계획을 세울 수가 있다. 가능하다면 손익계산서와 현금흐름표는 직접 작성할 수 있으면 더 좋다.

우선 손익계산서부터 살펴보자. 사례의 주인공인 방 사장은 손익계산서에 손익이라는 항목이 없어 당황했다. 하지만 원래 손익계산서에는 손익이 없다. 여러 가지 이익들만이 있을 뿐이다. 이러한 여러 가지 이익들을 통틀어서 손익이라고 이해하면 된다. 최종 손익은 당기순이익이 될 것이다.

그러면 왜 이익들을 이렇게 단계별로 나누어 놓았을까? 괜히 회계의 권위를 자랑하고자 그런 것이 아니다. 기업의 경영 상태를 파악하는 데 단계가 필요하기 때문이니 너무 불만을 가질 필요는 없다. 이익에 어떤 종류가 있는지를 살펴보고 각각의 개념들을 이해하면 왜 이익들을 단계별로 나누어 놓았는지 이해할 수 있을 것이다.

매출총이익(매출액-매출원가)

손익계산서를 보면 이익의 개념 중 제일 위쪽에 위치한 이익이다. 그만큼 제일 중요한 이익이기도 하다. 매출총이익은 매출액에서 매출원가를 뺀 것이다.

매출총이익은 기업에서 발생되는 수익의 근원이라고 할 수 있다. 기업이 매출총이익을 제대로 만들어 내지 못하면 영업과 마케팅 비용이 많이 소요될 수밖에 없다. 매출총이익이 많지 않다는 것은 매출원가가 높다는 것을 의미한다. 매출원가가 높아 하나를 팔았을 때 이익이 크지 않으니 박리다매로 승부를 봐야 한다. 그러자니 영업과 마케팅에 총력을 기울여 최대한 많이 팔아야 이익이 커진다.

매출원가가 높다는 것은 제품제조원가가 높다는 것과도 통한다. 경쟁사에 비해 제품을 생산하기 위한 제조원가가 상대적으로 높다는 것은 100미터 달리기를 할 때 남보다 10m 뒤에서 뛰는 것과 같다고 할 수 있다. 우샤인 볼트가 아니면 이길 수 없다는 뜻이다. 그렇기 때문에 영업과 마케팅으로 많이 파는 것도 중요하지만 그보다 먼저 생산성을 향상시켜 제품제조원가를 낮추고, 결과적으로 매출원가를 낮추려는 노력을 해야 한다.

외부에서 보면 기업들이 제품을 많이 팔기 위해 치열하게 경쟁하는 것 같지만 실제로는 제품제조원가를 낮추려는 경쟁이 더 치열하다. 왜? 남보다 10m 앞에서 뛰기 위해서이다.

용역매출도 마찬가지이다. 남보다 인건비가 싸고 우수한 인력들을 보유하면 그만큼 경쟁력이 높아진다. 다른 사람들은 인건비도 못 건진다며 발을 빼도 인건비가 싸면서도 우수한 인력들을 보유하고 있으면 얼마든지 사업을 수주할 수 있다. 물론 인당 매출원가를 잘못 산정해 손해를 보는 경우도 적지 않다.

이렇듯 매출총이익은 대단히 중요하다. 사실 동일한 제품을 파는 회사들이라면 여기서 거의 승부가 갈린다고 봐야 한다. 특별한 시장경쟁력이나 기술이 없다면 오래 버티지 못한다. 특히 이제 막 사업을 시작하거나 아직 사업이 안정되지 않은 기업들은 대기업처럼 대대적으로 광고를 해 판매를 늘리기란 현실적으로 불가능하다. 결국 얼마나 매출총이익을 늘리는가가 관건이다. 매출총이익이 많이 생겨야 남들보다 영업과 마케팅을 많이 할 수 있다.

매출총이익을 늘리려면 매출원가를 낮추려는 노력을 게을리 해서는 안 된다. 사람도 오래 살고 빨리 뛰려면 군더더기를 빼 몸을 가볍게 해야 하듯이 말이다.

영업이익(매출총이익-판매관리비)

영업이익은 매출총이익에서 판매관리비를 차감한 이익이다. 영업이익은 기업의 수익성을 평가하는 데 가장 중요한 항목이라고 할 수 있다. 왜냐하면 기업이 순수한 영업활동과 생산활동을 통해 부가가치를 창출해 내는 본질이기 때문이다.

영업활동 또한 생산활동에 비해 그 중요성이 떨어지지 않는다. 하지만 많이 팔기 위해 무조건 마케팅과 영업비용을 쏟아 부을 수는 없다. 비용 대비 효과를 잘 분석해서 하는 것이 중요하다. 그렇지 않으면 마케팅과 영업을 하는 데 엄청난 돈을 투자하고도 판매량이 늘지 않아 큰 손해를 볼 수도 있다. 또한 판매관리비는 매출원가와 달라서 집행하면 바로 손익계산서에 반영된다. 그만큼 영업이익에 미치는 민감도가 큰 비용인 것이다.

영업이익을 많이 발생시키려면 우선 판매를 많이 해야 한다. 하지만 선택과 집중을 해서 비용을 집행해야 한다. 비용을 집행했으면 반드시 그 효과가 단기적이건 장기적이건 나타나야 한다는 것이다. 판단을 잘 못하면 밑 빠진 독에 물붓기가 될 수 있다.

　무조건 많이 파는 것도 답은 아니다. 많이 파는 것도 좋지만 수익성이 좋고 우량한 거래처와 거래해야 한다. 파는 게 능사가 아니다. 기껏 팔았어도 거래처가 부실해 부도라도 나는 날에는 막대한 손실을 감수해야 한다. 우량 고객사를 지속적으로 발굴해 내고 유지하는 것도 영업의 중요한 역할이다.

　영업이익을 높이기 위해서도 세분화된 분석이 필요하다. 전문적인 분석 수준은 아니더라도 거래처나 프로젝트별로 세분화해서 영업이익을 측정하는 것이 좋다. 회사 규모가 작다고 전부 뭉뚱그려 한꺼번에 관리하면 도대체 어디에서 수익이 나고 어디에서 마이너스가 나는지 알 수 없다.

　제품 1개 팔아서 얼마 남는다는 단순한 매출총이익 개념으로 거래처를 판단해서는 안 된다. 거기에 투입된 영업 사원의 자원이 얼마인지, 지원부서의 자원이 얼마나 소요되는지를 알아야 한다. 그렇게 관리하다 보면 거래 금액이 크다고 무조건 많이 남는다는 막연한 생각을 하지 않게 된다.

　큰 거래처라고 무조건 양보해서도 안 된다. 영업이익을 잘 계산해 양보할 수 있는 선을 분명히 그어놓아야 한다. 대기업과 거래한다고 망하지 않는다는 보장이 없다. 수익률도 미미한데 항상 여신을 주고 대금결제까지 기간이 길다보면 자금이 막혀 한 순간에 무너질 수도 있다.

세전이익(영업이익+영업외수익-영업외비용)

　세전이익을 풀어서 쓰면 법인세 차감 전 순이익이라고 한다. 결국 법인들이 법인세를 낼 때 기준이 되는 이익인 셈이다. 국세청은 세전이익을 기준으로 과세소득의 기초자료로 사용하여 무참히 법인세를 책정한다.

　세전이익은 영업이익에 영업외수익을 더한 금액에서 다시 영업외비용을 뺀 이익이다. 기업이 경영활동을 하다 보면 영업활동 외적인 부분에서도 수익과 비용이 발생할 수도 있으며 이 또한 기업의 손익실적에 반영해야 한다. 즉 세전이익은 기업의 영업활동과 영업활동 외적인 활동에서 발생된 모든 재무적인 성과를 나태내주는 이익이다.

　기업의 영업활동 외적인 부분에서 발생되는 영업외수익과 영업외비용의 항목은 아래와 같다.

영업외수익 : 이자수익, 배당수익, 유가증권처분이익, 외환차익, 외화환산이익, 법인세환급액, 지분법평가이익, 유형자산처분이익, 채무면제이익, 자산수증이익, 보험차익, 잡이익 등

영업외비용 : 이자비용, 유가증권처분손실, 외환차손, 외화환산손실, 법인세추가납입액, 지분법평가손실, 유형자산처분손실, 재해손실, 잡손실 등

당기순이익(세전이익-법인세비용)

　당기순이익은 세전이익에서 법인세비용을 차감한 이익이다. '세후순이

익'이라고도 한다. 이익의 마지막 개념이다. 기업의 최종 성적표와도 같다. 결국 기업은 당기순이익이 많이 생겨야 주주들에게 배당도 하고 투자도 할 수 있다.

지금까지 손익계산서의 이익의 개념에 대해서 알아보았다. 사업을 진행하면서 이익의 개념을 이해하고 분리해서 보는 것은 중요하다. 그래야 어느 부분이 강하고 어느 부분이 약한지를 알 수 있기 때문이다. 이익의 종류 중 무엇 하나 중요하지 않은 것이 없다. 어떤 종류의 이익이든 많이 낼 수 있도록 노력해야 한다.

02
재무상태표, 최소한 읽을 줄은 알아야 한다

●●●

방수철 사장은 강 사장이 거래하는 세무사 사무실에 전화했다 망신만 당했다.

"아니! 사장님! 손익계산서에 손익이 어디 있어요? 세무사 개업 6개월 만에 이런 소리는 처음 듣네요."

세무사는 어이없어 하면서도 이익의 종류에 대해서 자세히 설명해준다. 그제야 방 사장은 손익계산서를 어떻게 봐야 하는지 조금 이해할 수 있었다. 잘 알지도 못하면서 아는 척한 강 사장이 괜히 밉기까지 하다.

손익계산서 보는 법을 이해한 방 사장은 내침 김에 아까 세무사가 이야기했던 다른 자료들을 찾아본다.

"가만 재무 뭐시기 표랑 현금이 흘러간 자취를 알 수 있는 자료도 있다던데……, 어디 있는 거지?"

매년 세무사가 자료를 줄 때마다 아무 데나 던져 놓곤 했었기에 도무지 쉽게 찾을 수가 없다. 천신만고 끝에 겨우 재무상태표와 현금흐름표를 찾았다. 우선 재무상태표부터 집어 들었다. 그런데 이게 웬일인가? 도무지 어떻게 보는 것인지 알 수가 없다.

"이건 인간의 언어가 아니군. 분명 외계인이 쓰는 암호야. 도대체 뭐라는 거야? 아! 이거 정말"

호기롭게 재무상태표를 잡았던 방 사장은 울컥 짜증이 치밀어 자기도 모르는 사이에 재무상태표를 던져 버리고 만다.

왜 재무상태표를 작성하는지를 알면 읽기가 쉽다

회계를 모르는 사람도 손익계산서는 어느 정도 보고 이해할 수 있다. 하지만 재무상태표는 봐도 모른다. 까만 건 글씨고 하얀 건 종이일 뿐이다. 실제로 재무상태표를 완벽하게 이해하려면 전문적으로 회계공부를 해야 한다. 하지만 전문 회계사가 되거나 기업에서 회계를 담당해 직접 재무상태표를 작성해야 하는 경우가 아니라면 전문적인 회계공부까지 할 필요는 없다. 다만 사업을 하려면 재무상태표를 보고 대략적으로나마 이해할 수는 있어야 한다. 재무상태표는 다른 말로 대차대조표라고도 부른다. 간혹 두 개가 다른 것인 줄 아는 분들이 있는데, 같은 말이다.

재무상태표를 읽기 위해서는 재무상태표를 왜 작성하는지부터 알아야 한다. 재무상태표는 어느 일정한 시점에 기업이 소유하고 있는 자산과 자산을 획득하기 위한 방법으로 자금을 어떻게 마련했는가를 보기 위해서 작성하는 것이다. 말 그대로 재무상태를 파악하기 위한 자료이다. 즉 자산인 매출채권을 획득하기 위해서 어느 정도 외상으로 재료를 구입했는가?(매입채무) 직원들의 급여는 얼마나 집행하는가?(미지급비용) 설비나 유형고정자산을 획득하기 위해서 자금을 얼마나 집행했는가?(미지급금) 등을 보기 위한 자료라 이해하면 된다. 쉽게 말해서 돈을 빌리거나 외상으로 물건을 사와서 어디에 썼고, 판매해서 남은 돈은 어떻게 운영했고, 최종 남은 돈은 어디에 있느냐를 보는 것이라고 할 수 있다.

재무상태표는 표7과 같이 크게 자산, 부채, 자본으로 구성된다. 각각의 요소에는 또 다시 수많은 세부항목으로 구분된다. 우선은 재무상태표의 전체 구성을 이해하고 각각의 세부항목이 무엇을 의미하는지만 알면 큰 무리 없이 재무상태표를 읽을 수 있다.

본격적으로 재무상태표를 읽으려면 일단 용어부터 이해해야 한다. 사실 회계를 처음 접하는 사람들은 재무상태표에 난무하는 낯선 용어들 때문에 지레 겁을 먹기 쉽다. 용어의 종류도 생각보다 많은 것이 사실이지만 이 중 꼭 알아두어야 할 기본용어만큼은 머릿속에 넣어두어야 한다. 재무상태표를 구성하는 자산, 부채, 자본 세 분야에서 꼭 이해하고 넘어가야 할 용어만을 골라 기업회계 기준으로 설명하였다.

상장회사나 금융회사들은 의무적으로 IFRS(한국형 국제회계기준)를 적용한 재무상태표를 사용해야 한다. 하지만 IFRS를 적용하지 않아도 되는 비상장기업이나 중소기업 등은 기존의 기업회계 기준을 적용한 재무제표를 사용해도 무방(대부분 초보사장들은 중소기업에 해당함)하므로 모든 용어는 기업회계 기준을 적용해 설명하였다.

1. 유동 자산	**1. 유동부채**
가. 당좌자산 현금 및 현금성자산, 단기금융상품, 단기투자증권, 매출채권, 단기대여금, 미수금, 선급금, 선급비용, 미수수익, 이연법인세자산, 기타	매입채무, 단기차입금, 미지급금, 미지급비용, 선수금, 예수금, 미지급법인세, 선수수익, 유동성장기부채, 기타
나. 재고자산 상품, 제품, 반제품, 재공품, 원재료, 저장품, 미착상품, 기타	**2. 비유동부채** 사채, 사채할인발행차금, 장기차입금, 장기성매입채무, 임대보증금, 퇴직급여충당금, 기타
2. 비유동자산	부채총계
가. 투자자산 장기금융상품, 장기투자증권, 장기대여금, 지분법적용투자주식, 투자부동산, 기타	**1. 자본금**
	2. 자본잉여금
나. 유형자산(유형고정자산) 토지, 건물, 기계 / 설비자산(-감가상각누계액), 건설중인자산, 기타	주식발행초과금, 자기주식처분이익, 감자차익, 재평가적립금, 기타
	3. 자본조정
	주식할인발행차금, 자기주식, 감자차손, 자기주식처분손실, 기타
다. 무형자산 영업권, 특허권, 상표권, 개발비, 기타	**4. 기타포괄손익누계액**
	해외사업환산손익, 매도가능증권평가손익, 기타
라. 기타비유동자산 보증금, 장기미수금, 장기성매출채권, 기타	**5. 이익잉여금**
	법정적립금, 임의적립금, 미처분이익잉여금
	자본총계
계	부채와 자본총계

(표7) 재무상태표 전체 구성

꼭 알아두어야 할 용어① _ 자산

자산은 크게 유동자산과 비유동자산으로 구분한다. 유동자산은 또 다시 당좌자산과 재고자산으로 나뉘고, 비유동자산은 투자자산, 유형자산, 무형자산, 기타 비유동자산 네 가지로 분류된다. 상당히 복잡해보이지만 각 자산의 유형을 잘 이해해야 재무상태표를 읽고 이해하기가 쉽다.

1) 유동 자산

유동자산은 단기간(1년 이내) 내에 현금화할 수 있는 자산으로 당좌자산과 재고자산이 이에 속한다. 당좌자산은 단기간(1년 이내) 내에 판매과정을 거치지 않고 현금화할 수 있는 자산으로 판매가 끝나서 채권을 취득했거나 단시일 내에 현금화 할 수 있는 자산이다.

자산명	설명	종류
1. 현금 및 현금성자산	현금 및 현금과 동일한 효력을 갖고 있는 자산	현금, 타행발행 당좌수표, 보통예금, 당좌예금, 채권(3개월 이내 도래) 등
2. 단기금융상품	주로 금융기관이 취급하는 예적금 등 만기 1년 이하의 금융상품	정기예금, 양도성예금증서, CMA 등
3. 단기투자증권	단기간간의 투자로 수익을 얻고자 매입한 투자증권	단기매매증권, 매도가능증권
4. 매출채권	상품, 제품, 용역 등 매출에 의해 취득한 채권	외상매출금, 받을어음
5. 단기대여금	타인에게 현금으로 대여한 회수기간이 1년 미만의 채권	차용증서
6. 미수금	주된 영업활동과 관련이 없는 영업외적인 활동에 의해서 발생한 채권	자산매각 대금 등
7. 선급금	매출을 발생시키기 위해 원재료나 상품 등의 구매대금의 일부나 전부를 미리 지급한 금액	계약금
8. 선급비용	계약기간 동안 발생할 비용을 사전에 미리 지급한 비용	미리 지급한 임차료, 보험료 등
9. 미수수익	회계상 수익으로 인식은 하지만 아직 현금을 받지 못한 수익	미수이자, 미수임대료
10. 이연법인세자산	세무서에 납부해야 하는 법인세가 회계기준에서 산출한 법인세비용보다 많을 때의 차이액(나중에 돌려 받을 수 있으므로 자산이다)	이연법인세자산

(표8) 당좌자산의 종류

반면 재고자산은 기업이 정상적인 영업활동을 위해 판매를 목적으로 하기 위해서 보유 중이거나 제조 중인 자산을 말한다.

자산명	설명	종류
1. 상품	판매를 목적으로 구입한 유무형의 재화	타인의 제품을 구입
2. 제품	판매를 목적으로 제조한 제품	제조사들이 생산한 제품
3. 반제품	미완성 제품이나 그 자체로 판매가 가능한 제품	그 자체로 판매 가능함 (PC의 메인보드, 하드디스크 등)
4. 재공품	제조를 위해 다음 공정을 위해 투입해야 하는 제품	그 자체로 판매 불가
5. 원재료	제품 제조를 위해 구입한 원료나 재료	
6. 저장품	제품 제조를 위해 보조적으로 구매한 소모성 재료 및 소모성 공기구	못, 나사, 드라이버, 수선용 재료 등
7. 미착상품	판매를 위해 매입한 상품 중 아직 도착하지 않은 상품	배송 중인 상품

(표9) 재고자산의 종류

* 상품, 원재료 재고액 : 수량 X 구입단가
* 제품, 반제품, 재공품 재고액 : 원재료 재고액 + 배부원가(노무비 + 제조경비)

2) 비유동자산

비유동자산은 1년 이상 기업 내에 보유하면서 장기적인 수익을 올리거나 기업의 영업활동에 지속적으로 효익을 가져다주는 자산으로 '고정자산'이라고도 한다. 비유동자산의 종류는 투자자산, 유형자산, 무형자산, 기타 비유동자산 네 가지가 있다.

'투자자산'은 장기로 이자 및 배당수익 등을 얻기 위해 취득한 자산이다. 장기금융상품, 장기대여금, 투자부동산 등이 이에 속한다.

자산명	설명	종류
1. 장기금융상품	주로 금융기관이 취급하는 예/적금 등 만기 1년 이상의 금융상품	정기예금, 정기적금 등
2. 장기투자증권	1년 이상 장기적으로 투자해 단기투자증권보다 높은 수익률을 올리고자 매입한 투자증권	만기보유증권, 매도가능증권
3. 장기대여금	타인에게 현금으로 대여한 1년 이상의 채권	차용증서
4. 지분법적용투자주식	투자한 회사(피투자 회사)의 경영에 영향력을 행사하기 위해 피투자 회사의 주식을 20% 이상~ 50% 미만으로 매입하여 보유하고 있는 주식	보통주
5. 투자부동산	투자의 목적으로 소유하고 있는 토지 및 건물	시세차익, 임대수익

(표10) 투자자산의 종류

'유형자산'은 기업이 영업활동을 위해 장기적인 사용을 목적으로 구입한 자산으로 1년 이상 사용할 목적으로 구입한 자산이다. 유형고정자산이라고도 한다.

자산명	설명	종류
1. 토지/건물	영업활동을 위해 구입한 토지, 건물	사옥 등
2. 기계/설비 자산	영업활동을 위해 구입한 기계, 설비 자산	생산 설비, 비품 등
3. 차량운반구	육상운송을 위해 구입한 차량	승용차, 트럭, 버스 등
4. 건설중인자산	건설을 위해 재료비, 노무비, 경비를 지출하였으나 미완성된 자산	향후 유형자산으로 대체됨

(표11) 유형자산의 종류

* 기계 및 설비자산은 재무상태표에 자산총액을 기록함과 동시에 감가상각누계액을 빼주어서 실제 잔존가액만 합계에 계산되도록 해야 한다.

'무형자산'은 구체적인 형태가 없으나 식별이 가능해야 하고 기업이 미래의 경제적 효익을 얻을 수 있으며 타인으로부터 통제할 수 있는 자산이다. 영업권, 특허권, 상표권, 개발비 등이 무형자산을 대표하는 자산이다.

자산명	설명	종류
1. 영업권	영업활동을 영위하면서 얻은 무형적인 이익(=노포권) 단골 고객선이나 독점권 등이 해당됨(유상으로 취득한 경우 재무상태표에 등재 함)	사업결합 및 인수 등으로 취득한 영업권만 등재(자가 창출 영업권은 등재할 수 없다)
2. 특허권	특정 기술이나 발명을 독점적 배타적으로 사용할 수 있는 권리	외부 구입건이나 권리를 취득하기 위해 집행된 변리사 비용 등은 자산으로 등재
3. 상표권	특정 상표를 독점적 배타적으로 사용할 수 있는 권리	
4. 개발비	신제품이나 신기술 등 판매를 통한 미래의 효익을 창출하기 위해 투입된 개발비(인건비, 제경비 등 모든 비용)	개발종료 후 무형자산 등재 후 감가상각 함(매출원가로 처리 함)

(표12) 무형자산의 종류

마지막으로 '기타 비유동자산'은 비유동자산 중 투자자산, 유형자산, 무형자산에 속하지 않는 자산을 말한다.

자산명	설명	종류
1. 보증금	임차물 회손시 손해배상을 담보하고 임차료 연체 시 상계하기 위해 임대인에게 지급하는 금전	임차보증금, 전세권 등
2. 장기미수금	1년 이상 수금하지 못한 미수금	미수채권
3. 장기성매출채권	회수기간이 1년 이후에 도래하는 매출채권	외상매출금

(표13) 기타 비유동자산의 종류

꼭 알아두어야 할 용어② _ 부채

　부채도 자산처럼 유동부채와 비유동부채로 구분된다. 유동부채는 1년 이내에 상환할 수 있는 부채이며, 비유동부채는 1년 이후에 상환이 예정되어 있는 부채를 말한다.

1) 유동부채

　1년 이내에 상환이 예상되는 부채로 매입채무, 단기차입금, 미지급금, 미지급비용, 선수금, 예수금, 미지급법인세, 유동성장기부채가 이에 속한다.

구분	설명	종류
1. 매입채무	상품이나 원재료를 구입함으로써 발생하는 부채	외상매입금, 지급어음
2. 단기차입금	1년 이내에 변제해야 하는 채무	차용증서
3. 미지급금	일반적 상거래 이외의 거래건에서 발생한 일시적 채무(지급할 금액이 확정되어 있음)	설비, 비품, 건물 등 구입비용
4. 미지급비용	계약에 따라 지속적인 용역을 제공받지만 당기 결산일 도래일 전에 지급하지 않은 비용 (주로 지급기일이 차월로 이월되어 있는 비용으로 당월 사용분을 차월에 지급)	미지급급여, 미지급이자, 미지급보험료, 공과금 등 * 발생주의 원칙에 따라 당월에 손익계산의 비용으로 처리함
5. 선수금	상/제품을 인도하거나 공사를 하기 전에 일부 또는 전부를 미리 수취한 금액	계약금, 착수금 등(상/제품이나 용역을 제공해야 소멸되므로 부채이다)
6. 예수금	종업원이나 거래처로부터 미리 받아두어 보관하다가 타 기관에게 지급하는 계정	4대 보험료, 신원보증금, 원천세,
7. 미지급법인세	세무서에 실제 납부할 법인세로 기말 결산 완료 시 재무상태표에는 반영되었으나 아직 납부하지 않은 상태인 법인세액	법인세는 3월까지 납부하면 되므로 납부하기 전까지는 미지급법인세임
8. 선수수익	일정 기간 동안 발생할 수익이 미리 발생한 수익	선수임대료, 선수이자

구분	설명	종류
9. 유동성장기부채	비유동부채 중 1년 이내에 만기가 도래되는 부채 (1년이 넘는 장기성부채이나 1년 이내에 그 만기가 끝나서 상환해야 하는 부채)	사채, 장기차입금 등 비유동부채에서 유동부채로 대체되는 부채
10. 이연법인세부채	세무서에 납부해야 할 법인세가 회계 기준에서 산출한 법인세비용보다 적을 때의 차이액 (나중에 추가로 납부해야 하므로 부채이다.)	이연법인세부채

〈표14〉 유동부채의 종류

2) 비유동부채

1년 이후에 상환이 예상되는 부채(고정부채)로 사채, 사채할인발행자금, 장기차입금, 장기성매입채무, 임대보증금, 퇴직급여충당부채 등이 이에 속한다.

구분	설명	종류
1. 사채	주식회사가 필요한 자금을 조달하기 위하여 일반인으로부터 장기의 자금을 채무증권을 발행하고 차입한 채무	회사채(이자지급을 해야 함)
2. 사채할인발행차금	사채 발행 시 액면이자율이 시장이자율보다 낮을 경우 투자자의 투자유도를 위해 사채를 액면가에서 할인하여 발행함(즉 액면가액을 할인함으로써 시장이자율을 적용한 것과 동일한 효과를 가짐). 이때 발생하는 사채의 액면가액과 할인가격의 차이액	– 투자자에게 지급하는 이자율은 액면이자율로 지급함 – 발행차금은 액면이자율을 시장이자율로 올려서 선 지급한 이자비용이므로 부채에 해당됨
3. 장기차입금	원금의 상환이 1년 이후에 도래하는 채무	
4. 장기성매입채무	지급기간이 1년 이후에 도래하는 매입채무	외상매입금
5. 임대보증금	타인에게 부동산이나 동산을 임대해주고 담보로 임차인에게 수취한 금액	
6. 퇴직급여충당부채	종업원이 일시에 전부 퇴직할 것을 가정했을 때 지급해야 하는 퇴직금을 미리 충당금의 형태로 계상해 놓은 계정(확정정 사실)	1년 이상 근무자에 해당함

〈표15〉 비유동부채의 종류

꼭 알아두어야 할 용어③_자본

자본은 크게 자본금, 자본잉여금, 자본조정, 기타포괄손익누계액, 이익잉여금 5가지로 구분된다.

1) 자본금

자본금은 발행주식의 액면총액(발행주식수×주당 액면가)을 말한다. 자본금은 보통주 자본금과 우선주 자본금으로 분류할 수 있다. 보통주란 기업이 발행하는 일반주를 뜻하는 것으로 의결권과 배당권을 가진다. 반면 우선주는 이익배당이나 기업이 청산할 때 잔여재산의 분배에서 보통주에 우선권을 가지지만 의결권은 없는 주식이다.

2) 자본잉여금

영업 이외의 지분에서 발생하는 자본거래로 인해 발생하는 잉여금으로 주식발행초과금, 감자차익, 자기주식처분이익이 있다.

구분	설명	종류
1. 주식발행초과금	기업이 액면가를 초과하여 주식을 발행했을 때의 액면가와 발행가의 차액	기업 내에 적립해야 함 (주주에게 배당 불가)
2. 감자차익	주주들로부터 주식을 매입해 소각할 때 발생하는 잉여금(결손금의 보전, 사업축소를 위한 자본을 감소시키기 위해 감자를 할 경우에 발생)	감자를 하기 위해 주주로부터 주식을 매입할 때 액면가보다 낮게 매입하거나 무상으로 매입할 때 발생
3. 자기주식처분이익	자기주식 처분 시 처분가액이 장부상 금액보다 큰 경우에 발생하는 차액	주식의 소각, 합병, 양도, 주식매수권 청구권 행사 등에만 가능

(표16) 자본잉여금의 종류

3) 자본조정

당해연도에 자본항목에서 가감해야 하거나 아직 미확정된 상태여서 아직 자본의 어느 항목으로 기재할 수 없기 때문에 자본총계에서 가감하여 기재하는 항목을 말한다.

구 분	설 명	종 류
1. 주식할인발행차금	신주식 발행 시 설립당시 주식의 액면가액 이하로 발행했을 때 액면가와의 차이액+주식발행비 (액면가 이하로 주식을 발행하더라도 자본금은 액면가로 자본으로 계상되며 그 차이가 발행차금으로 조정됨)	설립 후 2년 후 가능, 법적으로 엄격히 제한하고 있다. (자본금을 감소시키는 행위임).
2. 감자차손	소각하는 주식을 액면가보다 높게 주주들에게 매입했을 때 발생하는 차이(손실이 발생함)	주식의 수가 감소하면 희소성으로 인해 주가가 상승할 수 있다.
3. 자기주식	자사가 발행한 주식 보유분	주식을 매입해 소각할 때, 합병이나 양도를 할 때, 주주가 주식매수권 청구권을 실현할 때 자기 주식을 취득할 수 있다.
4. 자기주식처분손실	자기주식처분 시 처분가액이 장부상 금액보다 작은 경우에 발생하는 차액	

〈표17〉 자본조정의 종류

    기업이 상법상 자기주식을 보유할 수 있으나 그 목적에 따른 후속조치를 실행하여야 한다. 기업이 자기주식을 소각할 때 합병이나 양도를 할 때 회사의 권리를 실행하고자 주주가 주식매수권 청구권을 행사할 때 등 특수목적상 자기주식을 소유할 때는 취득 후 빠른기간에 처분해야 한다.

    반면 성과급 지급, 외부 투자를 받을 때 등 일반목적상 자기주식을 거래할 때는 자기주식을 보유할 수 있으나 이사회의 결의가 있어야 하고 목적에 부합하는 후속조치가 있어야 한다. 또한 기업이 결손금을 보전하기 위해 무상감자를 할 경우가 있다. 이때 분명히 주주들은 손해를 입는다. 하지만 결손금이 계속 누적되어 자본잠식상태로 간다면 회사의 주가가 떨어져 주주들은 더 손해를 볼 수가 있다. 또한 자본잠식이 50% 이상이 2년 이상 지속될 경우에는 상장이 폐지된다. 그럴 바에는 차라리 주주들에게 동의를 얻어 주식을 액면가보다 낮게 매입한 후 소각을 통한 감자를 하고 그 감자차익으로 결손금을 메우는 것이 낫다. 이렇게 되면 그 기업의 자본금은 감소하겠지만 자본잠식에서는 벗어나 오히려 기업의 건전성을 정상적으로 되돌릴 수 있다.

4) 기타포괄손익누계액

주주에 대한 투자나 분배가 아닌 거래나 어떤 회계의 사건으로 인하여 일정 회계기간 동안 나타난 자본의 변동액을 말한다.

구분	설명	종류
1. 해외사업환산손익	기업의 해외 지점/사무소등의 자산 및 부채를 현행환율법 의해 환산하는 경우에 발생하는 손익	현행환율법은 자산과 부채는 현행환율로 자본은 역사적환율(취득시점 환율)로 수익.비용은 연평균환율로 적용하는 것을 말한다.
2. 매도가능증권평가손익	매도가능증권이나 채권을 공정가치법(시가)으로 결산시점에서 평가했을 때 발생하는 손익	매도가능증권(단기매매증권, 만기보유증권, 지분법적용투자주식 외 모든 유가증권)
3. 재평가적립금	기말에 유형자산의 잔존가액을 재평가했을 때 발생하는 잉여금을 적립한 것	유형자산을 재평가모형에 의해 평가했을 때 발생

(표18) 기타포괄손익누계액의 종류

* 단기매매증권 : 단기간 내의 매매차익을 목적으로 취득한 유가증권(지분증권, 채무증권)
* 지분법적용투자주식 : 타 회사의 경영에 대한 영향력을 행사하기 위해 타 회사의 주식을 20% 이상~50% 미만 취득하여 보유하고 있는 주식

5) 이익잉여금

기업의 정상적인 영업활동에 의하여 발생한 이익으로 배당, 자본금으로 전입, 자본조정의 상각 등으로 처리한 것을 모두 결산하고 난후의 유보이익이다.

구분	설명	종류
1. 법정적립금	법적으로 강제적으로 적립하도록 한 적립금	-이익준비금 : 이익 배당금의 10% 이상(자본금의 50%가 될 때까지 적립)
2. 임의적립금	기업이 임의나 주주총회의 결의에 의한 적립금	사업확장적립금, 연구인력개발준비금 등
3. 미처분이익잉여금 (미처리결손금)	기업이 벌어들인 이익 중 배당이나 다른 잉여금으로 처분되지 않고 남아있는 이익잉여금	미처리결손금(이익잉여금이나 자본잉여금으로도 처리 못한 결손금으로 주주총회에서 처리되기 전인 상태)

(표19) 이익잉여금의 종류

지금까지 재무상태표를 이해하기 위해 알아두어야 할 회계용어들을 설명했다. 용어 중에는 개인 사업자들과는 관계가 없는 용어들이 꽤 있다. 하지만 당장은 개입 사업자로 사업을 해도 몇 년 뒤 혹은 가까운 시일 내에 법인사업자로 전환할 수도 있으니 미리 알아두어 손해 볼 것은 없다.

03
재무비율을 분석하면
기업의 상황이 한 눈에 보인다

회계의 '회'자로 몰랐던 방수철 사장은 각고의 노력 끝에 손익계산서와 재무상태표를 읽을 수 있는 수준에 도달했다. 스스로 생각해도 대견한 일이다.

그런데 뭔지 모르게 허전하다. 이익을 종류별로 파악할 수도 있고, 자산과 부채가 얼마인지도 눈에 보이는데, 그것만으로는 어쩐지 안심이 안 된다. 재무제표 속에 빼꼭히 들어있는 숫자들만 봐서는 지금 회사가 잘 돌아가고 있는 것인지 아닌지 판단할 수가 없다.

"매출총이익이 10억 원이면 중소기업치고는 꽤 사업 잘한 거지?"

매출총이익만 놓고 보면 어깨가 으쓱해지지만 부채 항목을 보면 부채가 너무 많다는 생각이 든다.

"사업을 확장하느라 은행에서 자금을 빌려서 부채가 15억 원이면 위험한 거 아닌가?"

재무제표를 들여다볼수록 알쏭달쏭하다. 혼자서는 도저히 알 수가 없어 회계 전문가에게 SOS를 쳤다.

"사장님. 재무제표를 제대로 보려면 재무비율을 측정하고 분석할 수 있어야 해요."

"재무비율? 그건 또 뭐죠?"

"어렵게 생각하실 거 없어요. 재무비율은 기업의 유동성, 안정성, 수익성, 활동성이 어느 정도인지를 알려주는 지표에요. 손익계산서와 재무상태표를 연결해서 보면 어렵지 않게 측정할 수 있어요."

재무제표만 읽을 줄 알면 되는 줄 알았는데, 재무비율을 측정해야 한다니 산너머 산이라는 생각이 절로 든다. 하지만 재무비율을 측정하고 분석할 줄 알아야 비로소 재무관리를 시작할 수 있다는 말에 용기를 냈다. 또 재무비율을 분석할 줄 알면 다른 거래처가 우량 거래처인지 아닌지도 알 수 있다고 하니 어느 정도 흥미도 생겼다.

단기채무 지불능력을 보여주는 유동성비율

기업의 재무안정성을 볼 때 중요한 척도가 되는 것 중의 하나가 유동성비율이다. 유동성비율이란 단기간(1년 이내)에 현금화할 수 있는 유동자산과 당좌자산 보유 상태를 통해 단기채무인 유동부채를 상환할 수 있는 능력을 평가하는 비율이다. 두말할 것도 없이 유동성비율이 높을수록 유동부채를 갚을 능력이 크다.

유동성비율은 유동비율과 당좌비율로 구분된다. 유동비율은 유동자산을 유동부채로 나눈 비율로 기업의 유동성을 측정하는 데 가장 많이 사용된다. 표준비율이 200% 이상이어야 안전한 기업이라 평가할 수 있다.

    당좌비율은 유동부채를 상환할 수 있는 당좌자산 비율이다. 당좌자산은 현금 및 판매를 하지 않고도 단기간에 현금화시킬 수 있는 자산으로 유동자산보다 현금화하기가 더 쉬운 자산이다. 이 당좌자산을 유동부채로 나눈 비율이 당좌비율인데, 유동비율보다 당좌비율로 단기채무 지불능력을 평가하는 것이 더 합리적인 경우가 있다. 보통 당좌비율은 100% 이상이어야 한다. 당좌비율은 산성시험비율이라고도 부른다. 리트머스 용지에 산성과 알칼리성을 묻히면 바로 산성인지 알칼리성인지를 구분할 수 있는 것처럼 당좌비율 역시 언제라도 단기 채무를 갚을 수 있는 능력을 평가하는 비율이기 때문이다.

분석 비율	산출 방법	산출 예시	비고
1. 유동비율	$\dfrac{유동자산}{유동부채}$ (%)	$\dfrac{1,100}{500} = 220\%$	– 유동부채를 상환할 수 있는 유동자산 비율 – 기업의 부채 상환능력 평가에 보편적으로 사용 – 표준비율 200% 이상
2. 당좌비율	$\dfrac{당좌자산}{유동부채}$ (%)	$\dfrac{550}{500} = 110\%$	– 유동부채를 상환할 수 있는 당좌자산 비율 – 기업의 즉시 단기채무능력을 평가 (산성시험비율이라고도 함) – 표준비율 100% 이상

예) 유동자산 1,100, 당좌자산 550, 유동부채 500(단위 백만 원)

타인자본 의존도를 측정한 안정성비율

　사업을 하다 보면 빚을 지는 일이 종종 있다. 사실 자기 자본만으로 사업하는 사람들을 찾아보기 어려울 정도로 누구나 빚을 진다. 심지어는 빚도 자산이라며 부채를 부담스러워하지 않는 사업자들도 꽤 많다. 물론 빚이 꼭 나쁜 것만은 아니다. 그렇지만 어디까지나 갚을 수 있는 능력이 있을 때의 이야기다. 갚을 능력도 없는데 빚만 많으면 그 기업은 언제 무너질지 모르는 모래성과 다름없다.

　그렇다면 부채가 적정한 수준인지, 아니면 기업을 흔들 수도 있는 위험한 수준인지를 어떻게 알 수 있을까? 바로 안정성비율을 보면 된다. 안정성비율은 타인자본에 대한 의존도 및 조달된 자본이 적절히 자산에 배분되는지를 측정한 비율이다.

　부채가 있더라도 그 부채에 대한 이자율이 부채로 조달한 자금을 투입해 얻을 수 있는 수익률보다 낮다면 크게 문제될 것이 없다. 이는 한 마디로 부채를 투입해 벌어들인 수익으로 이자를 갚고도 남는다는 것으로 재무 레버리지 효과라고 한다. 그래서 안정성비율을 다른 말로 레버리지 비율이라고도 부른다.

　안정성비율은 부채비율, 자기자본비율, 이자보상비율, 고정장기적합률 등으로 구분된다. 부채비율은 자기자본에 대한 타인자본의 비율로 100% 이하여야 안전하다. 부채비율은 또 다시 유동부채 비율과 비유동부채 비율로 나뉘는데, 유동부채 비율은 채권자에 대한 지급능력을, 비유동부채 비율은 주주에 대한 지급능력을 의미한다.

부실한 은행을 퇴출하거나 통폐합할 때 자기자본비율이라는 말을 많이 들어보았을 것이다. 이는 총자본에 대한 자기자본의 비율을 의미하는데, 기업의 재무건전성을 평가하는 데 중요한 지표 역할을 한다. 최소한 표준비율이 50% 이상은 되어야 한다.

자기자본은 자본금, 자본잉여금, 이익잉여금의 합계로 재무상태표의 자본총계이다. 자본조정과 기타포괄손익누계액은 가감이 되어 자본총계에 반영되므로 결국 재무상태표의 자본총계가 자기자본이 된다. 또한 타인자본은 바로 재무상태표의 부채총계이다. 따라서 총자본은 자기자본 + 타인자본으로 재무상태표의 자산총계이다.

이자보상 비율은 영업이익으로 타인 자본에 대한 이자를 갚을 수 있는 능력으로 최소한 1배 이상이어야 한다. 이자보상 비율이 1배라는 것은 영업이익으로 겨우 이자비용만 갚을 수 있다는 것을 의미한다.

고정장기적합률은 비유동자산 대 장기자본비율이라고도 한다. 설비투자가 큰 업종은 종종 자기자산만으로 비유동자산을 조달하기 어렵다. 이때 부족한 자금을 장기부채로 조달하는 경우가 많은데, 그렇다고 부채가 너무 크면 위험하다. 고정장기적합률도 표준비율이 100% 이하여야 한다.

예전에는 비유동자산을 고정자산이라고도 했기 때문에 비유동자산과 고정자산은 같은 표현이다. 비유동자산은 최소한 기업 내에 1년 이상 머무르는 자산이기 때문에 장기자산이라고 할 수 있다. 그렇기 때문에 고정장기적합률이라는 표현을 쓰는 것이다.

분석 비율	산출 방법	산출 예시	비고
1. 부채비율	$\dfrac{총부채}{자기자본}$ (%)	$\dfrac{1,100}{1,200}$ = 92%	– 자기자본에 대한 타인자본의 비율 – 주주나 채권자의 자금에 대한 장기적인 상환능력을 평가 – 표준비율 100% 이하 * 유동부채 비율(유동부채/자기자본) 채권자에 대한 지급능력 * 비유동부채 비율(비유동부채/자기자본) 주주에 대한 지급능력
2. 자기자본 비율	$\dfrac{자기자본}{총자본}$ (%)	$\dfrac{1,100}{2,300}$ = 48%	– 총자본(자기자본+타인자본(부채))에 대한 자기자본의 비율 – 기업의 재무건전성 평가(중기적인 안정성 평가의 중요 지표) – 표준비율 50% 이상
3. 이자보상 비율	$\dfrac{영업이익}{이자비용}$ 배	$\dfrac{100}{50}$ = 2배	– 영업이익으로 타인 자본에 대한 이자를 갚을 수 있는 능력 – 이자비용 : 차입금 및 사채에 대한 이자, 어음할인 비용 등 (손익계산서의 영업외비용 항목) – 1배인 경우 영업이익으로 겨우 이자비용만 갚을 수 있음
4. 고정장기적합률	$\dfrac{비유동자산}{자기자본+비유동부채}$ (%)	$\dfrac{1,500}{1,200+700}$ = 79%	– 장기자본이 비유동자산에 얼마나 배분되어 있는지의 비율 – 비유동자산에 배분한 자금은 장기자본의 범위 내에서 투입되는 것이 바람직함 – 표준비율 100% 이하

예) 총부채(a) 1,100, 자기자본(b) 1,200, 총자본(a+b) 2,300, 영업이익 100, 이자비용 50, 비유동부채 700, 고정자산(유형) 1,500 (단위 백만 원)

수익창출 능력을 나타내는 수익성비율

사업을 하는 목적은 결국 수익을 창출하기 위해서다. 수익성비율은 기업이 얼마나 수익을 창출할 수 있는지를 판단할 수 있게 해주는 지표이다.

결국 자산이나 자본이 이익을 실현하는 데 얼마나 기여했는지를 볼 수 있는 척도이기도 하다.

수익성비율을 측정하는 방법은 다양하다. 우선 매출액 대비 생산효율을 측정하는 매출총이익률과 영업활동의 효율성을 측정하는 영업이익률이 있다. 또한 전체적인 비즈니스 효율성을 측정하는 지표인 당기순이익률도 중요하다. 또한 기업의 수익창출 활동을 위해 사용된 투자자금에 대한 수익성을 평가하는 총자본이익률(ROA)과 자기자본 이익률(ROE)이 있다. 이밖에도 1주당 수익을 측정하는 지표인 주당순이익과 주가를 주당순이익으로 나눈 주가수익률 등이 있다.

분석 비율	산출 방법	산출 예시	비고
1. 매출총이익률	$\dfrac{매출총이익}{매출액}$ (%)	$\dfrac{300}{1,000} = 30\%$	매출액 대비 생산효율을 측정하는 지표 (매출이익률이라고도 함)
2. 영업이익률	$\dfrac{영업이익}{매출액}$ (%)	$\dfrac{150}{1,500} = 15\%$	영업활동의 효율성을 측정하는 지표
3. 당기 순이익률	$\dfrac{당기순이익}{매출액}$ (%)	$\dfrac{50}{1,000} = 5\%$	전체적인 비즈니스 효율성을 측정하는 지표
4. 총자본 이익률 (ROI)	$\dfrac{당기순이익}{평균총자본}$ (%)	$\dfrac{50}{500} = 10\%$	- ROI : Return On Investment - 총자산이익률(ROA, Return On Asset) 이라고도 함 - 투입한 총자본에 대한 효율성을 측정함
5. 자기자본 이익률 (ROE)	$\dfrac{당기순이익}{평균자기자본}$ (%)	$\dfrac{50}{300} = 17\%$	- ROE : Return On Equity - 자기자본에 대한 효율적인 사용을 측정함 - 투자자 입장에서는 투자효율성을 측정하는 투자지표로 활용함

6. 주당순이익 (EPS)	$\dfrac{\text{당기순이익}}{\text{발행주식수}}$ (원)	$\dfrac{5천만원}{10,000} = 5,000원$	– EPS : Earnings Per Share – 1주당 수익을 측정하는 지표 – 주주가 배당받을 수 있는 주당 수익을 판단하는 지표
7. 주가수익률 (PER)	$\dfrac{\text{주당 시장가격}}{\text{주당순이익}}$	$\dfrac{50,000원}{5,000} = 10배$	– PER : Price Earnings Ratio – 기업 간 비교가능 지표로 활용가치가 높음 – PER는 주당 순이익이 높을수록 낮아지며 PER의 배수가 낮을수록 주가가 저평가되었다는 것을 나타낸다. 보통 PER는 10~12배를 표준으로 간주한다.

* 평균 : (기초액 + 기말액) / 2

자산 운영의 효율성을 평가하는 활동성비율

　기업이 소유하고 있는 자산이 얼마나 효율적으로, 활발하게 운영되었는지를 측정하는 비율이다. 자산이 아무리 많아도 별다른 활동을 하지 않았다면 죽은 기업이나 다름없다. 기업이 활발하게 활동했는지를 평가하는 대표적인 지표는 매출액이다. 이 매출액과 주요 자산과의 관계를 비율로 평가한 것이 활동성 비율로 기업을 이해하는 데 큰 도움이 된다.

　활동성비율은 총자산회전율, 매출채권회전율, 매출채권회수기간, 재고자산회전율, 유형자산회전율 등으로 구분된다. 총자산회전율은 경영활동에 자산을 얼마나 효율적으로 운영하였는가를 측정하는 지표로 총자본회전율이라고도 한다. 회전율이 높다는 것은 유동자산과 유형자산을 효율적으로 운영하고 있다는 것이며, 낮으면 과잉투자일 가능성이 높다는 것을 의미한다.

매출채권회전율은 매출채권이 현금화되는 속도와 효율성을 측정하는 지표다. 보통 연간 5~6회 정도 되어야 한다. 매출채권 회수기간은 말 그대로 매출채권을 회수하는데 걸리는 시간으로 짧으면 짧을수록 좋다.

재고자산회전율은 재고자산이 현금화가 쉬운 당좌자산으로 전환되는 속도를 측정한 지표다. 재고자산 회전율이 낮으면 판매가 부진하거나 과잉생산을 하고 있다는 것을 의미한다. 재고자산회전기간은 재고자산이 회전되는데 걸리는 시간이며 이것 역시 짧으면 짧을수록 좋다. 마지막으로 유형자산회전율은 설비나 기계류 등이 매출액에 얼마나 기여하는지를 측정하는 지표로 회전율이 낮을수록 과잉투자일 가능성이 높다.

분석 비율	산출 방법	산출 예시	비고
1. 총자산 회전율	$\dfrac{매출액}{총자산}$ (회)	$\dfrac{1,000}{500}$ = 2회	- 경영활동에 자산을 얼마나 효율적으로 운영하였는가를 측정하는 지표 (총자본회전율이라고도 함) - 회전율이 높다는 것은 유동자산과 유형자산을 효율적으로 운영하고 있다는 것이고 낮으면 과잉투자일 가능성이 높음 - 동종업계의 표본과 비교하는 것이 중요함
2. 매출채권 회전율	$\dfrac{매출액}{평균매출채권(잔액)}$ (회)	$\dfrac{1,000}{200}$ = 5회	- 매출채권의 현금화되는 속도와 효율성을 측정하는 지표 - 통상적으로 년간 5~6회 정도가 되어야 양호하다고 판단하지만 업종에 따라 차이가 있을 수 있다. - 매출채권은 기말잔액을 사용하기도 한다.
3. 매출채권 회수기간	$\dfrac{365}{매출채권회전율}$ (일)	$\dfrac{365}{5}$ = 73일	- 매출채권을 회수하는 데 걸리는 시간을 측정하는 지표

4. 재고자산 회전율	$\dfrac{\text{매출원가}}{\text{평균재고자산}}$ (회)	$\dfrac{1,000}{150} = 6.7$회	– 재고자산이 당좌자산으로 전환되는 속도를 측정 – 재고자산회전율이 낮다면 판매부진이나 과잉생산을 하고 있다.
5. 재고자산 회전기간	$\dfrac{365}{\text{재고자산회전율}}$ (일)	$\dfrac{365}{6.7} = 55$일	– 재고자산이 회전되는데 걸리는 시간을 측정하는 지표 * 와수전자의 경우 55일이 소요된다.
6. 유형자산 회전율	$\dfrac{\text{매출액}}{\text{평균유형자산}}$ (회)	$\dfrac{1,000}{180} = 5.6$회	– 설비나 기계류 등이 매출액에 얼마나 기여하는지 측정하는 지표 – 회전율이 낮을수록 과잉투자일 가능성이 높다.

* 평균 : (기초액 + 기말액) / 2

04
분명 흑자인데 왜 현금은 늘 부족할까?

• • •

　김민수 사장은 대구에서 건설자재를 판매하는 사업을 하고 있다. 규모가 작지는 않다. 거래처는 주로 중소 건설업체들이다. 사업 특성상 건설자재는 거래되는 규모나 대금 회수기간이 긴 거래건도 많아 김민수 사장은 자체적으로 손익계산을 해서 다부지게 사업을 운영하고 있다. 그럼에도 어찌된 일인지 늘 자금이 빠듯하다. 매달 손익계산서를 보면 나쁘지 않다. 아니 자금이 남아야 한다. 오늘도 그는 결산이 완료된 손익계산서를 보고 또다시 의문에 싸인다.
　"거 참! 이해할 수가 없네! 매달 손익은 괜찮은데 왜 이러지?"
　그는 의심이 가득한 눈초리로 노 과장을 쳐다본다. "노 과장! 매달 손익계산서 말이야! 이거 제대로 하는 거 맞아? 아무래도 좀 이상해. 왜 장사해서 남는데 회사에는 돈이 없는 건가?"
　노 과장은 억울한 듯 울상을 짓는다. 온몸으로 손익계산서는 정확하게 작성했다고 항변한다. 더 몰아세웠다가는 울 것 같아 "이해가 안 돼서 그런 거니 한 번 더 정확하게 계산해보라"고 지시하고 다시 손익계산서에 눈을 돌린다.

"아! 도대체 뭐가 문제지? 어음 할인 때문에 그러나? 그건 몇 건 없는데! 대출이자 때문에 그런가? 그것도 영향이 좀 있긴 하겠군. 그래도 정말 이해가 안 돼. 수금이 좀 늦어지기는 해도 다 들어는 오잖아?"

손익계산서를 들여다볼수록 점점 더 미궁에 빠지는 느낌이다. 분명 수익은 나는데, 회사에 현금이 잘 돌지 않는 이유가 대체 뭘까?

현금흐름표에 답이 있다

사업을 하다 보면 많은 사업자가 김민수 사장과 같은 의문을 품는다. 분명 손익계산서는 수익이 괜찮은 것으로 나와 있는데 현금이 잘 돌지 않아 애를 먹을 때가 있다. 그 답을 알려면 손익계산서에만 의지하지 말고 그 이면에 숨겨진 진실을 잘 보아야 한다.

손익계산서는 발생주의 원칙으로 만들어진다. 즉, 외상매출금의 경우 수금이 안 되었어도 손익계산서에는 매출로 잡혀져 있다. 실제로는 현금이 들어오지 않았는데 손익계산서에는 이미 이익이 발생한 것으로 되어 있다는 얘기다. 손익계산서와 실제 현금의 흐름이 다른 것은 다 이 때문이다.

외상매출금이 단기간에 결제가 되면 괜찮다. 그런데 한 달, 두 달, 세 달이 지나도록 장기간 수금이 안 되면 앞으로는 남아도 뒤로는 계속 현금이 들어오지 않기 때문에 회사에 돈이 마르게 된다. 보통 회사에 현금이 부족해 자금회전이 잘 안 되면 외부차입을 많이 한다. 그렇게 되면 가뜩이나 현금흐름이 나쁜데 이자까지 내야 하는 이중고를 겪게 된다. 단기차입금인 경우에는 빨리 갚아야 하므로 또다시 차입해야 하는 악순환이 되풀이되기도 한다.

보통 기업에서 재무 분석을 할 때는 주로 매출과 손익을 중점으로 분석한다. 반면 현금에 대한 결산은 뒤로 미루거나 아예 하지 않는 경우도 많다. 회계를 전문적으로 담당할 인력이 없는 소규모 기업은 더욱 그렇다. 경리를 담당하는 직원이 회계처리만 할뿐 큰 기업들의 재무팀처럼 현금결산을 해서 자금수지를 보고하는 시스템이 갖춰져 있기 않기 때문이다.

하지만 현금 결산은 무척 중요하다. 현금 결산을 하지 않으면 왜 회사에 돈이 없는지 파악하기가 어렵다. 영업활동(매출/매입, 수금 등)에서 문제가 생기는지, 그 이후의 재무활동(부채, 자본 등)에서 문제가 생기는지, 아니면 과도한 투자로 인해 현금이 잘 돌지 않는 것인지 알 수가 없다.

돈을 벌려면 열심히 판매도 해야 되지만 잘 거둬들이고, 간수도 잘해야 한다. 그렇지 않으면 밑 빠진 독에 물 붓는 것처럼 돈이 술술 샌다. 물이 새는 원인을 파악하려면 반드시 현금흐름표를 작성해서 돈의 흐름을 알아야 한다.

현금흐름표는 말 그대로 현금 자체의 흐름을 기록한 것이다. 일반적으로 현금흐름을 영업활동으로 인한 현금흐름, 투자활동으로 인한 현금흐름, 재무활동으로 인한 현금흐름 등으로 나누어 현금 흐름을 파악한다. 이를 토대로 기업의 현금동원 능력과 현재의 상태, 순이익 자체의 질을 평가하고 예측할 수 있다.

현금흐름표 작성, 어렵지 않다

    현금흐름표는 영업활동으로 인한 현금흐름의 작성법에 따라 직접법과 간접법으로 작성하는 두 가지 방법이 있다. 직접법은 말 그대로 현금유입과 유출액을 용도별로 구분해 표기하는 것을 말한다. 현금흐름을 좀 더 정확하게 볼 수 있지만 매출액부터 원가나 비용까지 원천에서부터 추적해 작성해야 하기 때문에 대단히 복잡하고 어렵다. 그래서 대부분의 업체들은 간접법을 이용해 현금흐름표를 작성하지만 결과는 동일하다. '또한 영업활동으로 인한 현금흐름'에서만 산출 방식의 차이가 날 뿐, 투자활동으로 인한 현금흐름, 재무활동을 위한 현금흐름 산출방식은 동일하다.

    간접법은 회계의 발생주의 원칙을 토대로 작성한다. 즉 손익계산서의 당기순이익을 현금의 유입으로 보는데서 시작한다. 하지만 당기순이익에는 현금의 유입/유출과 전혀 무관한 항목들이 있다(표 20 참조). 바로 현금의 유입이 없는 비용들과 수익들이다. 이 두 항목은 사전에 제외하고 계산에 들어가야 한다.

    즉 현금의 유출이 없는 비용들은 당기순이익에서 비용으로 차감된 것이니 다시 가산해주고, 현금의 유입이 없는 수익은 당기순이익에 플러스 요인이 되었으므로 다시 차감해주어야 한다. 그러면 공평하게 백지상태가 된다. 그 다음부터는 항목별로 + − 만 해주면 현금흐름표가 완성된다.

구 분	현금의 증(+) 감(-)		2000 현금흐름표
	증(+)	감(-)	
1. 영업활동으로 인한 현금 흐름			75,000
가. 당기순이익	●		75,000
나. 현금의 유출이 없는 비용들의 가산			60,000
① 감가상각비	●		45,000
② 대손상각비	●		5,000
③ 퇴직급여	●		10,000
다. 현금의 유입이 없는 수익들의 차감			5,000
① 외화환산이익		●	5,000
② 단기투자자산 평가이익		●	0
③ 지분법 평가이익		●	0
라. 영업활동으로 인한 자산 및 부채의 변동			-64,500
① 매출채권의 증(+) 감(-)	감소	증가	-50,000
② 매입채무의 증(+) 감(-)	증가	감소	-30,000
③ 재고자산의 증(+) 감(-)	감소	증가	10,000
④ 미지급비용의 증(+) 감(-)	증가	감소	5,000
⑤ 미지급법인세의 증(+) 감(-)	증가	감소	500
2. 투자활동으로 인한 현금흐름 (가-나)			-20,000
가. 투자활동으로 인한 현금유입액			10,000
① 유가증권의 처분	●		5,000
② 금융상품의 처분	●		2,000
③ 토지의 처분	●		0
④ 유/무형자산의 처분	●		3,000
나. 투자활동으로 인한 현금유출액			30,000

① 장기금융상품의 증가		●	0
② 유가증권의 취득		●	10,000
③ 토지의 취득		●	0
④ 유/무형자산의 취득		●	20,000
3. 재무활동으로 인한 현금흐름표 (가-나)			5,000
가. 재무활동으로 인한 현금유출액			10,000
① 단기차입금의 증가	●		10,000
② 사채의 발행	●		0
나. 재무활동으로 인한 현금유입액			5,000
① 단기차입금의 감소		●	2,000
② 사채의 상환		●	0
③ 배당금 지급		●	0
④ 유동성 장기부채 상환		●	3,000
4. 현금의 증감(1+2+3)			60,500
5. 기초의 현금			23,000
6. 기말의 현금(4+5)			83,500

(표20) 간접법으로 작성한 현금흐름표의 예 (1년치)

　　표20은 현금흐름표를 작성한 예이다. 현재는 1년치 결과를 작성했지만 상하반기를 비교하면서 작성하거나 필요하면 매월 작성해 봐도 된다. 다만 매월 작성하면 법인세가 없으므로 당기순이익에 세전이익을 사용해도 된다. 이 현금흐름표는 예제파일(현금흐름표)에도 있으니 양식을 참조하기 바란다.

1. 영업활동으로 인한 현금 흐름

　현금의 유출이 없는 비용들은 당기순이익을 계산할 때 비용으로 차감되었지만 실제로는 현금의 유출이 없었으므로 현금흐름표에는 가산(+)한다. 현금의 유출이 없는 비용에는 감가상각비, 퇴직급여, 단기투자자산평가손실과 같은 평가손실, 외화환산손실 등이 있으며 기업마다 항목이 다양하다.

　현금의 유입이 없는 수익들도 각종 평가이익들과 외화환산이익 등이 있으며 수익은 발생했으나 현금이 입금되지 않았으므로 현금흐름표에는 마이너스(-)를 한다. 매출채권이 감소했다는 것은 수금이 되어서 현금이 입금되었다는 것이므로 현금흐름은 가산(+)이며, 매출채권이 증가했다는 것은 채권만 증가하고 현금은 계속 입금되지 않으므로 현금흐름은 마이너스(-)이다.

　재고자산의 증가는 재고자산을 매입했으므로 현금흐름은 마이너스다. 미지급비용은 용역의 대가를 아직 지급하지 않은 부채이므로 현금흐름은 가산(+)이다. 예를 들어 당월에 청소용역을 제공받은 후 세금계산서만 받고 아직 대금을 지급하지 않았으면 재무상태표에는 미지급비용으로, 손익계산서에는 수수료비용으로 반영되어 당기순이익이 감소했기 때문이다(현금의 유출이 없는 비용이다).

　기업마다 영업활동으로 인한 현금흐름에 영향을 미치는 항목들은 다양할 것이므로 위의 현금흐름표에 해당되는 항목을 반영하여 기록하면 될 것이다.

2 / 3.투자활동으로 인한 현금 흐름/재무활동으로 인한 현금 흐름

투자활동으로 인한 현금 흐름과 재무활동으로 인한 현금 흐름은 현금의 유입, 유출에 따라 가산(+)과 마이너스로(-)로 기록만 해주면 된다. 이 또한 기업마다 현금흐름에 영향을 미치는 항목들은 다양하므로 위의 현금흐름표에 해당되는 항목을 반영하여 기록하면 될 것이다. 1~3번 항목을 다 계산한 후 마지막으로 기초의 현금을 차감해주면 기말의 현금흐름이 산출되어 작성이 완료된다.

때로는 비슷한 동종업계 기업들의 현금흐름표를 참고할 일이 있다. 그 현금흐름표를 보면 기업마다 현금흐름등급을 볼 수 있다. 보통 현금흐름등급은 6단계로 구분된다. 가장 좋은 등급인 CR1부터 가장 나쁜 등급인 CR6까지로 등급이 나뉜다. CR1~3까지는 현금흐름등급이 보통 이상이라고 할 수 있다.

반면에 CR5~6은 당연히 현금흐름이 좋지 않다고 봐야 한다. 또한 NF등급은 재무제표의 신뢰성이 떨어져 판단할 수 없는 경우이며, NR등급은 현금흐름등급을 판정하기에는 그 기업의 평가기간이 짧아 보류된 경우이다. 주로 평가할 수 있는 판단자료가 2년 미만인 경우이다. 이처럼 다른 기업의 현금흐름을 판단할 때는 이 현금흐름등급을 참조하면 큰 도움이 될 것이다.

05
재무비율, 맹신은 금물이다

• • •

재무제표를 어느 정도 읽을 줄 알게 되면서 홍지매 사장은 회계에 자신감이 붙었다. 예전에는 회계 보고를 해도 뭐가 뭔지 몰라 답답했는데, 이제는 회계 담당자가 대충 설명해도 찰떡 같이 알아들을 정도가 됐다. 덕분에 실적보고를 받는 시간이 대폭 줄었다. 몇 가지 핵심적인 사항만 체크하면 전반적인 회사 상황이 다 파악되었다.

최근 몇 달간 지켜 본 회사의 회계 상황은 파란불이었다. 회계팀 박 팀장의 보고에 의하면 모든 수치가 양호했다. 매출도 늘었고, 영업이익도 늘었고, 순이익도 늘었다. 미수금이나 재고도 줄어드는 추세라고 했다. 동종업체와 비교했을 때 매출채권회전율이나 재고자산회전율도 나쁘지 않다고 했다. 만사형통이 따로 없었다.

그로부터 몇 달 후 홍지매 사장은 청천벽력 같은 보고를 들었다. 거래처 두 군데의 매출채권이 결국 장기간 회수를 못하여 소송해야 한다는 것이다. 그중 한 군데는 매출규모가 다섯 손가락 안에 드는 거래처였다. 더 기가 막힌 일은 악성

매출채권이 계속 쌓여가는데도 대금의 일부만 받아가면서 계속 납품했다는 것이었다.

"박 팀장! 이 지경이 되도록 뭐했어? 아니 얼마 전까지만 해도 거 뭐야? 채권회전율인가 자산회전율인가 뭔가가 다른 회사보다 좋다며! 허위보고 한 거야?"

어떻게 몇 달 사이에 파란신호등이 빨간 신호등으로 바뀌었는지 알다가도 모를 일이다.

재무비율은 반드시 분해해서 분석해야 한다

홍지매 사장뿐만 아니라 많은 사장들이 재무비율을 맹신한다. 재무비율은 회사의 재정 상태를 보여주는 중요한 지표지만 잘못 분석하면 홍지매 사장처럼 어느 날 갑자기 전혀 예상치 못했던 어려움을 겪을 수 있다.

일반적으로 재무비율은 어떤 결과들에 대한 합을 가지고 나누기를 해서 산출한다. 이 말을 바꾸어 말하면 평균을 구해서 판단한다는 것이다. 홍지매 사장이 재무비율이 다 양호하다고 알고 있었는데 느닷없이 뒤통수를 맞게 된 이유는 각 거래처별로 대금이 빨리 회수되는 거래처와 회수기간이 긴 거래처를 구분해서 보지 않았기 때문이다. 즉 우량한 거래처와 그렇지 않은 거래처가 섞여 괜찮은 평균값이 되어버린 것이다. 이는 수학은 60점인데, 국어, 영어, 사회가 다 100점이었을 때 평균점수가 90점인 것과 같다. 분명 수학은 취약한 과목인데, 과목별로 보지 않고 전체 평균 점수만 보면 수학이 60점이라는 것이 보이지 않는다.

보통 매출채권을 1년 이내에 회수하지 못하면 악성매출채권으로 별도의 관리항목으로 분리해서 관리해야 한다. 그래야 악성채권을 구분할 수 있는데 그냥 다 매출채권에 포함시켜놓고 관리했으니 부실한 거래처를 파악하지 못한 건 당연한 일이다.

아마 금액이 큰 매출채권 중에 회수가 안 되는 채권이 있다는 것은 어느 정도 알고 있었을 것이다. 그렇지만 매출채권별로 분해해서 따져보지 않으면 그 금액이 얼마나 큰지 짐작하기 어렵다. 대수롭지 않게 생각했던 금액을 합하면 생각보다 금액이 큰 경우도 비일비재하다.

이처럼 재무비율을 분석할 때는 전체적인 비율을 아는 것도 중요하지만 반드시 중요한 것은 분해해서 봐야 한다. 금액이 큰 것, 오래된 것, 위험한 계약건 등은 항상 별도로 작성하여 관리해야 위험을 줄일 수 있다. 그렇게 하지 않으면 사업 실컷 잘해놓고 엉뚱한 사람한테 다 적선하는 꼴이 되고 만다.

악성 재고나 악성매출채권은 보이지 않는 손실을 만든다. 회전되지 않는 악성재고나 회수하지 못한 악성매출채권은 그 금액만 손해를 보는 것이 아니다. 이런 건이 계속 누적되면 회사는 겉으로 보기에는 회계상 손익이 멀쩡한데 속을 들여다보면 자금이 돌지 않는다. 주로 재무 건전성이 좋지 않은 거래처를 통해 매출을 많이 올리면 이런 경우가 발행한다. 물건을 판 돈으로 다시 재료를 사오고 직원들 월급을 줘야 하는데 그 돈이 항상 모자라는 것이다. 하는 수 없이 은행에 가서 돈을 빌리면 그에 따른 이자가 발생해 이중고에 시달리게 된다. 어디 그뿐인가. 계속 거래처가 결제를 안 해주면 소송으로 가게 되는데, 소송을 해도 승소할 확률은 50%도 채 안 된다. 그나마 이기면 다행인데, 지면 상대편 변호사 비용까지 물어주어야 하니 손해가 이만저만한 것이 아니다. 그러니 재무비율을 분석할 때는 반드시 분해해서 해야 한다. 보통 흩어지면 죽고 뭉치면 산다고 말하지만 회계는 다르다. 뭉치면 죽고 흩어져야 산다.

재무제표는 비교해서 분석하라

재무제표를 보면서 각종 비율들을 산출해 분석해보는 것은 대단히 고무적인 일이다. 하지만 단순히 재무비율을 산출하는 것으로 끝내면 회사의 상태를 정확히 분석하기 어려울 수 있다.

열심히 공식에 대입해 산출한 재무비율이 좋은 것인지, 나쁜 것인지를 알려면 비교 대상이 필요하다. 가능하다면 동종업계의 타 사업자와 비교할 수 있으면 좋겠지만 이제 막 사업을 시작하거나 사업규모가 작은 경우라면 쉽지 않다. 그렇다면 자사의 전월/전년대비, 분기별/반기별 추이 등 어떤 일정기간을 기준으로 비교해볼 것을 권한다. 그래야 재무비율이 좋아지고 있는 것인지, 나빠지고 있는 것인지를 알 수 있다.

또한 인당 분석도 필요하다. 인당 매출/손익/비용 등 인당 지표를 항상 예의주시해야 한다. 매출이나 손익의 증가율이나 매출총이익율, 영업이익율 등이 증가하는 추세라도 인당 매출/손익 등이 떨어지고 있다면 결코 좋은 현상이 아닐 수 있다. 그 만큼 추가 투입인력 대비 효율성이 떨어지고 있다는 증거이기 때문이다.

    그럼에도 사업 규모를 늘리기 위해 계속 인력이나 설비를 투자하겠다면 그것도 사업의 한 수단이 될 수 있겠으나 어느 정도 가다가 정체하거나 판매가 줄어든다면 문제가 된다. 고정비가 커져서 이익의 감소폭이 계속 기하급수적으로 떨어질 수 있기 때문이다. 그래서 무엇보다도 인당 분석이 중요하다. 오히려 각종 비율보다 이것에 신경을 더 써야 한다.

구분		연예산(A)	누계실적 (1~3월)	당해연도 전망				연 예산 대비(B-A)	
				2분기	3분기	4분기	계(B)	증감	증감율
매출	금액	350,000	115,305	104,864	84,000	108,469	412,638	62,638	17.9%
	인당	116,667	38,435	34,955	28,000	36,136	137,526	20,859	17.9%
영업 이익	금액	66,000	32,331	25,267	14,573	27,609	99,780	33,780	51.2%
	인당	22,000	10,777	8,422	4,858	9,023	33,080	11,080	51.2%
	영업 이익률	18.9%	28.0%	24.1%	17.3%	25.5%	24.2%	5.3%	28.3%
당기 순이익	금액	65,500	32,031	27,967	14,273	27,309	101,580	36,080	50.5%
	인당	21,833	10,677	8,322	4,758	9,103	32,860	11,027	50.5%
	순이익률 (%)	18.7%	27.8%	26.9%	17.0%	25.2%	23.9%	5.2%	27.7%
평균인원		3	3	3	3	3	3	0	0.0%

〈표21〉 연간 손익 추정 예. 단위 천 원

표21은 당해연도의 매출/영업이익/당기순이익을 전망하는 제무재표 중 추정손익계산이다. 표21을 보면 누계실적과 분기별 예상치를 단순한 숫자로만 보지 않고 이익률을 산출해 보여주고 있다. 현재 누계실적보다 2분기, 3분기의 인당 영업이익이나 영업이익률이 계속 감소하는 추세이다. 매출규모가 떨어지는 것도 문제이지만 인당 영업이익과 영업이익률도 같이 떨어진다는 것은 분명 구조상 문제가 있음을 알려주는 지표다. 즉 매출은 떨어지는데 인건비와 고정적인 비용들은 계속 지출되니 상태가 악화되는 것이다.

인당 지표를 산출할 때의 인원은 독자들의 사업장에 맞는 인원을 활용하면 된다. 영업부의 인원만 놓고 볼 것인지 전체 인원을 놓고 볼 것인지만 판단해서 그 숫자를 대입하면 된다. 아니면 영업부와 전체 인원을 섞어도 괜찮다. 예를 들어 매출을 볼 때는 영업부 인원만 활용하고, 영업이익을 볼 때는 전체 인원을 활용해도 상관없다. 그 상황에 맞게 적용하면 된다.

구분	예산(A)				실적(B)				증감(B-A)			
	매출액	매출비중	매출이익	단위당 표준원가	매출액	매출비중	매출이익	단위당 실제원가	매출액	매출비중	매출이익	표준원가 차이
커피류	80,000	58%	49,000	1.65	99,866	63%	51,183	1.58	19,866	4%	2,183	-0.06
음료류	34,000	25%	14,000	2.71	38,900	24%	15,160	2.81	4,900	0%	1,670	0.10
제조 Tea류	8,000	6%	5,000	1.42	7,308	5%	4,687	1.37	-692	-1%	-313	-0.05
단품류	15,000	11%	7,000	1.05	13,492	8%	6,504	1.14	-1,508	-2%	-496	0.09
계	137,000	100%	75,000		159,492	100%	78,043		22,567	0%	3,043	

(표22) 연간 제품군별 실적분석. 단위 천 원

표22는 각 제품군별로 연간 실적을 분석한 표이다. 각 제품군별로 매출액, 매출비중, 매출이익과 연 예산의 표준원가 대비 실제원가 차이액을 분석한 결과이다. 커피류는 연 예산 대비 매출액과 매출이익도 증가하였고 제품 단위당 실제원가도 표준원가 대비 감소하였다. 일 년 동안 아주 잘 운영되었다는 증거다. 하지만 음료류는 매출액과 매출이익은 늘었지만 단위당 실제원가가 표준원가보다 높았다. 재료 매입에 조금 더 신경썼다면 매출이익을 좀 더 늘릴 수 있었을 것이다.

이처럼 사업장의 모든 실적은 반드시 연 예산과 비교해야 한다. 그래야 성과를 제대로 알 수가 있다. 사업을 계속하면서 2~3년이 흐르면 그때는 전년도와도 비교해봐야 한다. 사업 경영을 한다는 것은 이처럼 항상 표준과 기준을 정해서 끊임없이 비교하는 것이나 마찬가지다. 그래야 어려운 시장 환경 속에서도 도태되지 않을 수 있다.

Part 5
초보사장들을 위한 회계 실전

Part5를 읽기 전에

· · ·

1. 예제로 배워보는 회계 실전
이론만 백번 공부하는 것보다 실전을 한 번 경험하는 것이 낫다. 사실 사업자가 알아야 할 회계는 결국 기업예산을 짜고, 매월 손익계산을 하고, 연간 손익전망을 하기 위한 회계라 해도 과언이 아니다.
Part5에서는 기업예산수립, 연간손익전망, 매월손익계산 등을 예제와 함께 직접 연습하면서 배울 수 있는 파트이다.

2. 업종별로 예제 제공
예제는 도소매업, 서비스업, 용역 · 유지보수업 등 업종별로 마련해놓았다. 도소매업은 다시 품종을 기준으로 다품종과 소품종으로 구분했다. 요즘 소규모 사업자들이 많이 창업하는 업종을 기준으로 한 것인데, 다른 업종에서도 충분히 활용할 수 있다. 예를 들어 제조업은 서비스업 예제를 이용하면 무리가 없다. 또한 최근 들어 스타트업과 같이 기술창업과 비즈니스 모델을 개발하는 업종은 어느 예제를 활용해도 상관이 없다. 상품이나 제품이 없고 매출액과 연구비 및 연구자재(소모품), 판매관리비만 있기 때문이다.

예제, 어디서 다운로드 받을까?
지와수 블로그 : http://jiandsoobook.co.kr 〈자료창고〉

3. 하나를 알면 셋을 알 수 있다
기업예산수립, 연간손익전망, 매월손익계산은 각각 예제를 따로 만들어두었지만 한 예제를 해 보면 다른 예제들은 그리 어렵지 않게 할 수 있다. 세 예제가 기본은 동일한 구조이기 때문이다. 따라서 기업예산수립은 다품종 도소매업종 예제, 연간손익전망은 서비스업 예제, 매월손익계산은 용역 · 유지보수업 예제를 기준으로 설명했다. 책에서 소개하지 못한 예제는 예제 파일에 설명이 있으니 참조하면 된다.

4. 실무 적용 가능한 완성도 높은 예제
Part5에서 제공하는 예제는 현장에서 그대로 사용해도 무리가 없을 정도로 나름 완성도가 높다. 현장에서 그대로 사용할 수 있도록 만들다보니 예제가 복잡해진 면도 없지 않다. 하지만 실제로 직접 작성해야 하는 부분은 간단하다. 꼭 필요한 부분만 입력하면 나머지는 자동으로 계산되므로 큰 부담 갖지 않아도 된다. 작성하다 틀려도 괜찮다. 원본 파일이 있으니 다시 해 보면 된다.

01
기업 예산 수립하기

• • •

사업자라면 꼭 기초적인 회계 언어는 구사할 줄 알아야 한다. 사업자가 아니더라도 요즘에는 회계를 모르고서는 제대로 비즈니스를 하기 어렵다. 기획, 영업 등 재무/회계 파트가 아닌 부서에서 일하는 사람들도 회계공부에 열을 올리는 이유도 여기에 있다.

앞에서도 이야기했듯이 사업자가 알아야 할 회계는 전문적인 재무회계는 아니다. 재무회계는 투자자와 같은 기업 외부 사람들에게 기업의 경영활동을 보여주기 위한 회계이다. 우리가 많이 들어본 재무제표를 작성하는 것이 곧 재무회계의 기본이자 핵심이라 할 수 있다. 이에 비해 관리회계는 내부 경영자를 위한 회계이다. 즉, 현재의 경영 상태를 파악하고 미래의 사업 계획을 세우고, 전망을 예측하는 것이 관리회계라 할 수 있다. 사업자가 알아야 할 회계는 당연히 이 관리회계이다.

관리회계 중에서도 사업자라면 적어도 기업 예산은 스스로 수립할 수 있어야 한다. 설령 1인 기업이라 할지라도 최소한 1년간의 예산은 수립하고 사업을 해야 한다. 예산이 없다는 것은 사업의 구체적인 방향 없이 마구잡이로 사업을 한다는 것과 똑같다.

연간 매출과 손익을 예측하다 보면 1년 동안 어느 정도를 목표로 삼아야 하는지 자연스럽게 알 수 있다. 예산을 수립하다 보면 막연히 생각했던 것보다 훨씬 매출을 많이 올려야 한다는 것을 실감하게 된다. 아직 본격적으로 사업을 시작하기 전인 예비사장이라면 더더욱 예산을 수립해보아야 한다. 그래야 사업을 어떤 방법으로, 어느 정도 규모로 목표를 세워야 할 지 알 수 있다.

기업예산수립은 도소매업 중 다품종을 취급하는 비즈니스를 기준으로 설명할 것이다. 요즘 가장 인기 있는 창업 아이템 중 하나인 인터넷 쇼핑몰이 이에 해당한다. 사실 도소매업의 경우 소품종이든 다품종이든 예산을 수립하는 과정은 대동소이하다. 다만 상품의 종류가 많기 때문에 매출단가와 매입단가를 입력하는 과정이 좀 복잡할 뿐이다. 다른 업종도 기본적인 방법은 비슷하다.

모든 예제 파일에는 제일 처음에 〈작성기준〉 시트가 있다. 어떤 예제파일을 연습하든, '작성기준'을 읽어보면 한결 쉽게 예제를 작성할 수 있을 것이다.

 예제파일 : 기업예산 수립_(도소매업)_다품종

1. 매출단가, 매입원가 설정

　예제파일을 열어보면 시트1부터 시작하지만 시트1과 2는 기업예산을 다 수립해야 결과적으로 나타나는 시트이다. 작성은 시트3부터 시작해야 한다.

　① 〈3. 매출단가〉와 〈4.매입단가〉 시트는 각각 매출단가와 매입단가를 설정하는 시트이다. 매출단가와 매입단가 시트의 품목은 독자들의 사업에 맞게 수정해서 사용하면 된다. 예를 들어 옷이 아니라 모자를 파는 업체라면 '1. 니트류'를 '1. 야구모자'와 같이 바꾸면 된다.

　상품의 종류가 많기 때문에 상품명은 '상품1, 상품2……'와 같이 상품별로 부여한 고유코드를 입력하든지 아니면 '목폴라, 체크가디건……'과 같이 상품명을 입력하면 된다. 어느 쪽이든 쉬운 방법을 택하면 된다. 상품명을 입력할 때 가급적이면 띄어쓰기는 하지 않는 것이 좋다. 엑셀에서 동일한 품목을 검색할 때는 공란도 똑같이 입력해야 하므로 오류가 발생하기 쉽다.

　② 매출단가에서 부가세는 빼고 산정해야 한다. 부가세는 세금이지 매출이 아니기 때문이다. 부가세를 제외한 매출단가를 산정하는 계산기는 본 시트의 하단부에 있으니 참조하면 된다. 소품종을 취급하는 경우에는 일반 소비자뿐만 아니라 다른 사업자를 대상으로 하는 경우가 있을 것이다. 이럴 때는 거래처별로 할인율이 다 다를 수 있으므로 거래처별로 할인

율도 적용해야 한다. 이런 경우에는 기업 예산 수립_소품종 예제를 활용하면 된다.

1.니트류		2.청바지류		3.면바지류	
상품명	매출단가	상품명	매출단가	상품명	매출단가
아름다움	68,182	길어길어	68,182	노랑노랑	40,909
미소천사	31,818	빈티지	63,636	파랑파랑	36,364
이쁨	72,727	너무길어	59,091	하늘하늘	31,818
예쁨	77,273	스키니	54,545	날려가	27,273
더이쁨	72,727	상품55		상품105	

③ 매입단가는 매출단가에서 입력한 상품명을 순서대로 가져온다. 이 또한 부가세는 빼고 산정해야 한다. 서비스업(커피전문점, 음식점)은 재료 매입단가로 각 제품의 표준원가를 산출해야 한다. 표준원가 산출은 Part3의 '05 아메리카노 1잔의 표준원가는 얼마?'에서 이미 설명했다. 예제를 통해서도 산출할 수 있으니 〈4-1〉부터 〈4-4〉의 원가 산출 시트를 참조하면 된다. 용역 유지보수업도 〈4.원가 산정〉 시트가 별도로 있으니 예제를 통해서 쉽게 산출할 수 있다.

1.니트류		2.청바지류		3.면바지류	
상품명	매입단가	상품명	매입단가	상품명	매입단가
아름다움	40,909	길어길어	31,364	노랑노랑	16,364
미소천사	36,818	빈티지	29,273	파랑파랑	14,545
이쁨	32,727	너무길어	27,182	하늘하늘	12,727
예쁨	34,773	스키니	25,091	날려가	10,909
더이쁨	32,727	상품55		상품105	

2. 매출수량/매출액/매출원가 산출

⟨5.매출수량⟩은 연간 예상되는 상품의 매출수량을 예측하는 시트다. ⟨5.매출수량⟩ 시트를 입력하면 ⟨6.매출액⟩ 시트는 자동으로 계산된다. ⟨7.매출원가⟩ 시트는 매출수량에 상품 단위당 표준원가를 곱해서 산출된다. 역시 ⟨4.매입단가⟩와 ⟨5.매출수량⟩ 시트를 입력하면 자동으로 계산된다.

서비스업인 경우에는 매출원가가 재료비와 노무비/경비로 나뉘어져 있다. 재료비는 표준원가 재료비를 매출수량과 곱하여 산출하였고, 노무비/경비는 제품별로 투입된 재료비의 크기대로 배부되어 산출되었다.

① ⟨5.매출수량⟩ 시트는 각 상품별 매출수량을 산출한 것이다. 월별로 예상 매출수량을 입력하면 된다.

상품군	상품명	매 출 수 량						
		당해년합계	1월	2월	3월	4월	5월	6월
년합계	1.니트류	940	320	320	300	-	-	-
	2.청바지류	285	85	95	105	-	-	-
	3.면바지류	165	55	55	55	-	-	-
	4.브라우스류	-	-	-	-	-	-	-
	5.점퍼류	-	-	-	-	-	-	-
	6.패딩류	-	-	-	-	-	-	-
합 계		1,390	460	470	460	-	-	-
1.니트류	아름다움	150	50	50	50			
	미소천사	30	10	10	10			
	이쁨	90	30	30	30			
	예쁨	600	200	200	200			
	더이쁨	70	30	30	10			
		-						
합 계		940	320	320	300	-	-	-

② 〈6.매출액〉 시트는 각 상품별 월별 매출수량과 매출단가를 곱하여 산출한 월별 매출액이다. 〈3.매출단가〉와 〈5.매출수량〉 시트를 작성하면 이 시트는 자동으로 채워진다.

상품군	상품명	매출단가	당해년합계	1월	2월	3월	4월	5월	6월
년합계	1.니트류		69,182	23,545	23,545	22,091	-	-	-
	2.청바지류		17,727	5,227	5,909	6,591	-	-	-
	3.면바지류		5,182	1,727	1,727	1,727	-	-	-
	4.브라우스류		-				-	-	-
	5.점퍼류		-				-	-	-
	6.패딩류		-				-	-	-
합계			92,091	30,500	31,182	30,409			
1.니트류	아름다움	68	10,227	3,409	3,409	3,409	-	-	-
	미소천사	32	955	318	318	318	-	-	-
	이름	73	6,545	2,182	2,182	2,182	-	-	-
	예쁨	77	46,364	15,455	15,455	15,455	-	-	-
	더이름	73	5,091	2,182	2,182	727	-	-	-
	0								
합계			69,182	23,545	23,545	22,091			

③ 〈7.매출원가〉는 매출액 산출과 동일하다. 다만 매출수량과 매입단가를 곱하여 산출된다.

3. 비용 산출

매출과 관련한 예산을 입력했다면 경비를 산출할 차례다. 〈8.인건비〉, 〈9.직접경비〉, 〈10.공통경비〉가 바로 비용과 관련된 시트로 이는 독자들이 직접 계획을 수립해야 한다. 인건비와 직접경비는 작성하는 방법이 단순하고 쉬우므로 생략하기로 한다.

공통경비는 독자들이 경영지원과 영업의 인원과 경계를 먼저 구분하고 배부될 기준만(면적, 인원) 정해주면 자동으로 배부된다. 구분할 필요가 없으면 한군데만 입력하면 된다. 아래는 공통경비예산을 수립하는 과정이다.

① 〈10.공통경비〉 시트 1번 항목에서 인원과 면적을 구분하면 영업부와 경영지원부의 공통경비 배부율이 정해진다.

1. 배부기준을 위한 비율 산출(영업부)				
구분	인원 및 면적		배부율	
	인원	면적(m²)	인원	면적
영업(판매)부	1	30	67%	75%
전체	1	40		

2. 배부기준을 위한 비율 산출(경영지원부)				
구분	인원 및 면적		배부율	
	인원	면적(m²)	인원	면적
경영지원	0	10	33%	25%
전체	1	40		

② 월별로 예상되는 사업장의 공통경비 예산을 수립한다. 만약 전년도 실적이 있다면 입력해서 당해연도 예산과 비교해 보면 좋은 참고가 될 것이다.

구분	전년실적	당해년도 예산						
		1월	2월	3월	4월	5월	6월	7월
수도요금		50	50	50				
가스요금		100	100	100				
전기요금		150	150	150				
사업소세		50						
재산세		50						
면허세		50						
자동차세		200						
건물감가상각비								

③ 전체 사업장의 공통경비 예산을 영업부로 배부한 결과이다. 독자들은 배부기준에 인원인지 면적인지 그 단어만 입력하면 배부율과 그 배부율을 적용한 당해연도 예산이 자동으로 완성된다. 영업부의 공통경비 예산이 완료되면 경영지원부의 공통경비 예산은 전체 사업장의 예산에서 영업부의 예산을 차감하여 자동으로 완성된다.

구분	배부기준	배부율	당해년도 예산						
			1월	2월	3월	4월	5월	6월	7월
수도요금	인원	67%	33	33	33	-	-	-	-
가스요금	면적	75%	75	75	75	-	-	-	-
전기요금	면적	75%	113	113	113	-	-	-	-
사업소세	인원	67%	33	-	-	-	-	-	-
재산세	면적	75%	38	-	-	-	-	-	-
면허세	면적	75%	38	-	-	-	-	-	-
자동차세	면적	75%	150	-	-	-	-	-	-

4. 판매관리비 배부와 기타

판매관리비는 상품군별로 적절한 기준에 의해 각 상품군별로 배부해야 한다. 그래야 각 상품군별 손익을 정확하게 산출할 수 있다. 서비스업과 용역 유지보수업은 판매관리비 외에 제품원가와 용역원가를 배부하는 시트가 하나씩 더 있다. 그 원가를 배부하기 위한 배부율을 산출하는 방법은 판매관리비의 방법과 동일하다.

① 〈11.판관비 종합〉 시트는 인건비, 직접경비, 공통경비를 수립한 결과를 종합하여 집계한 표이다. 전사합계액을 각 상품별로 배부하게 되는 것이다.

구분		1월	2월	3월	4월	5월	6월	7월
영업부		7,938	7,314	7,303	-	-	-	-
	인건비	5,100	5,100	5,100	-	-	-	-
	경 비	2,838	2,214	2,203	-	-	-	-
	직접경비	1,242	1,251	1,241	-	-	-	-
	공통경비	1,596	963	963	-	-	-	-
경영지원부		2,686	2,469	2,469	-	-	-	-
	인건비	1,800	1,800	1,800	-	-	-	-
	경 비	886	669	669	-	-	-	-
	직접경비	282	282	282	-	-	-	-
	공통경비	604	388	388	-	-	-	-
전사합계		10,624	9,783	9,772	-	-	-	-
	인건비	6,900	6,900	6,900	-	-	-	-
	경 비	3,724	2,883	2,872	-	-	-	-
	직접경비	1,524	1,533	1,522	-	-	-	-
	공통경비	2,200	1,350	1,350	-	-	-	-

② 현재 판매관리비 배부율은 각 상품군의 매출액을 기준으로 작성되었다. 예를 들어 니트류 1월 배부율은 '1월 니트류 매출액/1월 전체 상품 매출액×100'이다. 즉 매출액이 변동되면 자동으로 배부율이 바뀌는 것이다. 따라서 배부율을 직접 수기로 입력하면 각 상품별 판매관리비 배부합계액

이 맞지 않는다.

　현재 배부율은 전부 소숫점으로 되어있기 때문에 정수를 입력하면 배부되는 판매관리비가 틀려지는 것이다. 또한 직접 입력하면 배부율이 매출액과 연동이 자동으로 되지 않으니 주의하기 바란다. 만약 직접 입력하려면 하단의 합계가 항상 100%가 되게끔 작성해야 한다. 반면 배부율을 산출하는 기준은 독자들이 달리 적용해도 된다. 직접 재료비를 기준으로 하려면 매출액 대신에 직접재료비의 값을 연결시키면 된다.

구 분	배부율						
	1월	2월	3월	4월	5월	6월	7월
1.니트류	77.2%	75.5%	72.6%				
2.청바지류	17.1%	19.0%	21.7%				
3.면바지류	5.7%	5.5%	5.7%				
4.브라우스류	0.0%	0.0%	0.0%				
5.점퍼류	0.0%	0.0%	0.0%				
6.패딩류	0.0%	0.0%	0.0%				
7.T셔츠류	0.0%	0.0%	0.0%				
8.OOO류	0.0%	0.0%	0.0%				
9.OOO류	0.0%	0.0%	0.0%				
10.OOO류	0.0%	0.0%	0.0%				
11.OOO류	0.0%	0.0%	0.0%				
계	100.0%	100.0%	100.0%	0.0%	0.0%	0.0%	0.0%

　③ 〈12.판관비 배부〉는 월별 전사합계 판매관리비를 판매관리비 배부율(4. 나.)에 따라 각 상품군별에 배부한 배부액이다. 판매관리비를 각 상품군별로 배부하는 이유는 상품별로 정확한 손익을 산출하기 위해서이다.

가. 판매관리비 합계액(인건비, 직접경비, 공통경비)

구 분	1월	2월	3월	4월	5월	6월	7월
영업부	7,938	7,314	7,303	-	-	-	-
경영지원부	2,686	2,469	2,469	-	-	-	-
전사합계	10,624	9,783	9,772	-	-	-	-

나. 판매관리비 배부_상품

구 분	배 부 액						
	1월	2월	3월	4월	5월	6월	7월
1.니트류	8,201	7,387	7,099				
2.청바지류	1,821	1,854	2,118				
3.면바지류	602	542	555				
4.브라우스류	-	-	-				
5.점퍼류	-	-	-				
6.패딩류	-	-	-				
7.T셔츠류	-	-	-				
8.OOO류	-	-	-				
9.OOO류	-	-	-				
10.OOO류	-	-	-				
11.OOO류	-	-	-				
계	10,624	9,783	9,772	-	-	-	-

④ 마지막으로 〈13.영업외〉 시트는 영업외 수익/비용을 편성하는 시트이지만 거의 예측이 잘 안될 것이다. 해당 사항이 없으면 비워두어도 된다.

5. 예산 수립 결과 확인

〈3.매출단가〉부터 〈13.영업외〉 시트까지 차근차근 작성했다면 연간 예산은 자동으로 완성된다. 그 결과물은 〈1.종합〉과 〈2.연간 예산〉에서 확인할 수 있다.

① 〈1.종합〉시트의 '가.매출/손익'은 연간 예산을 수립한 매출/손익 종합 결과이고, '나.상품별 예산'각 상품군별로 예산을 수립한 결과를 종합한 결과다. 전년도 실적이 있으면 같이 비교하면 좋다.

가. 매출/손익 (단위:천원)

구 분		전년도(A)	당해년도				계(B)	전년 대비(B-A)		비 고
			1분기	2분기	3분기	4분기		증감	증감율	
매 출		320,000	92,091	0	0	0	92,091	-227,909	-71.2%	
	인당	106,667	30,697				122,788	16,121	15.1%	
영업이익		41,000	18,344	0	0	0	18,344	-22,656	-55.3%	
	인 당	13,667	6,115				24,458	10,792	79.0%	
	영업이익율(%)	12.8%	19.9%				19.9%	7.1%	55.5%	
당기순이익		40,000	18,044	0	0	0	18,044	-21,956	-54.9%	
	인 당	13,333	6,015				24,058	10,725	80.4%	
	순이익율(%)	12.5%	19.6%				19.6%	7.1%	56.7%	
평균인원		3	3	0	0	0	1	-2	-75.0%	

나. 상품별 예산 (단위:천원)

구 분	전년도(A)		당해년도(B)			증 감(B-A)			상품1개당 영업이익
	매출액	매출비중	영업이익	매출액	매출비중	영업이익	매출액	매출비중	
1.니트류	220,000	63%	45,000	69,182	75%	13,153	-150,818	12%	-31,847	14.0
2.청바지류	110,000	31%	25,000	17,727	19%	3,780	-92,273	-12%	-21,220	13.3
3.면바지류	20,000	6%	5,000	5,182	6%	1,410	-14,818	0%	-3,590	8.5
4.브라우스류		0%		0	0%	0	0	0%	0	
5.점퍼류		0%		0	0%	0	0	0%	0	
6.폐당류		0%		0	0%	0	0	0%	0	
7.T셔츠류		0%		0	0%	0	0	0%	0	
8.000류		0%		0	0%	0	0	0%	0	
9.000류		0%		0	0%	0	0	0%	0	
10.000류		0%		0	0%	0	0	0%	0	
11.000류		0%		0	0%	0	0	0%	0	
계	350,000	100%	75,000	92,091	100%	18,344	-257,909	0%	-56,656	

② 〈2.연간예산〉 시트는 연간 예산을 월별로 손익계산서 형태로 산출한 결과이다. 현재는 3월까지만 표시되어 있으나 예제에는 12월까지 산출할 수 있게끔 되어 있다.

구 분		년합계	20OO년 계획										
			1월	2월	3월	4월	5월	6월	7월	8월	9월	10월	11월
매출		92,091	30,500	31,182	30,409	0	0	0	0	0	0	0	0
매출원가		43,568	14,427	14,741	14,400								
매출이익		48,523	16,073	16,441	16,009	0	0	0	0	0	0	0	0
	매출이익율	53%	53%	53%	53%								
판매관리비		30,179	10,624	9,783	9,772	0	0	0	0	0	0	0	0
	인건비	20,700	6,900	6,900	6,900								
	경비	9,479	3,724	2,883	2,872								
영업이익		18,344	5,449	6,658	6,237	0	0	0	0	0	0	0	0
	영업이익율	20%	18%	21%	21%								
영업외수익		600	200	200	200	0	0	0	0	0	0	0	0
영업외비용		900	300	300	300	0	0	0	0	0	0	0	0
세전이익		18,044	5,349	6,558	6,137	0	0	0	0	0	0	0	0
법인세비용		0											
당기순이익		18,044	5,349	6,558	6,137	0	0	0	0	0	0	0	0
	순이익율	20%	18%	21%	20%								
인 원(평균)		1	3	3	3	0	0	0	0	0	0	0	0
	영업부	1	2	2	2	0	0	0	0	0	0	0	0
	경영지원	0	1	1	1	0	0	0	0	0	0	0	0
인 당	매 출	122,788	10,167	10,394	10,136								
	영업이익	24,458	1,816	2,219	2,079								
	당기순이익	24,058	1,783	2,186	2,046								
	인건비	27,600	2,300	2,300	2,300								
	경비	12,639	1,241	961	957								

02
매월 사업장의 손익 계산하기

∙∙∙

　기업예산을 수립했으면 1년 동안의 사업 목표가 설정된 셈이다. 하지만 예산을 수립했다고 기업이 저절로 잘 운영되는 것은 아니다. 예산은 어디까지나 예산일 뿐이다. 중요한 것은 실제 매출과 비용이 얼마이고, 손익이 얼마나 되는지를 알아야 한다는 것이다. 그러려면 매월 사업장의 손익을 계산할 줄 알아야 한다. 매월 손익결산을 하고 그것이 연초에 세운 예산과 대비해서 사업이 계획대로 진행되고 있는지 그렇지 않은지 판단해보아야 한다.

　매월 손익계산을 하는 방법은 예산을 수립하는 것과 크게 다르지 않다. 다만 예산이 추정에 의한 것이라면 매월 손익계산은 실제로 발생한 거래건과 비용 실적, 재고를 카운트해서 기록한다는 점에서 차이가 있을 뿐이다.

　매월 손익계산을 하는 것이 쉬운 일은 아니지만 아주 중요한 일이므로 최소한 한 달에 한 번은 시간을 투자해야 한다. 특히 재고의 결산은 대단히 중요하다. 매월 말일이나 적어도 다음달 1일에는 반드시 재고 결산을 해야 한다. 그래야 망하지 않는다. 많이 파는 것만이 중요한 것이 아니다. 잘 팔아 수익을 남기는 것이 더 중요하다.

손익을 계산하는 예제 파일 역시 맨 앞에 〈작성기준〉 시트를 준비해두었다. 작성하는 방법과 주의사항을 설명해둔 시트이니 먼저 읽어보고 예제를 작성해보면 한결 쉽게 손익 계산하는 방법을 알 수 있을 것이다.

매월 손익 계산하기는 서비스업의 비즈니스 형태를 예를 들어 설명할 것이다. 서비스업 중에서도 많은 예비 창업자들이 관심을 갖는 커피전문점을 예로 들었다. 서비스업 외 다른 분야의 비즈니스 형태도 역시 큰 흐름은 비슷하다. 서비스업과 다른 부분은 추가로 설명할 것이니 다른 업종이라도 매월 손익 계산하기가 어렵지는 않을 것이다.

 예제파일 : 매월 손익 계산하기_(서비스업)

1. 표준 매출단가와 매출원가 설정

〈3.단가 원가〉는 판매하는 제품의 단위당 표준 매출단가와 매출원가를 설정하는 시트이다. 이 시트를 작성하는 이유는 매월과 연간 결산이 끝나면 실제원가와 표준원가의 차이를 알아보기 위한 기초자료가 되기 때문이다.

① 〈3.단가 원가〉 시트에서 매출단가는 독자들이 예상하는 표준 매출단가를 입력하면 된다. 매출원가의 재료비는 〈4.1〉부터 〈4.4〉 시트까지 표준원가 재료비 시트를 작성하면 자동으로 값을 가져온다. 반면에 노무비/경비는 독자들이 수립한 기업 예산에 있는 값을 그대로 입력하면 된다. 매출이익과 매출이익율은 자동으로 계산된다.

용역 유지보수업인 경우 임대와 유지보수의 두 가지 형태로 매출이 발생될 수 있다. 따라서 원가도 두 가지 형태로 산출해야 한다. 서비스업과 마찬가지로 매출단가는 독자들이 입력하면 되고 매출원가는 〈4.원가산정〉 시트의 월 소모품과 부품교체 수량을 예상해서 입력하면 자동으로 완성된다. 또한 임대인 경우에 원가를 산정할 때 임대장비의 월 감가상각비도 산출해야 한다. 중요한 원가요소이다.

품 목	매출 단가		매출원가					매출이익		매출이익율	
	Large	Regular	재료비			노무비/경비		Large	Regular	Large	Regular
			Large	Regular	계	Large	Regular	계				
아메리카노	3,636	2,727	250	200	450	952	762	1,714	2,434	1,765	67%	65%
카페라떼	4,091	3,183	347	278	624	1,342	1,074	2,416	2,402	1,832	59%	58%
카푸치노	4,091	3,183	311	249	560	1,214	971	2,185	2,566	1,963	63%	62%
카라멜마키아또	4,545	3,636	391	313	704	1,497	1,198	2,695	2,656	2,125	58%	58%
카페모카	3,636	2,727	414	331	745	1,602	1,282	2,884	1,620	1,114	45%	41%

② 〈4.1〉부터 〈4.4〉시트는 각 제품군별로 표준원가를 산출하는 시트이다. 표준원가를 산출하는 방법은 Part3에서 자세히 설명했지만 예제를 통해서도 충분히 작성할 수 있다.

③ 〈5.매출단가표〉는 연중에 판매되는 제품의 매출단가가 변경이 되는 경우를 대비해서 매출단가가 바뀌는 월부터 수정하기 위해서 만든 시트이

다. 현재는 표준매출단가를 적용하여 자동으로 계산되어 있다. 하지만 매출단가가 바뀌는 경우는 바뀌는 월부터 그 뒤로는 바뀐 단가를 그대로 입력해주면 된다.

가. SIZE : Large

구분	품목	매 출 단 가					
		1월	2월	3월	4월	5월	6월
커피류	아메리카노	3,636	3,636	3,636	3,636	3,636	3,636
	카페라떼	4,091	4,091	4,091	4,091	4,091	4,091
	카푸치노	4,091	4,091	4,091	4,091	4,091	4,091
	카라멜마키야또	4,545	4,545	4,545	4,545	4,545	4,545
	카페모카	3,636	3,636	3,636	3,636	3,636	3,636

④ 커피전문점이나 음식점인 경우에는 사업을 시작할 때 커피머신이나 대형냉장고 같은 설비류에 해당하는 자산들이 있다. 당연히 감가상각을 해야 한다. 〈6.감가상각비〉 시트는 취득한 월을 기준으로 감가상각비를 계산하기 위한 시트이다. 자산은 주방용과 매장용으로 구분되어 있다. 주방용은 제품원가가 될 것이고 매장용은 판매관리비가 될 것이다. 현재의 감가상각기준은 4년 정액법으로 계산되었다.

* 감가상각기간 : 4년 정액법   48 개월

구 분		취득금액	취득일자	월상각액	연간 감가상각비					
					년합계	1월	2월	3월	4월	5월	6월
주방용	커피머신	3,000	15.1월	63	63	63					
	스팀거품기	2,000	15.2월	42	-						
	원두 가는 기계	1,000	15.3월	21	-						
	진열냉장고	2,000	15.2월	42	-						
	계	8,000			63	63	-	-	-	-	-
매장용	에어컨	3,000	15.1월	63	63	63					
	냉난방기	2,500	15.1월	52	52	52					
	탁자(10개)	1,000	15.3월	21	-						
	의자(40개)	1,600	15.1월	33	33	33					
	쇼파(3개)	1,500	15.2월	31	-						
	계	9,600			148	148	-	-	-	-	-
합 계		17,600			211	211					

2. 매출수량/매출액/매출원가 산출

표준 매출단가와 매출원가를 산출했으면 매출수량과 매출액을 산출하는 것은 아주 쉽다. 기본적인 산수만 할 수 있으면 누구나 할 수 있다.

① 시트 7과 9은 각 제품별 월별 매출수량 실적을 작성하는 시트이다. 매출수량만 카운트 하는 단순한 시트이므로 설명을 생략하기로 한다.

② 시트 8과 10은 각 제품별 월별 매출액 실적을 작성하는 시트이다. 현재는 표준매출 단가를 매출 실적수량에 곱하여 자동으로 산출하도록 구성되었다. 하지만 할인행사를 하거나 무료로 제공한 경우에는 합계액이 맞지 않다. 그런 경우에는 매월 매출액을 직접 수기로 입력해야 한다.

③ 시트 11과 12는 월별로 각 제품별 매출원가를 산출하여 집계한 시트이다. 각 제품별로 재료비와 노무비/경비를 합산한 결과이다. 이 집계에 대한 상세 설명은 20~23번 시트에 각 제품별 매출원가 산출내역을 설명할 때 자세히 할 것이다. 각 제품별 매출원가는 20~23번 시트에서 자동으로 가져온 값이다.

용역 유지보수업도 마찬가지이다. 용역 유지보수업의 상세 매출원가 산출 내역은 〈16.소모품원가〉 산출 내역에 있다. 용역 유지보수업은 별도 매출과 별도 매출원가를 작성하는 시트가 있다. 이 시트는 고객이 일시적이거나 추가로 보수작업을 요청했을 때 발생하는 매출과 매출원가이다.

간혹 있을 것이다. 직접 금액을 입력하면 된다.

구 분	품 목	계	1월	2월	3월	4월	5월	6월
년합계	커피류	1,158	1,158	-	-	-	-	-
	음료류	109	109	-	-	-	-	-
	제조 Tea류	48	48	-	-	-	-	-
	단품류	52	52	-	-	-	-	-
	합 계	1,367	1,367	-	-	-	-	-
커피류	아메리카노	291	291	-	-	-	-	-
	카페라떼	202	202	-	-	-	-	-
	카푸치노	90	90	-	-	-	-	-
	카라멜마키아또	455	455	-	-	-	-	-
	카페모카	120	120	-	-	-	-	-
	제품1	-	-	-	-	-	-	-
	합 계	1,158	1,158	-	-	-	-	-

3. 비용/원가(직접재료비 제외) 산출

⟨13.인건비, 14.직접경비, 15.공통경비⟩는 기업 예산을 수립하는 방법과 작성방법이 동일하다. 예산만 실적으로 바뀐 것뿐이다. 따라서 설명은 생략하기로 한다.

① ⟨16.비용종합⟩은 판매관리비와 제품원가 중 노무비/경비를 집계한 시트이다. 판매관리비는 각 제품에 배부되어 제품별 손익을 산출하는데 활용되고, 제품원가는 각 제품에 배부되어 각 제품별 매출원가를 산출하는데 활용된다.

구분			1월	2월	3월	4월	5월	6월
판매관리비(매장(영업))			4,264	-	-	-	-	-
	인건비		2,000	-	-	-	-	-
	경비		2,264	-	-	-	-	-
		직접경비	741	-	-	-	-	-
		공통경비	1,523	-	-	-	-	-
제품원가(제조(주방))			5,210	-	-	-	-	-
	인건비		2,500	-	-	-	-	-
	경비		2,710	-	-	-	-	-
		직접경비	702	-	-	-	-	-
		공통경비	2,008	-	-	-	-	-
사업장 합계			9,474	-	-	-	-	-
	인건비		4,500	-	-	-	-	-
	경비		4,974	-	-	-	-	-
		직접경비	1,443	-	-	-	-	-
		공통경비	3,531	-	-	-	-	-

② 〈17.제품원가〉는 제품원가 중 노무비, 경비를 각 제품군에 배부할 배부율을 산출하고 각 제품군별로 배부한 시트이다. 현재의 배부기준은 매출액을 기준으로 배부했다. 즉 배부율은 '월별 각 제품별 매출액/전체 매출액'이다. 이 또한 배부율은 매출액에 따라 배부율이 자동으로 바뀌므로 배부율을 수기로 입력해서는 안 된다. 단 배부기준은 매출액이 아닌 직접 재료비나 작업시간 등으로 독자들이 기준을 변경해도 된다. 예를 들어 직접 재료비를 기준으로 하고 싶으면 매출액 대신 직접 재료비의 값을 연결시키면 되는 것이다.

제품명	배부율					
	1월	2월	3월	4월	5월	6월
커피류	12,614	-	-	-	-	-
음료류	1,286	-	-	-	-	-
제조 Tea류	609	-	-	-	-	-
단품류	1,400	-	-	-	-	-
매출액	15,910	-	-	-	-	-
커피류	79.3%					
음료류	8.1%					
제조 Tea류	3.8%					
단품류	8.8%					
배부율(%)	100.0%	0.0%	0.0%	0.0%	0.0%	0.0%

③ 각 제품별 배부율이 나오면 배부금액을 산출하기는 쉽다. 〈17.제품원가〉 시트의 '가.제품원가' '나.판매품목별 제품원가 배부율'이 다 완성되면 배부액은 자동으로 계산된다. 배부액은 화폐단위를 천원에서 '원'으로 환산하였다. 20~23번 시트의 제품별 세부 매출원가를 정확하기 산출하기 위해서이다.

제품명	배부액					
	1월	2월	3월	4월	5월	6월
커피류	4,131,144					
음료류	421,284					
제조Tea류	199,456					
단품류	458,491					
계	5,210,375	-	-	-	-	-

④ 〈18.판관비〉는 제품원가와 산출하는 방식이 동일하다. 다만 제품원가가 판매관리비로 바뀐 것 뿐이다.

4. 매출원가 산출

매출원가를 산출하려면 재료구매에서부터 재고 수량 카운트, 재고액 산출, 노무비/경비 배부 등을 통하여 당월 제품제조원가를 먼저 산출하고 기초제품재고와 기말제품재고를 조사하여 매출원가를 산출하게 된다 아래부터는 그 일련의 과정을 설명한 것이니 주의깊게 보아야 한다. 시트 20부터 23까지는 본격적인 매출원가를 산출하는 시트다. 각 제품에 대한 재료비와 주방 노무비/경비를 포함한 매출원가 산출내역을 계산하는 시트이다. 매출원가의 산출은 '기초 제품재고액 + 당월 제품제조원가 - 기말제품재고액'이다.

① 〈19.재료구매〉는 당월에 매입한 재료수량과 금액이다. 최소한 매월 1회는 기록해야 한다. 초도 재료는 사업을 시작할 때 구매한 재료나 상품이다. 사업을 하다 보면 매월 재료의 매입단가가 바뀔 수 있을 것이다. 그러면 해당 월의 매입단가를 바꿔주면 된다. 만약 당월에 구매하지 않은 재료가 있다면 아직 재고가 있는 것이다. 그때는 당월 구매수량은 입력하지 않아도 전월의 구매단가는 당월에 그대로 입력해줘야 한다. 기말재고액을 산출할 때 반드시 필요하다. 중요한 부분이다. 도소매업이나 용역 유지보수업도 마찬가지이다.

품 목	단위	초도 재료(상품)			1월			2월		
		수량	단가	금액	수량	단가	금액	수량	단가	금액
커피원두	1kg	20	20,000	400,000	85	20,000	1,700,000			-
우유	ea	10	1,200	12,000	50	1,200	60,000			-
라떼용시럽	통	5	3,500	17,500	10	3,500	35,000			-
카라멜	봉	5	3,000	15,000	10	3,000	30,000			-
초콜릿소스	통	5	3,000	15,000	8	3,000	24,000			-
휘핑크림	통	5	2,500	12,500	12	2,500	30,000			-
계피가루	통	2	1,000	2,000	3	1,000	3,000			-
재료1				-			-			-
계		52		474,000	178		1,882,000			-

② 매출원가를 산출하려면 제일 먼저 당월 재료비를 산출해야 한다(시트 20의 가 항목). 당월 재료비를 산출하려면 먼저 기초 재료재고와 당월 구매, 기말재고 수량을 카운트 한 후 각 해당단가를 곱해서 총재료비를 산출하면 된다. 기초 재고 수량과 금액은 전월의 기말 재고 수량과 금액을 그대로 옮겨온 것이다. 매월 월이 바뀌면 최우선적으로 이것부터 해야 한다.

당월구매는 당월에 매입한 재료의 수량과 금액이다. 기말재고 수량은 월말에 반드시 조사해서 기록해야 한다. 기말재고액은 '기말재고 수량 × 당월 재료구매 단가'이다.

당월에 구매한 재료가 다 소비되지 못하면 재고로 남는 것이다. 앞에서 당월에 구매한 수량이 없는 재료도 전월에 구매한 단가는 입력하라고 하였다. 바로 이 기말재고액을 산출하기 위해서이다. 즉 당월에 남아있는 재료 재고가 전월에 구매한 것이라면 전월의 구매단가를 적용해서 기말 재고액을 산출해야 하기 때문이다. 이런 과정을 거치면 당월 재료비를 산출할 수 있다. 당월 재료비는 '기초 재료재고액 + 당월구매액 −기말 재료재고액'이다.

품 목	총재료소비량				1월 총재료비			
	초도재료(상품)(A)	당월구매(B)	기말재고(C)월말에 조사	재료 소비량(D)(A+B-C)	초도재료(E)(상품)	당월구매(F)	기말재고(G)	재료비(H)(E+F-G)
커피원두	20.0	85.0	5.0	100.0	400,000	1,700,000	100,000	2,000,000
우유	10.0	50.0	5.0	55.0	12,000	60,000	6,000	66,000
라떼용시럽	5.0	10.0	5.0	10.0	17,500	35,000	17,500	35,000
카라멜	5.0	10.0	3.0	12.0	15,000	30,000	9,000	36,000
초콜릿소스	5.0	8.0	3.0	10.0	15,000	24,000	9,000	30,000
휩핑크림	5.0	12.0	5.0	12.0	12,500	30,000	12,500	30,000
계피가루	2.0	3.0	1.0	4.0	2,000	3,000	1,000	4,000
합계					474,000	1,882,000	155,000	2,201,000

③ 시트 20의 나 항목은 당월의 제품제조원가를 산출한 내역이다. 당월 제품제조 수량은 '매출수량 + 기말제품재고수량 − 기초제품수량'을 카운트해서 산출하였다. 사실 커피는 기초와 기말제품재고가 없으나 이해를 돕기 위해 수량을 표시한 것이니 그냥 참조만 하면 된다.

당월 제품제조 수량이 산출되면 먼저 표준 재료비 원가를 적용해서 제품제조원가 중 재료비를 산출한다. 그러면 반드시 실제원가 재료비와 차이가 발생하는데, 이 차이액은 표준원가로 계산한 재료비의 크기대로 배부율을 적용하여 각 제품에 배부(C열)한다. 차이액 배부가 완료되었으면 표준원가 적용 재료비(B) + 차이액 배부액(C)을 하면 당월 제품별 재료비가 산출된다. 이 합계액은 가.항의 당월 재료비 합계액과 동일해야 한다.

  재료비 산출이 끝났으면 이제는 각 제품군별로 배부된 노무비/경비를 각 제품별로 배부해야 한다. 노무비/경비의 제품군 배부는 〈17.제품원가〉시트에서 이미 산출되었다. 제품군별로 배부된 노무비/경비는 각 제품별 재료비 사용액 크기에 따라 배부한다. 재료비가 많이 소비되었다는 것은 그만큼 인력과 경비도 많이 투입되었다는 것이다(E열 참조). 여기까지 산출하여 각 제품별 재료비와 배부된 노무비/경비를 더하면 제품별 제품제조원가가 완성되고 이것을 제조수량으로 나누면 단위당 제품제조원가가 되는 것이다.

나. 제품 제조원가 산출(참조프, 기초 및 기말 재공품이 없으므로 총제조비용이 제품원가가 된다.)   (단위:원)

구 분	당월 제품제조 수량(A) (매출+기말제품 -기초제품)	당월 재료비 원가			당월 제품원가(재료비+노무비/경비)			비 고
		표준원가로 계산(B) (A*표준원가)	실제원가 차이액 배부(C)	실제원가(D) B+C	노무비/경비 (E)	제품원가(F) (D+E)	제품단위당 원가(F/A)	
Large		206,828		211,185	418,013	784,586	1,202,599	
아메리카노	210	52,500	53,606	106,106	199,155	305,260	1,454	*노무비/경비는 각 제품별로
카페라떼	105	36,422	37,189	73,611	138,163	211,774	2,017	배부된 금액을 당월 실제원가에
카푸치노	52	16,185	16,526	32,711	61,396	94,107	1,810	따라 배부하였다.
카라멜마키아또	205	80,206	81,896	162,102	304,256	466,358	2,275	(배부기준은 바꿔도 된다.)
카페모카	52	21,515	21,968	43,483	81,615	125,099	2,406	
Regular		882,201	900,786	1,782,987	3,346,558	5,129,545		
아메리카노	1,010	202,000	206,255	408,255	766,271	1,174,526	1,163	
카페라떼	808	224,220	228,943	453,163	850,560	1,303,724	1,614	
카푸치노	408	101,592	103,732	205,324	385,381	590,705	1,448	
카라멜마키아또	705	220,665	225,314	445,979	837,075	1,283,053	1,820	
카페모카	404	133,724	136,541	270,265	507,271	777,536	1,925	
합 계	-	1,089,029	1,111,971	2,201,000	4,131,144	6,332,144		
실제 재료비 원가		2,201,000						
표준원가와 차이액		1,111,971	☞ 각 제품에 표준원가로 산출한 재료비 크기를 기준으로 배부					

  ④ 시트20의 다 항목은 매출원가를 산출한 내역이다. 매출원가 산출도 마찬가지로 먼저 산출을 위한 수량부터 카운트해야 한다. 기초제품재고수량과 재고액은 전월의 기말재고가 이월된 것이다. 기말제품재고 수량은 월말에 조사해서 입력해야 한다. 기말 제품재고액은 '기말 제품재고수량 × 당월 제품 단위당 원가'이다. 당월에 제조한 수량중에 판매된것은 매출

원가로 미판매된 것은 기말제품재고로 남는 것이다. 여기까지 계산을 마치면 매출원가를 산출할 수가 있다. 당월 매출원가는 '기초 제품재고액 + 당월 제품제조원가 - 기말 제품재고액'이 된다.

구 분	1월								
	매출원가(수량)					매출원가(금액)			
	기초제품재고 (A)	제품원가(총제조) (B), (나.의 A)	기말제품재고 (C), 월말에 조사	매출원가(D) (A+B-C)	기초제품재고 (E)	제품원가(F), B*나.항의 제품단위당 원가	기말제품재고(G) C*제품단위당 원가	매출원가(H) (E+F-G)
Large						1,202,599	44,426	1,158,173
아메리카노		210	10	200		305,260	14,536	290,724
카페라떼		105	5	100		211,774	10,084	201,690
카푸치노		52	2	50		94,107	3,620	90,488
카라멜마키아또		205	5	200		466,358	11,375	454,983
카페모카		52	2	50		125,099	4,811	120,287
Regular					-	5,129,545	52,918	5,076,627
아메리카노		1,010	10	1,000		1,174,526	11,629	1,162,897
카페라떼		808	8	800		1,303,724	12,908	1,290,816
카푸치노		408	8	400		590,705	11,582	579,123
카라멜마키아또		705	5	700		1,283,053	9,100	1,273,954
카페모카		404	4	400		777,536	7,698	769,838
합 계					-	6,332,144	97,344	6,234,800

5. 매월 손익계산결과 확인

〈1.실적종합〉, 〈2.연간 실적〉은 매월 손익 계산한 결과의 집계를 자동으로 계산하여 보여주는 시트이다. 연간 예산만 독자들이 수립한 예산을 입력하면 실적과 항상 비교할 수 있다. 기업 예산수립예제에서 결과에 대한 양식과 유사하므로 설명은 생략하기로 한다.

가. 매출/손익 (단위:천원)

구 분	년예산(A)	2000년 실적					전년 대비(B-A)		비 고
		1분기	2분기	3분기	4분기	계(B)	증감	증감율	
매 출	130,000	15,910	0	0	0	15,910	-114,090	-87.8%	
인당	65,000	23,864				95,458	30,458	46.9%	
영업이익	9,000	3,841	0	0	0	3,841	-5,159	-57.3%	
인 당	4,500	5,762				23,047	18,547	412.2%	
영업이익율(%)	6.9%	24.1%				24.1%	17.2%	248.7%	
당기순이익	9,900	3,891	0	0	0	3,891	-6,009	-60.7%	
인 당	4,950	5,837				23,347	18,397	371.7%	
순이익율(%)	7.6%	24.5%				24.5%	16.8%	221.2%	
평균인원	2	4				-2		-91.7%	

나. 제품별 연간 실적(제품군별 합계). 예산은 독자들이 기업예산을 수립하여 그 결과를 입력하면 된다. (단위:천원)

구 분	예산(A)				실적(B)				증감(B-A)			
	매출액	매출비중	매출이익	단위당 표준원가	매출액	매출비중	매출이익	단위당 실제원가	매출액	매출비중	매출이익	표준원가 차이
커피류	80,000	58%	49,000	1.65	12,614	79%	6,379	1.60	-67,386	21%	-42,621	-0.05
음료류	34,000	25%	14,000	2.71	1,286	8%	606	2.35	-32,714	-17%	-13,394	-0.36
제조 Tea류	8,000	6%	5,000	1.42	609	4%	390	1.37	-7,391	-2%	-4,610	-0.05
단류	15,000	11%	7,000	1.05	1,400	9%	729	1.14	-13,600	-2%	-6,271	0.09
계	137,000	100%	75,000		15,910	100%	8,105		-121,090	0%	-66.8%	

03
사업의 손익 전망하기

• • •

사업은 시작하는 것도 중요하지만 항상 안테나를 세우고 사업에 대해 주기적인 전망을 하는 것이 더 중요하다. 사업의 매출과 손익을 전망하지 않는다는 것은 그냥 그달그달 되는대로 사는 것 밖에 되지 않는다.

사업이 처음 예상했던 것처럼 순조롭게 진행된다면 더할 나위 없이 좋겠지만 불가능한 일이다. 사업을 하다 보면 반드시 내부나 외부의 어떤 요인들로 인해서 변동이 생긴다. 변동 요인이 생겼을 때는 가만히 있어서는 안 된다. 꼭 사업의 진행방향을 다시 한 번 수정해야 한다. 그 요인이 좋은 것이든 나쁜 것이든 사업방향을 재설정해야 위험을 줄일 수 있다.

사업방향을 재설정했을 때는 그 결과를 회계적인 숫자로 볼 수 있어야 한다. 그냥 감으로 전망을 판단해서는 안 된다. 어떠한 경우라도 사업의 전망을 직접 눈으로 볼 수 있다면 개선방향을 찾을 수 있다. 위기를 회계적 숫자로 확인했기 때문에 그냥 가만히 앉아 잘 되기를 기다리는 우를 범하지는 않게 된다.

전망을 한다는 것은 매출이 변동되었을 때 손익이 어떻게 변동되는지 예측하는 것이다. 전망을 하는 방법은 누계실적 + 잔여기간 계획이다. 예를 들어 4월 달에 올해의 전망을 하고자 한다면 1~3월은 누계실적이 되고, 4~12월은 잔여기간이 된다.

전망을 하려면 매월 손익계산을 하는 것은 필수다. 그래야 누계실적을 알 수가 있다. 잔여기간의 계획은 기업예산을 수립하는 방법과 동일하다. 기업예산을 4월부터 다시 수립하는 것이다.

연간 손익 전망하기는 용역·유지보수업의 비즈니스 형태를 예를 들어 설명할 것이다. 사무기기나 IT장비, 생활용품 등의 임대(렌탈)나 유지보수업 등이 용역·유지보수업에 해당한다. 여기서는 사무기기 임대 및 유지보수를 사례로 설명했다. 다른 비즈니스형태도 전망하는 방법은 동일하니 같이 참조하면 될 것이다.

 예제파일 ː 연간 손익전망_(용역, 유지보수업)

1. 표준 매출단가/매출원가 산정

〈3.단가 원가〉와 〈4.원가 산정〉은 잔여기간 단위당 표준 매출단가와 매출원가를 설정하는 시트이다. 독자들의 사업장에서 임대나 유지보수 중 한 가지 업종만 할 수도 있고 두 가지 업종을 병행해서 할 수 있다. 독자들의 사업장에 맞는 방법을 택해서 사용하면 된다.

① 〈3.단가 원가〉에서 월 임대 매출단가는 독자들이 예상되는 매출단가를 직접 입력하면 된다. 매출원가는 〈4.원가산정〉 시트에서 월 소요되는 칼라와 흑백 소모품(토너)의 예상 소비량과 소모성 부품, 임대되는 장비의 감가상각비를 세부적으로 산출하여 그 합계액을 자동으로 가져 온다. 매출이익과 매출이익율은 자동으로 계산되도록 예제를 만들었다.

가. 임대(랜탈) (단위:천원)

구 분	임대(매출) 단가		임대 매출원가(칼라)				임대 매출원가(흑백)				매출이익		매출이익율	
	칼라	흑백	소모품,부품	감가상각비	계		소모품,부품	감가상각비	계		칼라	흑백	칼라	흑백
복사기(대형)	450	200	170	42	212		48	40	88		238	152	53%	76%
복사기(중형)	350	130	115	31	146		38	27	65		204	92	58%	71%
복사기(소형)	220	100	90	21	111		28	17	45		109	72	50%	72%
레이저프린터	220	70	106	13	119		29	8	37		102	41	46%	59%
문서세단기	50		45	94	139		-	-	-		89	-178%		
				-					-					

② 〈4.원가 산정〉 시트에서는 각 장비별로 매월 교체되는 토너 수량과 장비의 소모성 부품 등의 예상 교체율을 예상하여 산정해야 한다. 또한 임대장비의 취득가액을 기준으로 월 감가상각비와 소모품의 단위당 매입원가도 산정해야 한다.

가. 장비별 월 소모품 교체 예상 수량 (단위:천원)

구 분	월 소모품 교체 수량		장비 소모부품
	토너(칼라)	토너(흑백)	
복사기(대형)	5	1	1%
복사기(중형)	4	1	1%
복사기(소형)	4	1	1%
레이저프린터	4	1	1%
문서세단기		4	1%

* 장비가액 및 소모품 개당 매입 원가 (단위:천원)

구 분	칼라		흑백		소모품 (토너)	
	장비가액	월감가상각비	장비가액	월감가상각비	칼라	흑백
복사기(대형)	2,000	42	1,800	40	30	50
복사기(중형)	1,500	31	1,300	27	25	40
복사기(소형)	1,000	21	800	17	20	30
레이저프린터	600	13	400	8	25	35
문서세단기	4,500	94				
	0		-			

③ '나.소모품 및 소모성부품 원가'는 앞의 ②를 작성하면 저절로 계산된다. 즉, 각 장비별로 월 소모품 교체수량과 매입단가를 곱하여 장비 당월 소모품 소비금액을 산출하고, 부품교체율을 적용하여 월 부품교체비를 산출한 내역이다. 장비의 대당 매출원가가 된다. 임대장비의 감가상각비

는 〈3.단가 원가〉시트에 바로 연결된다.

나. 소모품 및 소모성부품 원가(참조표) (단위:천원)

구 분	칼라			흑백		
	소모품(토너)	장비 소모 부품	계	소모품(토너)	장비 소모 부품	계
복사기(대형)	150	20	170	30	18	48
복사기(중형)	100	15	115	25	13	38
복사기(소형)	80	10	90	20	8	28
레이저프린터	100	6	106	25	4	29
문서세단기	-	45	45	-	-	-

2. 매출코드, 매출수량, 매출액, 매출원가 산출

매출코드는 매출액과 매출원가를 효율적으로 집계하는데 도움이 된다. 특히 용역 · 유지보수업은 임대와 유지보수가 혼합되어 있으므로 매출을 집계할 때 코드표가 있으면 집계가 훨씬 용이하다. 한번만 정해 놓으면 되므로 작성해 두는 것이 좋다.

① 〈5.매출코드표〉 시트의 매출코드는 독자들이 자유롭게 정하면 된다. 현재 매출단가는 〈3.단가 원가〉시트에서 자동으로 가져오게 되어 있다. 따라서 매출단가를 수정하고 싶으면 〈3.단가 원가〉시트에서 수정하면 된다.

가. 임대 (단위:천원)

제품명	CODE	매출단가	CODE	매출원가
복사기(대형) 칼라	L-A1	450	L-A1	212
복사기(대형) 흑백	L-A2	200	L-A2	88
복사기(중형) 칼라	L-A3	350	L-A3	146
복사기(중형) 흑백	L-A4	130	L-A4	65
복사기(소형) 칼라	L-A5	220	L-A5	111
복사기(소형) 흑백	L-A6	100	L-A6	45
레이저프린터 칼라	L-B1	220	L-B1	119
레이저프린터 흑백	L-B2	70	L-B2	37
문서세단기	L-C1	50	L-C1	50

나. 유지보수 (단위:천원)

제품명	CODE	매출단가	CODE	매출원가
복사기(대형) 칼라	M-A1	400	M-A1	170
복사기(대형) 흑백	M-A2	100	M-A2	48
복사기(중형) 칼라	M-A3	300	M-A3	115
복사기(중형) 흑백	M-A4	90	M-A4	38
복사기(소형) 칼라	M-A5	190	M-A5	90
복사기(소형) 흑백	M-A6	60	M-A6	28
레이저프린터 칼라	M-B1	170	M-B1	106
레이저프린터 흑백	M-B2	60	M-B2	29
문서세단기	M-C1	50	M-C1	45

② 〈6.매출 수량〉은 각 장비들이 거래처별로 임대되어 있는 수량을 입력하는 시트이다. 한 거래처에 다른 장비가 동시에 임대되면 아래 셀에 거래처를 그대로 입력한 후 다른 장비명을 입력하면 매출코드가 자동으로 입력된다. 아래표의 합계수량은 맞지 않다. 표의 일부만 표시했기 때문이다.

누계실적은 독자들이 매월 손익계산하기 예제를 통해서 집계한 1~3월 실적을 직접 입력하면 되고, 4~12월은 예상 매출수량을 입력하면 된다. 4~12월은 기업 예산 수립방법과 동일하다.

구분	거래처	장비명	매출코드	계	누계실적	2월	3월	4월	5월	6월
년합계	모든 품목	복사기(대형) 칼라		222	157	-	-	65	-	-
		복사기(대형) 흑백		60	45	-	-	15	-	-
		복사기(중형) 칼라		20	15	-	-	5	-	-
		복사기(중형) 흑백		19	14	-	-	5	-	-
		복사기(소형) 칼라		-	-	-	-	-	-	-
		복사기(소형) 흑백		4	3	-	-	1	-	-
		레이저프린터 칼라		152	112	-	-	40	-	-
		레이저프린터 흑백		119	89	-	-	30	-	-
		문서세단기		15	11	-	-	4	-	-
		0								
	합계			611	446			165	-	-
임대	개인고객	복사기(대형) 칼라	L-A1	121	91			30		
	개인고객	레이저프린터 칼라	L-B1	115	85			30		
	개인고객	레이저프린터 흑백	L-B2	83	63			20		
	거래처1	복사기(중형) 칼라	L-A3	20	15			5		
	거래처1	문서세단기	L-C1	3	2			1		
	거래처2	복사기(대형) 흑백	L-A2	60	45			15		
	거래처3	복사기(중형) 흑백	L-A4	19	14			5		
	거래처4	문서세단기	L-C1	4	3			1		
	거래처5	복사기(소형) 흑백	L-A6	4	3			1		
				-						
	합계			429	321			108	-	-
유지보수	거래처6	복사기(대형) 칼라	M-A1	38	18			20		
	거래처7	레이저프린터 칼라	M-B1	37	27			10		
	거래처8	복사기(대형) 칼라	M-A1	63	48			15		
	거래처9	레이저프린터 흑백	M-B2	36	26			10		
	거래처10	문서세단기	M-C1	8	6			2		
				-						
	합계			182	125			57	-	-

년합계의 복사기(대형) 칼라 누계실적(157)을 클릭해보면 'SUMIF ($C$24:$C$59, "=복사기(대형) 칼라", F$24:F$59)'라고 입력되어 있다. 셀의 품목을 바꾸려면 이를 수정해야 한다. 예를 들어 '복사기(대형) 칼라'를 자신이 사업 품목인 '복합기'로 바꾸고 싶다면 SUMIF($C$24:$C$59, "=복합기",

F$24:F$59)'로 하면 된다. 1월 달만 수정해서 2~12월은 그냥 산식을 복사하면 된다. 아래의 장비들도 전부 그렇게 하면 된다.

연합계의 셀에 있는 품목을 독자들의 품목으로 바꿔주지 않으면 합계가 계산되지 않는다. 계산이 되어도 숫자가 맞지 않는다. 반드시 수정해야 한다. 거래처 합계의 거래처명도 마찬가지이다.

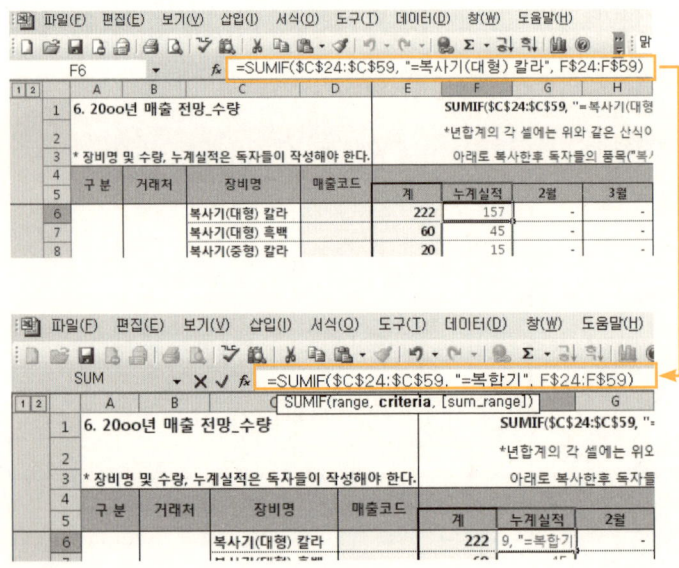

③ 〈7.매출액〉은 매출수량에 매출단가와 거래처별 할인율을 곱하여 산출된다. 매출코드는 매출수량에서 자동으로 가져오고 할인율과 매출단가는 〈3.단가_원가〉시트에서 자동으로 가져온다. 할인율과 매출단가는 독자들이 직접 입력해도 상관이 없다.

구분	거래처	장비명	매출코드	할인율	매출단가	계	누계실적	2월	3월	4월	5월	6월
년합계		복사기(대형) 칼라				94,306	66,941	-	-	27,365	-	-
		복사기(대형) 흑백				11,760	8,820	-	-	2,940	-	-
		복사기(중형) 칼라				6,860	5,145	-	-	1,715	-	-
		복사기(중형) 흑백				2,396	1,765	-	-	631	-	-
		복사기(소형) 칼라				-	-	-	-	-	-	-
		복사기(소형) 흑백				380	285	-	-	95	-	-
		레이저프린터 칼라				31,337	23,103	-	-	8,234	-	-
		레이저프린터 흑백				7,912	5,926	-	-	1,986	-	-
		문서세단기				739	542	-	-	197	-	-
		0				-						
	합계					155,689	112,527	-	-	43,763	-	-
임대	개인고객	복사기(대형) 칼라	L-A1	1%	450	53,906	40,541	-	-	13,365	-	-
	개인고객	레이저프린터 칼라	L-B1	1%	220	25,047	18,513	-	-	6,534	-	-
	개인고객	레이저프린터 흑백	L-B2	1%	70	5,752	4,366	-	-	1,386	-	-
	거래처1	복사기(중형) 칼라	L-A3	2%	350	6,860	5,145	-	-	1,715	-	-
	거래처1	문서세단기	L-C1	2%	50	147	98	-	-	49	-	-
	거래처2	복사기(대형) 흑백	L-A2	2%	200	11,760	8,820	-	-	2,940	-	-
	거래처3	복사기(중형) 흑백	L-A4	3%	130	2,396	1,765	-	-	631	-	-
	거래처4	문서세단기	L-C1	4%	50	192	144	-	-	48	-	-
	거래처5	복사기(소형) 흑백	L-A6	5%	100	380	285	-	-	95	-	-
	0	0				-						
	합계					106,439	79,677	-	-	26,763	-	-
유지보수	거래처6	복사기(대형) 칼라	M-A1	0%	400	15,200	7,200	-	-	8,000	-	-
	거래처7	레이저프린터 칼라	M-B1	0%	170	6,290	4,590	-	-	1,700	-	-
	거래처8	복사기(대형) 칼라	M-A1	0%	400	25,200	19,200	-	-	6,000	-	-
	거래처9	레이저프린터 흑백	M-B2	0%	60	2,160	1,560	-	-	600	-	-
	거래처10	문서세단기	M-C1	0%	50	400	300	-	-	100	-	-
	0	0				-						
	합계					49,250	32,850			16,700		

④〈8.매출원가(소모품)〉시트는 는 매출수량에〈3.단가 원가〉시트에서 산출된 장비별 표준 매출원가를 곱해서 산출된다. 단순히 참조만 하는 표이니 설명은 생략하기로 한다. 이 표에서도 매출원가는 독자들이 직접 수정을 해도 된다.

3. 비용/원가 산출

〈9.인건비〉〈10.직접경비〉〈11.공통 경비〉는 기업 예산수립 방법과 동일하므로 설명을 생략한다.〈12.비용 종합〉은 영업부/경영지원부의 판매관리비와 유지보수팀의 용역매출원가를 집계한 시트이다. 또한 경영지원부는 영업부와 유지보수팀에 다 지원하므로 전사공통비이다. 따라서 영업부와 유지보수팀에 그 비용을 배부해야 한다. 이렇게 해야 각 장비에 대한 원가가 얼마인지 정확히 계산할 수 있다.

① 〈12.비용종합〉 시트의 '가. 전사 비용 합계'를 보면 영업부의 비용은 판매관리비가 되고 유지보수팀의 비용은 매출원가가 된다. 하지만 그 이전에 경영지원부의 비용을 먼저 배부 받아야 한다.

가. 전사 비용 합계(인건비, 직접경비, 공통경비) (단위:천원)

구분		누계실적	2월	3월	4월	5월	6월	7월	8월	9월	10월	11월	12월	계
영업부(판매관리비)		19,237	-	-	6,699	-	-	-	-	-	-	-	-	25,936
	인건비	10,200	-	-	3,500	-	-	-	-	-	-	-	-	13,700
	경 비	9,037	-	-	3,199	-	-	-	-	-	-	-	-	12,236
	직접경비	7,010	-	-	2,526	-	-	-	-	-	-	-	-	9,536
	공통경비	2,027	-	-	673	-	-	-	-	-	-	-	-	2,700
유지보수팀(매출원가)		19,483	-	-	6,647	-	-	-	-	-	-	-	-	26,130
	인건비	13,200	-	-	4,500	-	-	-	-	-	-	-	-	17,700
	경 비	6,283	-	-	2,147	-	-	-	-	-	-	-	-	8,430
	직접경비	3,002	-	-	1,054	-	-	-	-	-	-	-	-	4,056
	공통경비	3,281	-	-	1,093	-	-	-	-	-	-	-	-	4,374
경영지원부(전사공통비)		9,127	-	-	3,156	-	-	-	-	-	-	-	-	12,284
	인건비	5,800	-	-	2,000	-	-	-	-	-	-	-	-	7,800
	경 비	3,327	-	-	1,156	-	-	-	-	-	-	-	-	4,484
	직접경비	1,816	-	-	652	-	-	-	-	-	-	-	-	2,468
	공통경비	1,512	-	-	504	-	-	-	-	-	-	-	-	2,016
전사합계		47,848	-	-	16,502	-	-	-	-	-	-	-	-	64,350
	인건비	29,200	-	-	10,000	-	-	-	-	-	-	-	-	39,200
	경 비	18,648	-	-	6,502	-	-	-	-	-	-	-	-	25,150
	직접경비	11,828	-	-	4,232	-	-	-	-	-	-	-	-	16,060
	공통경비	6,820	-	-	2,270	-	-	-	-	-	-	-	-	9,090

② 아래 표는 경영지원부의 비용 배부기준과 배부액이다. 경영지원부 비용은 인원이나 면적 중 한 가지를 적용하던 두 가지를 혼합해서 적용하던 독자들이 판단해서 합리적으로 적용하면 된다. 예제에서는 두 가지 방법을 혼합해서 적용한 결과이다. 한 가지만 적용하려면 인원 및 면적에 들어있는 숫자를 지우면 된다.

구 분	인원 및 면적		인원 및 면적 비율		합계 (A+B)	배부율	
	인원	면적	인원(A)	면적(B)			
영업부	0	30	33.3%	40.0%	ⓐ 73%	37%	ⓐ / ⓒ
유지보수팀	1	45	66.7%	60.0%	ⓑ 127%	63%	ⓑ / ⓒ
계	1	75	100.0%	100.0%	ⓒ 200%	100%	

③ 경영지원부 비용인 전사공통비를 영업부와 유지보수팀의 배부율을 곱하여 산출한 배부액이다.

구 분	누계실적	2월	3월	4월	5월	6월
영업부	3,347	-	-	1,157	-	-
유지보수팀	5,781	-	-	1,999	-	-
계	9,127			3,156		

④ 〈13.용역 매출원가〉는 유지보수팀의 비용과 유지보수팀이 배부 받은 전사공통비를 더한 용역매출원가의 합계액이다.

가. 용역매출원가 합계 (단위:천원)

구 분		누계실적	2월	3월	4월	5월	6월	7월	8월	9월	10월	11월	12월	계
유지보수팀계		25,263	-	-	8,646	-	-	-	-	-	-	-	-	33,910
	인건비	13,200	-	-	4,500	-	-	-	-	-	-	-	-	17,700
	경 비	12,063	-	-	4,146	-	-	-	-	-	-	-	-	16,210
	직접경비	3,002	-	-	1,054	-	-	-	-	-	-	-	-	4,056
	공통경비	3,281	-	-	1,093	-	-	-	-	-	-	-	-	4,374
	전사공통비	5,781	-	-	1,999	-	-	-	-	-	-	-	-	7,780

⑤ 각 장비별, 거래처별 원가를 산출하기 위해 배부율을 산정하고 배부액까지 산출한 시트이다.

나-1.장비별 용역매출원가 배부액 : 전체 용역매출원가를 각 장비별 배부율을 적용하여 각 장비에 배부

장비명	누계실적	2월	3월	배부액 4월	5월	6월	7월
복사기(대형) 칼라	15,029			5,482			
복사기(대형) 흑백	1,980			589			
복사기(중형) 칼라	1,155			344			
복사기(중형) 흑백	396			126			
복사기(소형) 칼라	-			-			
복사기(소형) 흑백	64			19			
레이저프린터 칼라	5,187			1,649			
레이저프린터 흑백	1,330			398			
문서세단기	122			39			
0	-			-			
계	25,263			8,646			

현재 배부율을 산출하는 기준은 각 장비의 매출액 크기이다. 즉 각 장비의 월별 매출액/전체 매출액 × 100을 하여 산출하면 된다. 용역매출원가 합계액을 각 장비별 배부율을 곱하여 산출한 각 장비별 배부액이다. 거

래처의 용역매출원가 배부액도 장비별 용역매출원가를 산출하는 방법과 동일하다.

⑥ 〈14.판매관리비〉는 판매관리비 합계액을 용역매출원가와 동일한 방법으로 장비와 거래처로 배부하는 시트이다. 방법은 용역매출원가 배부방법과 동일하니 생략하도록 하겠다.

가. 판매관리비 합계
(단위:천원)

구분		누계실적	2월	3월	4월	5월	6월	7월	8월	9월	10월	11월	12월	계
판매관리비(영업부)		22,584	-	-	7,856	-	-	-	-	-	-	-	-	30,440
	인건비	10,200	-	-	3,500	-	-	-	-	-	-	-	-	13,700
장비		12,384	-	-	4,356	-	-	-	-	-	-	-	-	16,740
	직접경비	7,010	-	-	2,526	-	-	-	-	-	-	-	-	9,536
	공통경비	2,027	-	-	673	-	-	-	-	-	-	-	-	2,700
	전사공통비	3,347	-	-	1,157	-	-	-	-	-	-	-	-	4,504

나. 장비별 판매관리비 배부율 : 전체 판매관리비를 각 장비에 배부하기 위한 배부율
- 각 장비별 손익을 산출하기 위해서 각 장비에 판매관리비를 배부하기 위한 배부율을 산출하였다.(배부는 매출을 기준으로 배부하였다. 배부기준은 독자들이 별도로 ?

장비명	배부율												
	누계실적	2월	3월	4월	5월	6월	7월	8월	9월	10월	11월	12월	연간
복사기(대형) 칼라	59.5%			63.4%									60.6%
복사기(대형) 흑백	7.8%			6.8%									7.6%
복사기(중형) 칼라	4.6%			4.0%									4.4%
복사기(중형) 흑백	1.6%			1.5%									1.5%
복사기(소형) 칼라	0.0%			0.0%									0.0%
복사기(소형) 흑백	0.3%			0.2%									0.0%
레이저프린터 칼라	20.5%			19.1%									20.1%
레이저프린터 흑백	5.3%			4.6%									5.1%
문서세단기	0.5%			0.5%									0.5%
0	0.0%			0.0%									0.0%
계	100.0%	0.0%	0.0%	100.0%	0.0%	0.0%	0.0%	0.0%	0.0%	0.0%	0.0%	0.0%	100.0%

⑦ 〈15.영업외〉는 누계실적이 있으면 입력하고 전망도 예상할 수 있으면 입력하면 된다. 해당 사항이 없으면 비워둬도 된다.

4. 연간 손익전망 결과 확인

〈1.종합〉과 〈2.연간 전망〉은 자동으로 산출되는 집계이다. 지금까지 차근차근 시트들을 작성하면 자동으로 완성된다.

구 분	년예산 (A)	년전망 (B)	2000년 전망										
			누계실적	2월	3월	4월	5월	6월	7월	8월	9월	10월	11월
매 출	450,000	155,689	112,527	0	0	43,163	0	0	0	0	0	0	0
매출원가	310,000	101,608	74,460	0	0	27,148	0	0	0	0	0	0	0
상품(소모품, 부품)	190,000	67,698	49,197	0	0	18,502	0	0	0	0	0	0	0
용역	120,000	33,910	25,263	0	0	8,646	0	0	0	0	0	0	0
매출이익	140,000	54,082	38,067	0	0	16,015	0	0	0	0	0	0	0
매출이익율	31%	35%	34%			37%							
판매관리비	90,000	30,440	22,584	0	0	7,856	0	0	0	0	0	0	0
인건비	40,000	13,700	10,200	0	0	3,500	0	0	0	0	0	0	0
경비	50,000	16,740	12,384	0	0	4,356	0	0	0	0	0	0	0
영업이익	50,000	23,641	15,483	0	0	8,159	0	0	0	0	0	0	0
영업이익율	11%	15%	14%			19%							
영업외수익	1,500	200	0	0	0	200	0	0	0	0	0	0	0
영업외비용	1,700	150	0	0	0	150	0	0	0	0	0	0	0
세전이익	49,800	23,691	15,483	0	0	8,209	0	0	0	0	0	0	0
법인세비용		0											
당기순이익	49,800	23,691	15,483	0	0	8,209	0	0	0	0	0	0	0
순이익율	11%	15%	14%			19%							
인 원(평균)	5	1	12	0	0	4	0	0	0	0	0	0	0
영업부	1	0	3	0	0	1	0	0	0	0	0	0	0
유지보수팀	3	1	6	0	0	2	0	0	0	0	0	0	0
경영지원부	1	0	3	0	0	1	0	0	0	0	0	0	0
수 주													
당 매 출	90,000	116,767	9,377			10,791							
월 영업이익	10,000	17,731	1,290			2,040							
당기순이익	9,960	17,769	1,290			2,052							

색 인

ㄱ

간접비	133
감가상각비	75
감자차손	212
감자차익	210
계속기록법	84
계정과목	145
고정비용	105
고정원가	138
고정장기적합률	218
공통경비	150
관리회계	34
기말재공품	166
기업예산 수립	241
기초재공품	166
기타 비유동자산 종류	207
기타포괄손익누계액	212

ㄴ

나쁜자산	70

노무비	157

ㄷ

단기금융상품	204
단기매매증권	204
단기차입금	208
단기차입금	208
당기순이익	35
당좌비율	216
당좌자산	216
대손충당금	71

ㅁ

매입채무	208
매출원가 계산	171
매출원가	135
매출총이익	194
무형자산 종류	207
무형자산	68

미래가치	47
미수금	29
미지급금	208
미지급법인세	208
미지급비용	208

ㅂ

반제품	205
발생주의 원칙	27
변동비용	105
변동원가	137, 175
부채	96, 208
분식회계	50
비용	143
비유동부채	209
비유동자산	203, 205
비유동자산	58

색 인

ㅅ

사업 손익 전망	265
사업계획서	41
사채	209
사채할인발행차금	209
상품원가	131
선수금	208
선수수익	208
설비자산	78
세전이익	196
손익분기점 계산	174
손익분기점	174
수익성비율	219
실지재고조사법	85

ㅇ

아웃소싱	179
악성매출채권	71
안정성비율	217
영업외비용	198
영업외수익	198
영업이익	196
예수금	208
외상매출금	30, 59
용역원가	133
원가	143
원가배부	147
유동부채	208
유동성비율	215
유동성장기부채	209
유동자산	58, 203, 204
유형자산 종류	206
이연법인세부채	209
이익	193
이익잉여금	213
인건비	114
임대보증금	209

ㅈ

자기주식	212
자기주식처분이익	210
자본금	210
자본잉여금	210
자본조정	211
자산	57, 203
장기성매입채무	209
장기차입금	209
재고결산	81
재고자산	66
재고조사방법	83
재무비율	233
재무상태표	201
재무회계	34
재평가적립금	210
제품원가	132
제품제조원가 산출	165
제품제조원가	134, 163
주식발행차금	212
주식발행초과금	210
직접경비	149

색 인

ㅌ

퇴직급여충당금	209
투자자산 종류	206
표준원가 산출	158
표준원가	135, 157

ㅎ

현금흐름표 작성	227
현금흐름표	225
현재가치	59
활동성비율	221

기타

CAPA	90
EPS	221
ERP	186
PER	221
ROE	220
ROI	220